Recht für
Vermieter

Jan Schultze-Melling

Recht für Vermieter

Das aktuelle Handbuch
für Immobilienbesitzer
Mit Servicekapitel:
Rechtsschutzversiche-
rung und Steuerrecht
für Vermieter

Rechtsstand: Oktober 1999

Vielen Dank den Menschen, die mich unterstützt haben:
Egbert Schultze-Melling (Rechtsanwalt und Notar in Hannover)
Jyn Schultze-Melling (Jurastudent in Freiburg)
Svenja Hieb (Studienassessorin in Stuttgart)

Im FALKEN Verlag sind zahlreiche Rechtsratgeber erschienen. Bitte fragen Sie in Ihrer Buchhandlung.

Sie finden uns im Internet: **www.falken.de**

Dieses Buch wurde auf chlorfrei gebleichtem und säurefreiem Papier gedruckt.

Der Text dieses Buches entspricht den Regeln der neuen deutschen Rechtschreibung.

ISBN 3 8068 2064 3

Umschlaggestaltung: Peter Udo Pinzer
Titelbild: Bildagentur Schuster/Waldkirch, Oberursel
Redaktion: Karin Schulze-Langendorff, Hünstetten-Limbach
Koordination und Schlussredaktion: Regine Gamm
Layout: Julia Walch, Bad Soden

Die Ratschläge in diesem Buch sind von Autor und Verlag sorgfältig erwogen und geprüft, dennoch kann eine Garantie nicht übernommen werden. Eine Haftung des Autors bzw. des Verlags und seiner Beauftragten für Personen-, Sach- und Vermögensschäden ist ausgeschlossen.

Satz: Raasch & Partner GmbH, Neu-Isenburg
Druck: Ludwig Auer GmbH, Donauwörth

817 2635 4453 62

Inhalt

Ihre Vertragspflichten als Vermieter

Die Pflichten Ihrer Mieter

Rund ums Thema Untervermietung

Was tun bei „schlechtem Benehmen" des Mieters? ____ 111

Die Kaution des Mieters _____ 125

Das Zahlen der Miete _____ 129

Mietminderung – aber bitte korrekt! _____ 165

Fehler vermeiden bei der Betriebskostenabrechnung _ 178

Extra: Lohnt sich die Rechtsschutzversicherung für Vermieter?

Besondere „Wohnformen" und Verkauf des Wohneigentums

Extra: Besonderheiten in den neuen Bundesländern

Steuerrecht: Der Vermieter und das Finanzamt

Register

Abkürzungsverzeichnis

Abs.	Absatz
AG	Amtsgericht
AGBG	Gesetz zur Regelung der Allgemeinen Geschäftsbedingungen
AgrR	Zeitschrift für das Recht der Landwirtschaft, der Agrarmärkte und des ländlichen Raumes
Art.	Artikel (wie Paragrafen zur fortlaufenden Nummerierung von Gesetzen)
Az.	Aktenzeichen
BayObLG	Bayerisches Oberstes Landesgericht
BayObLGZ	Bayerisches Oberstes Landesgericht, Entscheidungssammlung in Zivilsachen
BB	Der Betriebs-Berater (Zeitschrift)
II. BerVO	II. Berechnungsverordnung (Gesetz, das die Betriebskosten regelt)
BGB	Bürgerliches Gesetzbuch
BGH	Bundesgerichtshof
BGHZ	Amtliche Sammlung der Entscheidungen des Bundesgerichtshofs
BImSchG	Bundes-Immissionsschutzgesetz
BVerfG	Bundesverfassungsgericht
DB	Der Betrieb (Zeitschrift)
DNotZ	Deutsche Notar-Zeitschrift
DWE	Der Wohnungseigentümer (Zeitschrift)
DWW	Deutsche Wohnungswirtschaft (Zeitschrift)
f./ff.	folgende/fortfolgende
GE	Das Grundeigentum (Zeitschrift)
GG	Grundgesetz der Bundesrepublik Deutschland

HeizkVO	Heizkostenverordnung
LG	Landgericht
MDR	Monatsschrift für Deutsches Recht
MHG	Gesetz zur Regelung der Miethöhe
MM	Mietermagazin
NRG	Nachbarrechtsgesetz eines Bundeslandes (NRG B-W bedeutet daher beispielsweise: Nachbarrechtsgesetz des Landes Baden-Württemberg)
NJW	Neue Juristische Wochenschrift (Zeitschrift)
NJW-RR	Neue-Juristische-Wochenschrift-Rechtsprechungsreport (Zeitschriftenbeilage)
OLG	Oberlandesgericht
RE	Rechtsentscheid (eines Oberlandesgerichts in Mietsachen; es handelt sich dabei um Fragen grundsätzlicher Bedeutung, die von den Oberlandesgerichten entschieden werden, damit die Landgerichte in ihrem Bezirk einheitlich entscheiden. Es gibt auch Rechtsentscheide durch den BGH, wenn ein OLG von der Rechtsprechung eines anderen OLG abweichen will)
RdL	Recht der Landwirtschaft (Zeitschrift)
RE	Rechtsentscheid
StGB	Strafgesetzbuch
WiStG	Wirtschaftsstrafgesetz
WM	Wertpapiermitteilungen (Zeitschrift)
WoM	Wohnungswirtschaft und Mietrecht (Zeitschrift)
WoVermittG	Wohnungsvermittlungsgesetz
ZMR	Zeitschrift für Miet- und Raumrecht

Vorwort

Vermieten ist heutzutage eine außerordentlich unerfreuliche Beschäftigung. Dieser Satz stammt von einem Amtsgerichtsdirektor a. D., einem älteren Herrn, der einen Großteil seiner ungefähr 35-jährigen Berufspraxis damit zugebracht hat, über die unterschiedlichen wirtschaftlichen Interessen von Mietern und Vermietern zu Gericht zu sitzen und über alle möglichen und unmöglichen Streitfragen aus dem Bereich des Mietrechts zu verhandeln. Die meisten Richter teilen die Einschätzung, dass die Probleme zwischen Mietern und Vermietern in den letzten Jahren immer größer geworden sind.

Auch in der Vergangenheit hatten sich Vermieter mit einer Reihe von typischen Widrigkeiten auseinanderzusetzen. Dazu gehörte der Streit zwischen verschiedenen Mietparteien, unzuverlässige Mietzahlungen, Beschädigungen der Mietwohnung durch unsachgemäße Benutzung und nicht zuletzt der Ärger beim Auszug, wenn eine heruntergekommene Wohnung für die nächsten Mieter hergerichtet werden musste.

Diese klassischen Unannehmlichkeiten gehören auch heute noch zu den Dingen, mit denen ein Vermieter rechnen muss. Leider ist in den letzten Jahren zu den schon immer vorhandenen Problemen ein weiteres hinzugekommen: der zahlungsunfähige Mieter, der keinen Pfennig bezahlt und trotz fristloser Kündigung nicht freiwillig aus der Wohnung auszieht und deshalb unter Zeitverlust und enormen Kosten aus der Wohnung herausgeklagt werden muss.

Zwar gab es auch früher schon Situationen, in denen Mieter in wirtschaftliche Schwierigkeiten gerieten und deshalb ihre Miete nicht pünktlich oder überhaupt nicht mehr zahlen konnten. In Zeiten eines immer rauer werdenden sozialen Klimas kommt es aber leider immer wieder dazu, dass zahlungsunfähige Mieter Mietverträge abschließen, in eine Wohnung einziehen und vom ersten Tag an nicht nur die Kaution schuldig bleiben, sondern dazu auch keinen einzigen Pfennig Miete und nicht einmal die vom Vermieter verauslagten Nebenkosten bezahlen.

Damit Sie sich als Vermieter auch in schwierigen Zeiten so gut wie möglich schützen können und auch bei den alltäglichen kleinen und auch größeren Problemen zu helfen wissen, wurde dieses Buch verfasst. Sie erhalten auf den folgenden Seiten viele Hinweise aus der täglichen Anwaltspraxis, die es Ihnen ermöglichen, Ihre Rechte selbst einzuschätzen und zu entscheiden, ob Sie einen Rechtsanwalt aufsuchen müssen oder ob Sie sich selbst helfen können. Durch Beachtung einiger Sorgfaltsregeln lassen sich zudem viele Problemfälle bereits im Ansatz erkennen und damit kostspielige Gerichtsverfahren vermeiden.

Wenn einer ein Haus baut, dann kann er was erleben … und dies sogar vonseiten seines Steuerberaters. Denn manchmal bekommt man den Eindruck, als ob selbst versierte Berater beim Thema Vermieten und Hausbau absichtlich Verwirrung stiften würden. Um das Durcheinander zu ordnen, enthält dieses Buch neben den Grundlagen des Mietrechts und vielen aktuellen Gerichtsurteilen auch einen Überblick über die Grundzüge des Steuerrechts, soweit sie für einen Vermieter von Interesse sind. Aufgrund von Änderungen im Bereich des selbst genutzten Wohnraums wird es übrigens zukünftig einfacher sein seine Steuererklärung ohne die Hilfe eines Steuerberaters zu erstellen.

Wer Wohnraum vermietet, der mag durchaus einmal mit einem Mieter aneinander geraten. Für einen solchen Fall kann sich eine Rechtsschutzversicherung für den Vermieter lohnen. Im Buch wird dargestellt, wann eine Rechtsschutzversicherung für die anfallenden Kosten eintritt und was von dem Versicherungsschutz zu halten ist.

Dieser Ratgeber ist auf dem neuesten Stand der Rechtsprechung vom Oktober 1999. Er wurde von Verlag und Autor sorgfältig erstellt und auf inhaltliche Richtigkeit geprüft. Dennoch kann für den Inhalt keine Haftung übernommen werden. Das deutsche Mietrecht ist sehr komplex und entwickelt sich ständig fort. Auch die Richter an den obersten Gerichten vermögen ihre Meinung zu ändern. Wir können nur versprechen Sie nach bestem Wissen zu informieren. Für die individuelle Beratung und für verbindliche Rechtsauskünfte ist dagegen der Anwalt Ihres Vertrauens zuständig.

So finden Sie den richtigen Mieter

Für meine Wohnung habe ich vor ein paar Jahren noch 15 Mark pro Quadratmeter bekommen, jetzt gerade einmal 10! Dies ist eine Klage, die man so oder ähnlich Ende der 90er Jahre immer häufiger hört. In einigen deutschen Großstädten sinkt der Bedarf an Wohnraum. Die sinkende Nachfrage hat einerseits zur Folge, dass sich für frei werdende Mietwohnungen immer weniger Interessenten finden. Damit einhergehend sind andererseits gleichzeitig die erzielbaren Mieten teilweise dramatisch gesunken.

Diese Zusammenhänge bringen es mit sich, dass Sie bei der Suche nach dem richtigen Mieter für Ihre Wohnung nicht nur eine geringere Miete befürchten müssen, sondern wahrscheinlich auch eine kleinere Auswahl geeigneter Kandidaten haben werden. Damit die geringere Anzahl sich nicht für Sie zum Nachteil wendet und Sie sich nicht für den falschen Mieter entscheiden, gibt dieses Kapitel Ihnen ein paar Kriterien an die Hand, mit denen Sie wahrscheinlich das eine oder andere „faule Ei" aussortieren und so Ihr wirtschaftliches Risiko vermindern können.

Die Spreu vom Weizen trennen

Manch einen mutet es wie die sprichwörtliche Suche nach der Nadel im Heuhaufen an, heutzutage einen Mieter zu finden, der keine übertriebenen Ansprüche stellt, die Mietwohnung schonend behandelt, mit seinen Nachbarn Frieden hält, pünktlich und ohne sich zu beklagen seine Miete bezahlt und auch Mieterhöhungen klaglos hinnimmt.

Für den geplagten Vermieter stellt sich zunächst das Problem, ein ausreichend großes Angebot an interessierten Mietern zu bekommen, um so die oder den „Richtigen" auswählen zu können.

Um dieses Ziel zu erreichen können verschiedene Strategien verfolgt werden. Der Blick in die Tageszeitung vermittelt sicherlich das geringste Angebot. Denn von den interessierten Mietern inseriert nur ein Bruchteil. Größer ist mit Sicherheit die Auswahl an Bewerbern, wenn Sie als mietersuchender Vermieter selbst eine Anzeige schalten. Im Folgenden deshalb mehr zu den Vor- und Nachteilen der verschiedenen Suchstrategien.

Eigeninserat unter Angabe der Telefonnummer

Wenn Sie **selbst** in der Zeitung **inserieren** und dort Ihre Telefonnummer angeben, dann sollten Sie wissen, worauf Sie sich einlassen: Ihr Telefon wird am Erscheinungstag der Zeitung – selbst in einer mittelgroßen Stadt – nicht mehr still stehen. Sie können diesen Ansturm nur vermeiden, indem Sie möglichst *präzise Angaben* zu Ihrer Wohnung machen. Deshalb sollten Sie in Ihrer Anzeige unbedingt Antworten auf folgende Fragen geben:

- Wo liegt die Wohnung (Stadtteil)?
- Wie viele Zimmer hat die Wohnung?
- Welche Nebenräume gibt es?
- Gibt es einen Balkon oder eine Terrasse?
- Gewähren Sie eine Gartenmitbenutzung?
- Wie groß ist die Wohnung (in Quadratmetern; präzise und notfalls „gerichtsfeste" und beweisbare Zahlen ermitteln; zur Sicherheit noch den Zusatz „ca." angeben)?
- Wie viel Kaltmiete verlangen Sie?
- Wie viele Betriebskosten kommen hinzu?
- Verlangen Sie eine Kaution?
- Gehört eine Garage oder ein Stellplatz dazu? Entstehen dadurch weitere Kosten?
- Ist die Wohnung hell?
- Wie ist die Lage? Das Wörtchen „ruhig" empfiehlt sich wirklich nur bei einer ruhigen Wohnlage.
- Suchen Sie ausschließlich Nichtraucher?
- Akzeptieren Sie Familien mit Kindern oder Haustieren?
- Verlangt der Vormieter eine Abstandszahlung?

Eine Anzeige, die diesen Kriterien genügt, könnte folgendermaßen aussehen:

> 5-Zi.-Whg. in Stuttg.-Sillenbuch, ca. 120 qm, hell, ruhig gelegen, Einbauküche, Bad, Abstellraum, gr. Keller, Balkon, gr. Garten, Parkettboden, 1 000 DM + 200 DM NK + 50 DM Garage, 1 000 DM Kaution, gerne auch an Familie mit Kindern, Tel. 07 11 – 1 23 45 67

Nach Erfahrungen des Autors empfiehlt es sich nur bei sehr hochpreisigen Wohnungen eine Telefonnummer anzugeben, denn dann ist die Zahl der Interessenten naturgemäß geringer und somit überschaubarer. Und es verspricht besseren Erfolg, wenn Sie Besichtigungstermine ausmachen. Bei Schnäppchen wie im Beispiel auf Seite 17 steht wegen der Anruferflut dagegen zu befürchten, ein ganzes Wochenende ununterbrochen telefonieren zu müssen und in der Hektik, die dadurch entsteht, vielleicht einen besser geeigneten Mieter zu übersehen.

Chiffre-Anzeige: in Ruhe auswählen

Wenn Sie als Vermieter eine **Chiffre-Anzeige** aufgeben, dann ist die Qualität und die Aussagekraft des Angebots an Mietinteressenten bereits wesentlich besser als bei der Angabe einer Telefonnummer. Denn die Art und Weise, wie sich jemand darstellt, sagt bereits einiges über die Person aus, die den „Bewerbungsbrief" verfasst hat. Meistens kann man recht schnell die eingegangenen Briefe auf eine kleine Anzahl ernstlich infrage kommender Interessenten einschränken.

Ein Annoncenauftrag für die Rubrik Vermietungen kann so aussehen:

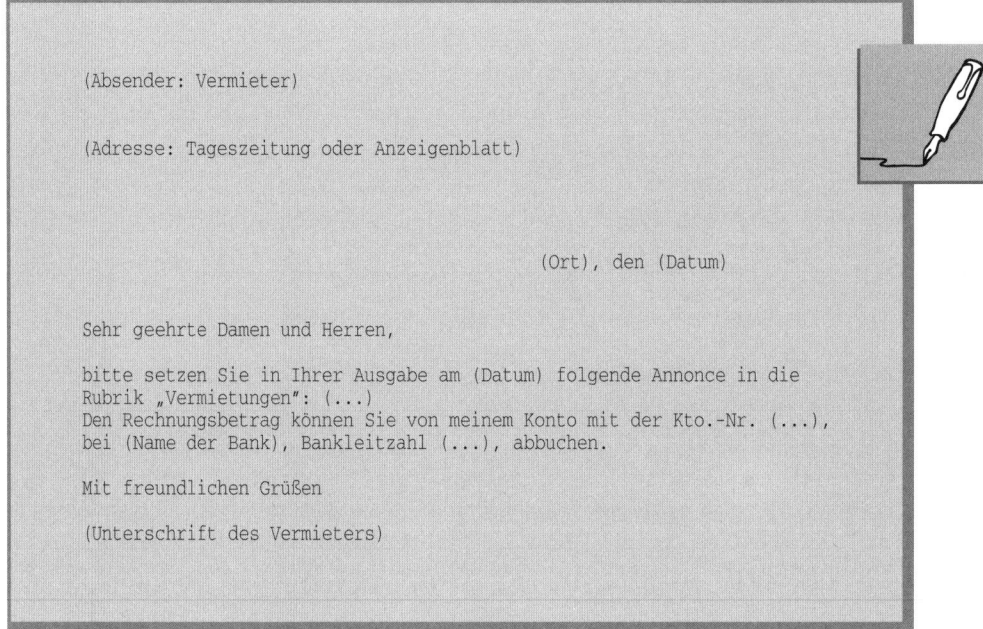

```
(Absender: Vermieter)


(Adresse: Tageszeitung oder Anzeigenblatt)



                                      (Ort), den (Datum)

Sehr geehrte Damen und Herren,

bitte setzen Sie in Ihrer Ausgabe am (Datum) folgende Annonce in die
Rubrik „Vermietungen": (...)
Den Rechnungsbetrag können Sie von meinem Konto mit der Kto.-Nr. (...),
bei (Name der Bank), Bankleitzahl (...), abbuchen.

Mit freundlichen Grüßen

(Unterschrift des Vermieters)
```

Antworten auf Mietgesuche

Wenn Sie selbst auf **Zeitungsanzeigen von Mietinteressenten** antworten, dann haben Sie rein zahlenmäßig gesehen mit Sicherheit eine vergleichsweise kleine Auswahl. Allerdings kann sich unter den Wohnungssuchenden, die bereit und in der Lage sind, die zusätzlichen Kosten für eine Anzeige auszugeben, eine höhere Quote zahlungskräftiger Mieter befinden. Diesen Eindruck gewinnt man zumindest, wenn man häufiger die Zeitungsanzeigen von potenziellen Mietern liest: Dort stellen sich überdurchschnittlich häufig besser Verdienende dar.

Eine andere Beobachtung lässt sich allerdings auch machen: So ist nämlich der Anteil an Familien mit Kindern, die im Wohnungsmarkt der Tageszeitungen inserieren, ebenfalls überraschend hoch, obwohl diese bekanntlich zumeist nicht zu den Besserverdienern gehören. Möglicherweise hängt das mit der häufig geringen Bereitschaft vieler Vermieter zusammen Familien mit Kindern zu akzeptieren. Die Mieter sind deshalb zum Inserieren gezwungen, um die wenigen Vermieter direkt ansprechen zu können, die Kinder tolerieren.

Vorteile eines offenen Besichtigungstermins

Manche Vermieter geben in ihrem Zeitungsinserat oder am Telefon nur einen **offenen Besichtigungstermin** an, zu dem die Wohnung für Interessierte zur Besichtigung freigegeben ist. Beim Besichtigungstermin werden von den Heerscharen der Interessenten Adressen sowie eventuell ausgefüllte Checklisten eingesammelt und ein mehr oder weniger ergiebiger Smalltalk gehalten, bei dem die potenziellen Mieter sich gegenseitig in Höflichkeit, guter Erziehung und mit der Zurschaustellung bürgerlicher Solidität zu übertreffen suchen. Es ist zumindest fraglich, ob man sich bei dem Durcheinander eines offenen Besichtigungstermins einen zuverlässigen Eindruck von den Interessenten verschaffen kann.

Meistens werden offene Besichtigungstermine vor allem von Mietern angeboten, die vorzeitig ausziehen wollen und nur daran interessiert sind, ihren Vermietern eine möglichst große Anzahl möglicher Nachmieter zu liefern.

Tipp:

Mietersuche ist Vermietersache. Selbst bei sehr zuverlässigen Vormietern ist es schwierig den für den Vermieter richtigen Mieter zu finden. Außerdem konzentriert sich der Vormieter meist auf seinen eigenen bevorstehenden Umzug und hat daher kaum Interesse, sich intensiv um die Suche nach geeigneten Nachmietern zu kümmern. Sie sollten die schwierige Frage der Auswahl eines Nachmieters nicht dem Vormieter überlassen.

Checkliste für die Entscheidungsfindung

Zu empfehlen ist ein **Grundriss** und eine **Wohnungsbeschreibung,** die Sie dem interessierten Mieter nach einem ersten Besichtigungstermin mitgeben. Sie sollten den Mieter in dieser Beschreibung so umfassend und objektiv wie möglich informieren. Auch wenn Sie die eine oder andere Schwäche zugeben müssen (wie z. B. eine durch den Stromverbrauch teurere Elektroheizung o. Ä.), sollten Sie bei den wesentlichen Eigenschaften der Wohnung unbedingt auf Vollständigkeit bedacht sein. Denn nur ein Mieter, der genau weiß, was er gemietet hat, wird ein zufriedener Mieter sein. Und nur zufriedene Mieter bleiben lange. Und das bedeutet für Sie, dass Sie nicht so häufig einen Nachmieter suchen müssen.

Miethöhe: realistische Forderungen

Manche Vermieter vertreten den Standpunkt, die Miete möglichst hoch anzusetzen, um so viel wie möglich für sich herauszuholen. Sie orientieren sich am Mietspiegel und wählen dann einen Betrag 10 bis 15 % darüber, sodass sie gerade eben unter dem Tatbestand des **Mietwuchers** bleiben. (Lesen Sie mehr zum Thema Mietwucher auf Seite 151.) Das halte ich – auch wirtschaftlich gesehen – für eine falsche Taktik. Denn zum einen ist das Risiko zu hoch, dass man sich verrechnet und versehentlich eine zu hohe Miete verlangt, die die Schwelle zum Mietwucher überschreitet. Und zum anderen wird man eine derartig hohe Miete kaum „nachhaltig" erzielen. Der Mieter wird bald erkennen, dass er eine andere Wohnung zu einem günstigeren Mietpreis erhalten könnte und deshalb kündigen und wieder ausziehen. Nur zufriedene Mieter bleiben und ersparen Ihnen häufige Wechsel und somit eine aufwändige Mietersuche.

Wissenswertes über Makler

Als Vermieter sind Sie gegenüber dem **Makler** in einer recht günstigen Position. Denn in den seltensten Fällen verlangt der Makler vom Vermieter eine **Provision.** Dennoch kann es sich auszahlen, wenn Sie die Funktion des Maklers und seinen Anspruch auf Maklerprovision kennen. Denn vielleicht können Sie einmal einem Ihrer Mieter einen wertvollen Tipp geben.

Tätigkeit des Maklers

Makler werden entweder vom Wohnungssuchenden oder vom Vermieter beauftragt und vermitteln den Kontakt zwischen den zukünftigen Mietvertragsparteien. Kommt ein Vertrag zustande, erhält der Makler dafür eine **Provision,** die in der Regel vom Mieter gezahlt werden muss.

Maklerprovision

In der anwaltlichen Berufspraxis erlebt man häufig Fälle, bei denen über die Zahlung der **Maklerprovision** gestritten wird. Obwohl es inzwischen ein Gesetz zu diesem Thema gibt *(Gesetz zur Regelung der Wohnungsvermittlung),* müssen sich deutsche Gerichte immer wieder mit diesem Thema beschäftigen. Es gelten folgende Grundsätze:

- Die Provision, die ein Makler für die Vermittlung einer Mietwohnung verlangen darf, muss in der vertraglichen Vereinbarung immer in einem Bruchteil oder einem Vielfachen der Monatsmiete ausgedrückt werden.

> **Tipp:**
>
> Es gibt eine Obergrenze für die Provision! Diese darf zwei Monatsmieten nicht überschreiten. Dabei gilt als Monatsmiete nur die Kaltmiete ohne Betriebs- oder Nebenkosten.

- Der Makler (oder auch Wohnungsvermittler) kann nur dann eine Provision verlangen, wenn er dem Mieter oder dem Vermieter die Wohnung auch wirklich vermittelt hat. Dazu reicht allerdings schon der **Nachweis der Mietgelegenheit** aus.
- Der Makler muss *neutral* sein. Wenn er den Interessen nur der einen der beiden Vertragsparteien zugeordnet werden kann, steht ihm kein Anspruch auf eine Vermittlungsprovision zu.

Zum Nachweis gehört es zwingend, dass ein Vertrag mit dem Mieter zustande gekommen ist, dessen Name der Makler dem Vermieter angegeben hat.

Der Makler kann nicht behaupten, er habe eine Wohnung vermittelt, wenn er dem wohnungssuchenden Mieter lediglich am Telefon gesagt hat, dass der sich die Wohnung selber ansehen solle (AG Miesbach, WoM 1979, 127).

Der Mieter ist im Zweifelsfall berechtigt, die Zahlung der Provision zu verweigern, wenn er die Adresse der zur Vermietung angebotenen freien Wohnung etwa über einen Bekannten bereits kannte, bevor er sie vom Makler erfahren hat. Denn dann war er auf die Hilfe des Maklers nicht angewiesen. Allerdings muss eine derartige Vorkenntnis notfalls vor Gericht bewiesen werden (AG Köln, Az. 116 C 183/71).

Provision nachträglich zurückverlangen

Der Mieter kann seine Provision mit guter Erfolgsaussicht immer dann zurückverlangen, wenn er gezahlt hat, obwohl der Makler gar keinen Anspruch auf die Provision hatte und der Mieter dies nicht wusste.

Wichtig:

Obwohl die meisten Makler einen Schlips tragen und auch sonst ein seriöses Äußeres pflegen, gibt es eine ganze Reihe schwarzer Schafe, die versuchen, auf Kosten ihrer Kundschaft Reibach zu machen. Immer wieder ist es zu beobachten, dass einzelne Wohnungsverwalter oder Makler bei wohnungssuchenden Mietern nebenbei noch die Hand aufhalten, obwohl sie keinen Anspruch auf derartige „Bestechungsgelder" hätten. In solchen Fällen ist es allerdings schwierig, die Provision zurückzuerhalten, weil die „Geldübergabe" zumeist kaum zu beweisen sein dürfte. Es sei denn, Sie bringen einen unabhängigen Zeugen mit. Die schwarzen Schafe der Zunft wissen, was erlaubt ist, und werden so die gesetzlichen Spielregeln einhalten.

Der wichtigste Grundsatz lautet: Ein Makler muss *unabhängig* sein. Das heißt, der Makler darf weder mit einer der Mietvertragsparteien oder auch nur mit der Hausverwalterfirma unter einer Decke stecken und etwa gemeinsame Sache zu Lasten einer Vertragspartei machen. Sobald keine Unabhängigkeit besteht, kann der Makler keine Provision verlangen (LG Hannover, WoM 1983, 274 und LG Frankenthal, WoM 1989, 195).

Ein Makler oder ein anderer Wohnungsvermittler, der selbst Eigentümer, Verwalter oder Vermieter der betreffenden Wohnung ist, hat kein Recht auf Zahlung einer Provision.

Zu § 2 Abs. 2 Nr. 2 Wohnungsvermittlungsgesetz

Bei Eigentumswohnanlagen gilt: Ein Wohnungsvermittler, der Verwalter der Eigentümergemeinschaft ist, kann als Makler Provision vom Mieter verlangen. Wenn er aber zugleich für den mietersuchenden Wohnungseigentümer tätig ist (indem er sich z. B. um die Betriebskostenabrechnung oder Mieteinnahme kümmert), kann er keine Provision verlangen, selbst wenn er erfolgreich vermittelt hat. Die geringsten Zweifel an der Neutralität eines Wohnungsvermittlers, der zugleich Verwalter ist, genügen, um den Anspruch auf die Maklerprovision auszulöschen und – wenn schon gezahlt wurde – einen Rückforderungsanspruch auszulösen (LG Frankfurt, WoM 1981, 23).

Die Unabhängigkeit ist bereits dann nicht gegeben, wenn der Verwalter und der Vermieter in denselben Büroräumen arbeiten (LG Osnabrück, Az. 36 C 58/80).

Ein Rückzahlungsanspruch besteht auch dann, wenn ein Mitarbeiter des Maklers zugleich Verwalter des Mieters ist (AG Hamburg, Az. 36 C 58/80).

Die Maklerprovision kann auch dann zurückverlangt werden, wenn die vermittelte Wohnung den Eltern des Maklers gehört (AG Bad Oldesloe, Az. 2 C 749/80).

Sogar dann, wenn bei Abschluss des Mietvertrages bereits feststeht, dass der Makler – wenn auch erst später – Verwalter der Wohnung wird, besteht kein Anspruch auf eine Provision, wenn im Übrigen die oben genannten Voraussetzungen vorliegen (LG München, Az. 15 S 14946/85).

Ein Makler, der eine Sozialwohnung vermittelt oder nachgewiesen hat, bekommt keine Provision. Eine trotzdem gezahlte Provision kann vom Mieter zurückgefordert werden.

Zu § 2 Abs. 3, § 5 Wohnungsvermittlungsgesetz und § 812 BGB

Dieser Rückzahlungsanspruch **verjährt** übrigens erst nach vier Jahren, gerechnet von dem Tag an, an dem der Mieter gezahlt hat.

Es gibt Makler, die versuchen zu Bargeld zu kommen, ohne eine Wohnung vermittelt zu haben. Meist werden dazu **Vorschüsse** (die auch „Verwaltungsumlage", „Auslagenerstattung", „Schreibgebühren" oder „Einschreibegebühren" genannt werden) verlangt. Manchmal wird auch versucht mehr als zwei Monatsmieten als Provision zu bekommen. Das alles verstößt gegen das *Gesetz zur Regelung der Wohnungsvermittlung!* Bereits gezahlte Beträge können zurückgefordert werden.

Zu § 3 Abs. 2 zur Regelung der Wohnungsvermittlung

In dieser Vorschrift wird die Maklerprovision auf zwei Monatsmieten beschränkt. Ein Mieter kann eine zu viel bezahlte Provision zurückverlangen – der Mietvertrag wird dadurch nicht unwirksam.

Fragen an den Bewerber

Nach dem Durchforsten der Tageszeitung bzw. der Aufgabe einer Annonce erfolgt die persönliche Begegnung mit mehreren geeignet scheinenden Mietinteressenten.

Hier empfiehlt es sich allen Kandidaten probehalber eine Reihe von Fragen zu stellen:

- Wo haben Sie bisher gewohnt? Warum wechseln Sie Ihre Wohnung?
- Was gefällt Ihnen an meiner Wohnung? Was stört Sie? (Ehrlichkeit ist manchmal ein Zeichen von Zuverlässigkeit.)
- Sind Sie Mitglied in einem Mieterverein?
- Mit wie vielen Personen möchten Sie einziehen?
- (Bei Paaren) Planen Sie eine Familie zu gründen?
- Welchen Beruf haben Sie gelernt/studiert?
- Wo arbeiten Sie? Wer ist Ihr Arbeitgeber?
- Welches Nettoeinkommen haben Sie? (Bei dieser Frage ist es umstritten, ob sie wahrheitsgemäß beantwortet werden muss.)
- Sind Sie vorbestraft? Läuft ein polizeiliches bzw. staatsanwaltschaftliches Ermittlungsverfahren gegen Sie?

Ihre Rechte bei unwahren Angaben

Falls Sie vom Mieter beschwindelt wurden, haben Sie verschiedene Möglichkeiten sich zu wehren. Bei bestimmten Lügen kommt sogar eine **Anfechtung wegen arglistiger Täuschung** infrage. Dies ist im Gesetz geregelt:

> **§ 123 BGB (Anfechtbarkeit wegen Täuschung oder Drohung)**
> (1) Wer zur Abgabe einer Willenserklärung durch arglistige Täuschung (…) bestimmt worden ist, kann die Erklärung anfechten.
> (2) Hat ein Dritter die Täuschung verübt, so ist eine Erklärung, die einem anderen gegenüber abzugeben war, nur dann anfechtbar, wenn dieser die Täuschung kannte oder kennen musste. (…)

Diese Vorschrift kann dem Vermieter, der beschwindelt wurde, das Recht geben den Mietvertrag anzufechten. Die Wirkung der Anfechtung ist die Unwirksamkeit des Vertrages von Anfang an.

Interessant ist, dass gemäß § 123 Abs. 2 BGB die Täuschung nicht unbedingt vom Mieter begangen worden sein muss. Erforderlich ist allerdings, dass der Mieter die Täuschung kannte oder kennen musste. Ausreichend wäre insoweit, wenn der Mieter bei der Schwindelei dabei war.

Welche Schwindeleien berechtigen zur Anfechtung des Mietvertrages?

Nicht jede kleine Abweichung von der Wahrheit berechtigt zur **Anfechtung**. In der Rechtsprechung gibt es eine Vielzahl von Entscheidungen zu diesem Thema, bei denen eine gewisse Uneinheitlichkeit zu erkennen ist. Einig sind sich die Gerichte über den Punkt, dass nur rechtlich zulässige Fragen vom Mieter richtig beantwortet werden müssen. Schwindelt der Mieter bei einer unzulässigen Frage, so ist das erlaubt.

> **Beispiel:**
> Fragen zur Mitgliedschaft in einer Partei, zu sexuellen Neigungen, zur religiösen Zugehörigkeit, zu Vorstrafen, zur Staatsangehörigkeit des Ehepartners, zur Mitgliedschaft in einem Mieterverein, ob Kinder geplant sind, ob die Ehefrau berufstätig ist, ob Krankheiten oder eine Schwangerschaft vorliegen oder zu persönlichen Musikvorlieben, brauchen vom Mieter überhaupt nicht und deshalb auch nicht wahrheitsgemäß beantwortet zu werden.
> Anders ist dies beim Familienstand. Der Mieter muss wahrheitsgemäß auf die Frage antworten, ob er ledig oder verheiratet ist. Auch Fragen nach dem derzeitigen Arbeitgeber des Mieters sind zulässig. Falsche Antworten berechtigen zur Anfechtung.

Eine schriftliche **Anfechtungserklärung** können Sie nach dem Muster auf Seite 26 aufsetzen.

Die Folgen der Anfechtung

Wenn eine Anfechtung erklärt wird, bedeutet dies in der Regel, dass der Vertrag *rückwirkend* unwirksam wird. Leider sind die Gerichte bei Mietverträgen nicht so streng, wie sie es bei anderen Verträgen sind. Es wird unterschieden, ob der Mieter schon in die Wohnung eingezogen ist oder nicht. Wenn der Mieter den Vertrag schon unterschrieben hat, aber noch nicht eingezogen ist, wird der Vertrag durch die Erklärung der Anfechtung tatsächlich unwirksam. Der Mieter darf nach der wirksamen Anfechtung die Mietwohnung nicht betreten oder gar einziehen.

Wenn der Mieter schon eingezogen sein sollte, können Sie *nicht mehr* anfechten. Sie haben dann nur noch die Möglichkeit eine Kündigung mit der unwahren Angabe des Mieters zu begründen. Falls der Mieter sich aber zwischenzeitlich nichts hat zuschulden kommen lassen und wenn er schon einige Male die Miete pünktlich bezahlt hat, dann ist auch die Kündigung grundsätzlich ausgeschlossen (LG Essen, WoM 1984, 299) und bleibt nur noch in Ausnahmefällen zulässig. Beispiel: Die Kündigung kann wirksam sein, wenn der Mieter seinem Vermieter mehrfach persönlich versichert hat, er sei verheiratet,

Musterbrief: Anfechtungserklärung

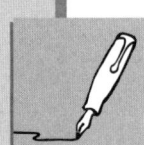

(Absender: Name des Vermieters)

(Adresse: Name des Mieters)

                                   (Ort), den (Datum)

Mietverhältnis (Adresse)

Sehr geehrter (Mieter),

Sie haben mir am 3. April 1998, also noch vor Unterzeichnung des Mietvertrages angegeben, dass Sie bei der Firma XY angestellt seien. Ich habe aber erfahren dass Sie seit zwei Jahren arbeitslos sind. Hiermit erkläre ich

die Anfechtung des Mietvertrages vom (Datum)

wegen arglistiger Täuschung. Ich fordere Sie auf die Mietwohnung sofort zu räumen. Ich setze hierfür Frist bis zum

(Datum)

Bei erfolglosem Verstreichen dieser Frist werde ich die Angelegenheit meinem Rechtsanwalt übergeben und eine Räumungsklage veranlassen.

Hiermit widerspreche ich im Sinne von § 568 BGB der Fortsetzung des Mietverhältnisses durch den Fortgebrauch der Mietsache.

Mit freundlichen Grüßen

(Unterschrift des Vermieters)

und sich dies später als unwahr herausstellt. In einem solchen Fall kann eine so schwere Vertrauensstörung vorliegen, dass die Kündigung ausnahmsweise berechtigt ist (LG Hannover, WoM 1983, 142).

> **Tipp:**
>
> Ich möchte Ihnen empfehlen, sich bereits vor Erklärung der Anfechtung anwaltlich beraten zu lassen, da nicht jede Schwindelei zur Anfechtung bzw. zur späteren Kündigung berechtigt.

Achtung: Anfechtungsfrist beachten!

Sie müssen eine **Anfechtungsfrist** beachten. Die Anfechtung eines Vertrages wegen arglistiger Täuschung kann gemäß § 124 BGB nur *binnen Jahresfrist* erfolgen. Sie können sich also nicht überlegen, statt einer ordentlichen Kündigung nach ein paar Jahren eine Anfechtung zu wählen, um den Kündigungsschutz zu umgehen und lange Kündigungsfristen zu vermeiden. In der Praxis wird die Einhaltung der Anfechtungsfrist keine Probleme bereiten, da eine Anfechtung nach Einzug des Mieters ohnehin ausgeschlossen ist.

Verboten: Abstandszahlungen als Bestechung

Vorsicht: Eine **Abstandszahlung,** der tatsächlich kein wirtschaftlicher Gegenwert gegenübersteht, weil bspw. für eine wertlose Wohnungseinrichtung ein überhöhter Kaufpreis gezahlt wurde, muss möglicherweise wieder an den Käufer zurückgezahlt werden. Dieser Grundsatz gilt nicht nur bei Abstandszahlungen zwischen Vor- und Nachmieter, sondern auch für den Vermieter. Geregelt ist dies im *Gesetz zur Regelung der Wohnungsvermittlung (Wo VermittG):*

§ 4 WoVermittG (Unwirksame Vereinbarungen)
(1) Eine Vereinbarung, die den Wohnungssuchenden oder für ihn einen Dritten verpflichtet, ein Entgelt dafür zu leisten, dass der bisherige Mieter die gemieteten Wohnräume räumt, ist unwirksam. Die Erstattung von Kosten, die dem bisherigen Mieter nachweislich für den Umzug entstehen, ist davon ausgenommen.
(2) Ein Vertrag, durch den der Wohnungssuchende sich im Zusammenhang mit dem Abschluss eines Mietvertrages über Wohnräume ver-

pflichtet, von dem Vermieter oder dem bisherigen Mieter eine Einrichtung oder ein Inventarstück zu erwerben, ist im Zweifel unter der aufschiebenden Bedingung geschlossen, dass der Mietvertrag zustande kommt. Die Vereinbarung über das Entgelt ist unwirksam, soweit dieses in einem auffälligen Missverhältnis zum Wert der Einrichtung oder des Inventars steht.

Das bedeutet zum einen, dass die Bestechung des Vormieters zivilrechtlich *unwirksam* ist. Das Bestechungsgeld kann zurückgefordert werden. Zum anderen ist auch der „Kauf" von Einrichtungsgegenständen unwirksam, wenn der Preis offensichtlich die Entscheidung des Vermieters beeinflussen soll. Ein „auffälliges Missverhältnis" wird übrigens ab 150 % des tatsächlichen Wertes angenommen.

Meine Empfehlung: Verzichten Sie als Vermieter darauf, „Abstandszahlungen" zu verlangen!

Übrigens: Wenn sich der Nachmieter verpflichtet, die Umzugskosten des Vormieters zu tragen, dann ist das überraschenderweise nach dem WoVermittG wirksam (§ 4a Abs. 1 S. 2). Dazu zählen nicht nur die Kosten für den Transport der Einrichtungsgegenstände, sondern alle Kosten, die mit dem Umzug im direkten Zusammenhang stehen. Das kann also bedeuten, dass der Nachmieter auch die Renovierung der bisherigen oder auch der künftigen Wohnung des Vormieters finanziert.

Nachweis der Bonität

Juristisch gesehen ist die Sache einfach: Die Hauptpflicht des Mieters besteht darin pünktlich und vollständig die Miete zu zahlen. Doch leider gibt es mit der Mietzahlung immer wieder Probleme. Manche Schwierigkeiten können Sie allerdings schon vorher aus der Welt schaffen: Fordern Sie den Mietinteressenten auf, eine **Selbstauskunft bei der Schufa** einzuholen und vorzulegen. Erst dann wird er in die engere Wahl gezogen.

Das Wort „Schufa" ist eine Abkürzung für „Schutzgemeinschaft für allgemeine Kreditsicherung". Die Schufa war ursprünglich für Banken gedacht, die auf diesem Wege erfahren konnten, ob „Negativmerkmale" über einen Kunden bekannt geworden und gespeichert worden waren. Die Anfrage bei der Schufa erfolgt bspw. bei Kunden, die einen Kredit aufnehmen möchten. „Negativmerkmale" sind alle Unregelmäßigkeiten im Geschäftsverkehr mit Banken, also z. B. Vollstreckungsbescheide, Zwangsvollstreckungen oder

Kontokündigungen. Jedermann kann bei der Schufa anfragen, ob über ihn Daten gespeichert sind. Schreiben Sie einfach an folgende Adresse:
Schufa-Zentrale, Kronprinzenstraße 28, D-65185 Wiesbaden

Von dort wird die Schufa-Zentrale, die selbst keine Daten speichert, die Anfrage an die zuständige Schufa weiterleiten. Die Selbstanfrage kostet übrigens 15 DM und muss schriftlich erfolgen.

Vorsichtsmaßnahmen bei neuen Mietern

Mit einem neuen Mieter kann man auf die Nase fallen. Dies gilt es zu vermeiden. Es gibt zwar kein Patentrezept, aber dennoch eine ganze Reihe wertvoller Tipps, die Sie als Vermieter beachten sollten. Einige davon haben sich dabei als besonders hilfreich herausgestellt. Dazu mehr im Folgenden.

Schlüsselübergabe

Es ist wichtig, Vorsichtsmaßnahmen zu treffen, bevor der Schlüssel für die Mietwohnung herausgegeben wird. Voraussetzung dafür darf nicht nur die Unterschrift unter den Mietvertrag sein. Sie sollten den Schlüssel erst übergeben, wenn gesichert ist, dass Sie die Kaution und die erste Miete auch wirklich bekommen.
Wenn die Vormieter Ihrem neuen Mieter einen Teil der Wohnungseinrichtung verkaufen wollen – bspw. die Einbauküche –, dann könnten Sie sich bei Ihren ehemaligen Mietern unauffällig erkundigen, ob der vereinbarte Kaufpreis bereits bezahlt wurde. Die Antwort vermag Aufschluss darüber zu geben, wie es um die momentane **Zahlungsfähigkeit** des neuen Mieters steht. Eine **Schufa-Auskunft**, die Sie verlangen können, leistet dies nicht. Sie sagt nichts darüber aus, ob sich die Zahlungsfähigkeit Ihres Mieters in letzter Zeit wesentlich verschlechtert hat oder nicht. Die Schufa-Auskunft erlaubt Ihnen lediglich einen Blick auf die Vergangenheit, nicht auf die Gegenwart und erst recht nicht auf die Zukunft.
Dabei ist das Risiko, von einem Mieter keinen einzigen Pfennig zu bekommen, heutzutage nicht mehr so gering, dass dieser Punkt vernachlässigt werden könnte. Ich habe während meiner beruflichen Praxis vielfach erlebt, dass Mieter in eine Mietwohnung eingezogen sind, ohne eine einzige Mark Kaution oder Miete bezahlt zu haben. Da sich die Mieter aber auch weigerten auszuziehen, musste nach der Erklärung der **fristlosen Kündigung** eine

Räumungsklage angestrengt werden, die bekanntlich einige Zeit in Anspruch nimmt. Je nach Amtsgericht kann es nämlich einige Monate bis zu einem halben Jahr oder länger dauern, bevor Sie die Entscheidung des Gerichts erhalten.

Sie können sich leicht ausrechnen, wie hoch Ihre finanziellen Ausfälle zu werden vermögen, wenn Ihnen mit der Auswahl der Mieter ein vergleichbares Missgeschick widerfahren sollte. Denn bevor eine fristlose Kündigung ausgesprochen werden kann, muss abgewartet werden, bis der Rückstand zwei Monatsmieten erreicht. Es folgt ein weiterer Zeitverlust, währenddessen der Anwalt den Mieter unter Fristsetzung zum Auszug auffordert. Danach wird die Räumungsklage bei Gericht anhängig gemacht, die im unglücklichsten Falle länger als ein halbes Jahr dauern kann. Die Durchführung der Räumung durch den Gerichtsvollzieher nimmt dann noch einmal einige Wochen in Anspruch. Hinzu kommt des Weiteren der Kostenvorschuss, den der Gerichtsvollzieher verlangt und der sich auf 5 000 bis 10 000 DM belaufen kann. (Mehr zum Thema fristlose Kündigung wegen Mietrückstand lesen Sie ab Seite 159.)

Viele Mieter = viele Schuldner!

Selbst wenn mehrere Personen in eine Mietwohnung einziehen möchten, entscheiden sich manche Vermieter dafür, lediglich eine Person den Mietvertrag unterschreiben zu lassen. Meistens steckt der Wunsch nach Übersichtlichkeit hinter dieser Überlegung. Denn dann glaubt man als Vermieter zu wissen, wen man ansprechen muss, wenn es Schwierigkeiten gibt. Oft wird nämlich zu Unrecht befürchtet, dass einem durch eine unübersichtliche Anzahl von Mietern Nachteile erwachsen könnten.

> **Beispiel:**
> Der Mitmieter könnte sich mit dem Argument aus der Verantwortung stehlen, dass er wegen einer internen Absprache für bspw. die Schönheitsreparaturen nicht zuständig sei. Oder ein Mieter könnte die Mietzahlung mit der Begründung verweigern, dass er nur die Hälfte des Mietzinses übernommen habe.

Diese Befürchtungen sind unbegründet. Genau das Gegenteil ist der Fall: Der Vermieter hat mit jedem Mieter, der den Vertrag mit unterschreibt, einen Schuldner mehr. Der Jurist formuliert das folgendermaßen: Jeder Schuldner haftet dem Vermieter gegenüber *gesamtschuldnerisch* für die Mieterpflichten. Die **gesamtschuldnerische Haftung** ist in § 426 BGB geregelt. Die rechtlichen Folgen sind z. B., dass der Vermieter von jedem Mieter/Gesamtschuldner die Miete in voller Höhe verlangen kann, obwohl die Mieter untereinander nur zu gleichen Teilen zur Zahlung verpflichtet sind. Natürlich kann der Vermieter die Miete insgesamt nur einmal fordern. Es ist Sache der Mieter, unter sich einen Ausgleich zu schaffen, wenn einer von ihnen die Miete vollständig bezahlt hat.

Diese Regelung kann für einen Vermieter sehr hilfreich sein, wenn sich nur einer von mehreren Mietern als zahlungskräftig herausstellt. Denn dann kann er sich den Zahlungskräftigsten aussuchen und von diesem die ganze Miete verlangen. Dieser Mieter trägt in der Folge das Risiko sich die auf die anderen entfallenden Anteile zurückzuholen.

Mietbürgschaft – nicht nur bei jungen Mietern

Bei Mietern, deren Zahlungsfähigkeit möglicherweise nicht unproblematisch ist, kann es für die Nerven des Vermieters gut sein, wenn sich ein **Bürge** bereit erklärt, für eventuelle Mietschulden aufzukommen. Eine **Mietbürgschaft** ist eine Bürgschaft, die eine Person, die nicht Partei des Mietvertrags wird, zur Sicherung des Mietzinses abgibt. Der Bürgschaftsvertrag ist im *Bürgerlichen Gesetzbuch* geregelt:

> **§ 765 BGB (Wesen der Bürgschaft)**
> (1) Durch den Bürgschaftsvertrag verpflichtet sich der Bürge gegenüber dem Gläubiger eines Dritten, für die Erfüllung der Verbindlichkeit des Dritten einzustehen.
> (2) Die Bürgschaft kann auch für eine künftige oder eine bedingte Verbindlichkeit übernommen werden.

Besonders wichtig: Anders als die meisten anderen Verträge, die auch mündlich abgeschlossen werden können, muss der Bürgschaftsvertrag einer bestimmten **Form** genügen: Er ist unbedingt *schriftlich* abzuschließen. Das bedeutet für Sie, dass Sie als Vermieter nur dann jemanden als Bürgen in Anspruch nehmen können, wenn sich dieser schriftlich dazu verpflichtet hat. Wenn der Bürge trotz fehlender schriftlicher Vereinbarung freiwillig zahlt, kann der Bürge allerdings das bereits gezahlte Geld nicht zurückfordern. Der Vermieter darf das Geld behalten, obwohl es zunächst keinen wirksamen Bürgschaftsvertrag gab. Der Jurist sagt: Der Formfehler gilt durch die Erfüllung der Verbindlichkeit als geheilt.

Auf Seite 32 ein Beispiel eines Vertrages, in dem sich ein Bürge dazu verpflichtet, für die Mietschulden einer anderen Person aufzukommen, falls diese nicht zahlen kann. Der Mieter muss übrigens von dem Abschluss des Bürgschaftsvertrages keine Kenntnis haben.

Bürgschaftsvertrag

Hiermit verpflichte ich, (Name, Vorname, Anschrift des Bürgen), mich, als Bürge für die Miete der Wohnung (genaue Bezeichnung von Mietwohnung, Mieter und Vermieter) aufzukommen, falls der Mieter die Mietzahlung nicht vornimmt. Die Miete beläuft sich zur Zeit auf monatlich 1 000 DM zzgl. 150 DM Betriebskostenvorauszahlung sowie 100 DM für die Garage. Die Bürgschaft gilt auch für den Fall zukünftiger Mieterhöhungen. Ich verzichte auf die Einrede der Vorausklage.

....
(Ort und Datum)   (Unterschrift Bürge)

Ich (Name, Vorname, Anschrift des Vermieters) nehme die Bürgschaft an.

....
(Ort und Datum)   (Unterschrift Vermieter)

Die Formulierung, dass der Bürge „auf die Einrede der Vorausklage verzichtet", hat große praktische Bedeutung. Denn im Gesetz steht, dass der Bürge die Befriedigung des Gläubigers so lange verweigern darf, wie dieser nicht erfolglos die Zwangsvollstreckung gegen den Schuldner versucht hat (§ 771 BGB). Das kostet Zeit und kann sehr problematisch werden, wenn der Schuldner z. B. unbekannt verzogen ist. Diese gesetzliche Regelung wird jedoch durch den vorstehend genannten **Verzicht auf die Vorausklage** vertraglich ausgeschlossen. Dann kann der Gläubiger auch vom Bürgen die Zahlung verlangen, ohne erst umständlich und langwierig gegen den Mieter klagen und den Verlauf der Zwangsvollstreckung abwarten zu müssen.

Wichtig:

Vorsicht: Wegen § 550b Abs. 1, Abs. 2 BGB ist die Mietbürgschaft auf höchstens drei Monatsmieten beschränkt. Dies hat zuletzt das LG Kassel bestätigt (LG Kassel, WoM 1997, 555).

Zustand der Wohnung: Zeugen und Übergabeprotokoll

Immer wieder wird nach Beendigung eines Mietverhältnisses über den Zustand der Wohnung gestritten. Es kann große Probleme verursachen, wenn nicht aufgeklärt zu werden vermag, ob Schäden an der Mietsache schon vor Beginn des Mietverhältnisses vorhanden waren. Denn der Vermieter kann nur dann **Schadenersatz** verlangen, wenn er in der Lage ist zu beweisen, dass der Mieter die Schadensursache gesetzt hat. Deshalb möchte ich Ihnen empfehlen, nicht nur bei Beendigung des Mietverhältnisses, sondern vor Beginn des Mietverhältnisses mit dem zukünftigen Mieter zusammen eine **Wohnungsübergabe** durchzuführen. Eventuelle **Mängel,** insbesondere an kritischen Punkten (Teppichboden, Parkett usw.) werden in einem solchen Protokoll aufgenommen. Durch ihre Unterschriften bestätigen Vermieter und Mieter, dass die Mietsache bis auf die ausdrücklich genannten Mängel einwandfrei ist.

Wichtig:

Wenn etwas bereits beschädigt ist, kann es nicht mehr kaputtgemacht werden! Dieser einfache Grundsatz kann helfen die meisten Streitigkeiten über Beschädigungen an Mietsachen zu schlichten. Beispiel: Ein Parkett, das schon einige Macken hat, vermag nur repariert zu werden, indem es abgeschliffen wird. Das Abschleifen kann allerdings aus technischen Gründen nicht auf einen einzigen Fleck oder ein Zimmer beschränkt werden. Vielmehr muss immer der gesamte zusammenhängende Parkettbereich gleichzeitig abgeschliffen und neu versiegelt werden. Aus diesem Grunde können Sie bei einem Parkett, das vor Beginn der Mietzeit bereits den einen oder anderen tiefen Kratzer hatte, Schadenersatz vom Mieter grundsätzlich nur dann verlangen, wenn durch die Beschädigungen, die der Mieter zu vertreten hat, ein vergleichsweise größerer Reparaturaufwand erforderlich wird. Das könnte der Fall sein, wenn nicht nur abgeschliffen, sondern z. B. auch einzelne Holzdielen ersetzt werden müssen. Normale Abnutzungsspuren ziehen grundsätzlich nie Schadenersatzansprüche nach sich. Dies gilt im Übrigen auch für Türen aus Furnierholz sowie für Kunststofffußböden. Die Abnutzung der Mietsache ist etwas, das Sie als Vermieter in Kauf nehmen müssen. Sie erhalten schließlich die Miete auch als Ausgleich für die Abnutzung.

Ein solches **Wohnungsübergabeprotokoll** könnte aussehen wie das Beispiel auf Seite 34 bis 36.

Wohnungseinzugsprotokoll
(bei Übergabe der Mietwohnung auszufüllen)

Die Mieträume sind heute (Datum) dem Mieter vom Vermieter übergeben worden.

1. Bei der Übergabe wurden folgende Mängel festgestellt

Bezeichnung der Räume

Bezeichnung der Mängel

_____

_____

_____

_____

Mängel im Einzelnen
Wände/Tapeten/Wasser- oder
Schimmelflecken

Möbel und Einrichtungsgegenstände des Vermieters

_____

_____

_____

_____

Fensterrahmen/Fensterglas

Sanitäre Einrichtungen

_____

_____

_____

_____

Einbauküche

Heizkörper

_____

_____

_____

_____

Türrahmen, Türblatt, Türschloss

Sonstige Schäden

_____

_____

_____

_____

Fußbodenbelag/Teppich/Parkett

_____

Der Vermieter wird vorbezeichnete Mängel auf seine Kosten bis zum (Datum) beseitigen.

2. Folgende Räume/Utensilien wurden vom Vormieter leer geräumt (bitte ankreuzen)

☐ Wohnung   ☐ Mülltonne/-eimer
☐ Keller   ☐ Abseiten
☐ Dachboden   ☐ Garage

Verbliebenes Mobiliar

_____

_____

_____

3. Schlüsselübergabe (bitte ankreuzen)

Dem Mieter werden folgende Schlüssel ausgehändigt (spezifizierte Aufzählung der einzelnen Schlüssel):

Wohnungsschlüssel   Dachbodenschlüssel

_____   _____

Haustürschlüssel   Garagenschlüssel

_____   _____

Briefkastenschlüssel   Sonstige Schlüssel, genau beziffern:

_____   _____

Kellerschlüssel

_____

4. Renovierungszustand

Folgende Räume (Heizkörper, Fenster, Türrahmen usw.) sind bei Auszug des Vormieters renoviert worden:

_____

_____

_____

_____

5. Schäden/Reparaturen

_____

_____

_____

_____

6. Zählerstände

Kaltwasser   Heizöl

_____   _____

Warmwasser   Strom

_____   _____

Gas

_____

Mit unserer Unterschrift bestätigen wir, dass die Wohnung bis auf die oben ausdrücklich aufgeführten Mängel mangelfrei ist.

_____, den _____
(Ort)   (Datum)

_____   _____
(Unterschrift Mieter)   (Unterschrift Vermieter)

Ein ähnliches Protokoll sollten Sie bei Wohnungsrückgabe zum Ende des Mietverhältnisses ausfüllen. (Lesen Sie dazu mehr ab Seite 241.) Derartige Protokolle können eine Menge Ärger ersparen. Insbesondere, wenn ein Mieter behauptet, ein bestimmter Defekt sei schon bei seinem eigenen Einzug vorhanden gewesen, kann leicht nachgewiesen werden, dass dieser Mangel nicht im Einzugsprotokoll aufgeführt wurde. Dann läge es beim Mieter die Unrichtigkeit des Protokolls zu beweisen.

Tipp:

Als Vermieter sollten Sie die Protokolle auch nach Beendigung des Mietverhältnisses aufbewahren. Dann können Sie später erforderlichenfalls auch die Protokolle der Vormieter noch zum Beweis für die Entwicklung des Zustandes der Wohnung vorlegen.

Schriftform bei besonderen Vereinbarungen

Es empfiehlt sich dringend besondere Vereinbarungen, z. B. zur Gartennutzung, ausdrücklich *schriftlich* festzuhalten. Denn im Zivilrecht gilt der Grundsatz, dass jede Partei im Streitfall die Umstände, die für sie günstig sind, beweisen muss. Die **Beweisbarkeit** wird verbessert, wenn eine schriftliche Vereinbarung vorliegt.

Der vermieterfreundliche Mietvertrag

Die alltäglichen Probleme mit dem Mietrecht können für einen Vermieter ausgesprochen kompliziert werden. Viele potenzielle Schwierigkeiten können Sie jedoch schon im Ansatz in den Griff bekommen, wenn Sie den hier vorgestellten vermieterfreundlichen Mietvertrag verwenden (Muster siehe Seite 69 bis 87). Doch zunächst folgt eine Einführung in die Grundzüge des **Mietvertragsrechts.**

Allgemeine Fragen aus Vermietersicht

Nach meiner Erfahrung werden die wichtigsten Vermieterfragen dem Anwalt leider erst dann gestellt, wenn das Kind bereits in den Brunnen gefallen ist. Damit Ihnen dies nicht passiert, sind im Folgenden die wichtigsten Fragen und Antworten aufgeführt.

Form: Muss eine Vereinbarung stets schriftlich sein?

Die weit verbreitete Meinung, dass grundsätzlich nur ein schriftlicher Vertrag wirksam oder zumindest einer mündlichen Vereinbarung irgendwie überlegen sei, ist Unsinn. Entscheidend ist, welche Art Vertrag geschlossen wurde – die Einhaltung einer bestimmten Form wird vom Gesetz nur für einige wenige Vertragstypen vorgeschrieben.

Ein **Mietvertrag** kann grundsätzlich auch mündlich abgeschlossen werden. Vermieter und Mieter müssen sich nur über die wesentlichen Fragen einig sein: z. B. welche Wohnung ab wann vermietet werden soll. Außerdem muss Einigkeit über die Hauptleistungspflicht des Mieters, also die Höhe der Miete bestehen.

Doch Achtung! Manche Vermieter schließen bewusst erst einmal keinen schriftlichen Mietvertrag ab, weil sie der Meinung sind, dass dann überhaupt kein Mietvertrag bestehen würde. Sie meinen, dass man in dieser „vertragslosen Zeit" erst einmal in Ruhe den Mieter prüfen könne. Erst wenn man mit ihm zufrieden sei, könne man einen „richtigen Mietvertrag" abschließen. Bei Unzufriedenheit müsse der Mieter eben wieder ausziehen.

Diese Ansicht ist höchst gefährlich. Denn auch ein mündlicher Mietvertrag ist wirksam. Es gelten dann die gesetzlichen Vorschriften. Der Mieter müsste in einem solchen Fall keine Betriebskosten zahlen. Außerdem würde die Miete nicht am Monatsanfang für den ganzen Monat im Voraus fällig. Schlimm wäre für den Vermieter auch, dass keinerlei Schönheitsreparaturen geschuldet sind. Und noch schlimmer, dass die Durchführung der Schönheitsreparaturen seine Sache wäre. Das bedeutet, dass der Mieter von seinem Vermieter verlangen könnte, dass dieser innerhalb gewisser Fristen Renovierungsarbeiten in seiner Wohnung finanziert!

Ausnahmen von der Möglichkeit, den Mietvertrag mündlich abzuschließen, gibt es gemäß § 566 BGB z. B. dann, wenn ein Mietvertrag für eine längere Zeit als ein Jahr befristet werden soll. (Lesen Sie mehr zu den Vor- und Nachteilen eines zeitlich befristeten Mietvertrages ab Seite 42.)

Eine weitere Ausnahme ist denkbar, wenn Mieter und Vermieter zunächst nur eine mündliche Vereinbarung getroffen haben und beiden dabei klar war, dass noch ein schriftlicher Vertrag geschlossen werden sollte. Dann war die mündliche Vereinbarung nur vorläufig. Wenn der Mieter mit dem schriftlichen Mietvertrag nicht einverstanden sein sollte und auf Erfüllung des mündlich geschlossenen „Vertrages" pocht, hat er keine Chancen. Falls er noch nicht eingezogen sein sollte, besitzt er keinen Anspruch auf die Schlüssel – falls er die Wohnung doch schon bewohnt, muss er sie wieder räumen oder sich mit dem schriftlichen Vertrag einverstanden erklären.

Wichtig:

Der so genannte **Mündlichkeitsvorbehalt** muss notfalls vom Vermieter bewiesen werden, wenn dieser sich darauf beruft. In einem Gerichtsverfahren z. B. auf Räumung der Mietwohnung müsste der Vermieter beweisen können, dass beiden Parteien klar war, dass später ein Vertragsformular ausgefüllt und unterschrieben werden sollte.

Ein solcher Beweis könnte bspw. mit Zeugen geführt werden. Doch Achtung: Der Vermieter als ein am Prozess Beteiligter kann nicht als Zeuge auftreten! Gelingt der Beweis nicht oder vermag seinerseits der Mieter zu beweisen, dass ein mündlicher Vertrag abgeschlossen wurde, dann verlieren Sie als Vermieter möglicherweise den Prozess und müssen auch noch die Prozesskosten bezahlen. Ich kann Ihnen nur dringend raten sich so früh wie möglich anwaltlich beraten zu lassen. Außerdem sollten Sie möglichst zu allen Gesprächen mit dem Mieter einen unabhängigen Zeugen mitnehmen. Das kann auch Ihr Ehepartner, nicht jedoch ein „Mitvermieter" sein.

Was passiert, wenn beim Ausfüllen des Mietvertrags etwas schief läuft?

Die käuflich zu erwerbenden Mietverträge sind oft recht umständlich auszufüllen. Es kann leicht einmal passieren, dass einem ein folgenschwerer Fehler unterläuft. Ein Beispiel aus der Praxis:

> „(...) Der Mietvertrag beginnt am *01.08.1999*.
> - Der Mietvertrag wird zeitlich befristet auf *5 Jahre* abgeschlossen.
> - Der Mietvertrag kann von beiden Seiten mit einer Kündigungsfrist von *2 Monaten* gekündigt werden."

Der Vermieter hat wahrscheinlich beabsichtigt mit seinen Mietern einen für einen längeren Zeitraum möglichst unkündbaren Vertrag abzuschließen. Doch leider hat er auch die Zeile ausgefüllt, in der dem Mieter ein Kündigungsrecht eingeräumt wird. Das ist widersprüchlich, da ein z.B. auf fünf Jahre befristeter Mietvertrag während dieses Zeitraums eben nicht kündbar sein soll. Der Vermieter hätte sich entscheiden müssen: entweder Angabe der Befristung und somit einen gültigen befristeten Mietvertrag oder Verzicht auf diese Angabe und dadurch ein unbefristetes Mietverhältnis, das zu den gesetzlichen Fristen kündbar gewesen wäre.

Übrigens: Dieser Auszug stammt aus einem Mietvertrag über Gewerberäume. Nur bei **Gewerberäumen** – nicht bei Wohnräumen – kann eine Kündigungsfrist gegenüber der gesetzlichen Regelung verkürzt werden. Eine Verkürzung der Kündigungsfrist bei Wohnraum zu Lasten des Mieters wäre von vornherein unwirksam.

An diesem Beispiel lässt sich leicht erkennen, dass es manchmal sogar schädlich sein kann, in einem Formularmietvertrag zu viel auszufüllen. Aus diesem Grund ist es empfehlenswert sich notfalls kompetente Unterstützung beim Ausfüllen des Mietvertrages zu holen.

Tipp:

Fragen Sie den Anwalt Ihres Vertrauens, ob er Ihnen den Mietvertrag für z.B. 150 DM plus MWSt. ausfüllt. Wenn er mit dieser Bezahlung einverstanden ist, haben Sie ein gutes Geschäft gemacht. Denn zum einen ist der Vertrag jetzt wahrscheinlich richtig ausgefüllt worden. Zum anderen trägt das Risiko eines falschen Ausfüllens nun Ihr Anwalt bzw. dessen Haftpflichtversicherung.

Kann es Ärger geben, wenn die Miete zu hoch angesetzt wurde?

Sicherlich hat jeder Vermieter schon einmal von dem Ärger gehört, den ihm der Vorwurf des **Mietwuchers** bereiten kann. Damit Ihnen das nicht widerfährt, sollten Sie sich mit diesem Thema näher befassen. Mehr dazu finden Sie im Zusammenhang mit der Miethöhe (siehe Seite 151).

Wer sollte den Mietvertrag unterschreiben?

Grundsätzlich müssen *alle* Beteiligten unterschreiben. Das bedeutet zum einen, dass sämtliche Vermieter zu unterzeichnen haben. Es kann z. B. bei Erbengemeinschaften zu Problemen führen, wenn nur ein Mitglied der Erbengemeinschaft den Mietvertrag unterschreibt. In einem solchen Fall ist im Interesse der Rechtssicherheit zu empfehlen, dass der Bevollmächtigte eine unmissverständliche und am besten schriftliche Vollmachtserteilung von allen Miterben erhält. Ansonsten könnte es hinterher leicht zu Streit kommen, wenn einer der Miterben mit dem vom Bevollmächtigten ausgewählten Mieter unzufrieden ist.

Eine solche **Vollmacht** könnte folgenden Wortlaut haben:

> ### Vollmacht zur Vertretung der Erbengemeinschaft
>
> Hiermit bevollmächtige ich, (Name des Erben), als Mitglied der Erbengemeinschaft nach (Name des Verstorbenen), (Name des Bevollmächtigten), mich in allen Angelegenheiten im Zusammenhang mit der Vermietung der Wohnung (genaue Bezeichnung) zu vertreten.
>
> (Unterschrift des Erben)

Nicht verschwiegen werden sollte allerdings, dass es manchmal sogar vorteilhaft sein kann, wenn ein Mitglied der Erbengemeinschaft, das dazu gar nicht berechtigt war, einen Mietvertrag mit einem Mieter abschließt. Denn die anderen Vermieter können zum einen die Räumung der Wohnung und die Herausgabe des Schlüssels verlangen, weil der Mieter sich ihnen gegenüber nicht auf den Mietvertrag berufen kann. Zum anderen tritt bei einer Veräußerung der Wohnung der Erwerber nicht in das Mietverhältnis ein. Denn für diesen Übergang bedarf es einer Personenidentität zwischen Vermieter, Eigentümer und Veräußerer (LG Berlin, WoM 1988, Seite 367).

Falls so ein Fall eintritt, stellt sich die Frage, was geschieht. Der Mieter muss jedenfalls ausziehen – allerdings stünde ihm ein Schadenersatzanspruch gegen die Person zu, die ihm – ohne dazu bevollmächtigt gewesen zu sein – eine Wohnung vermietet hat. Dieser Schadenersatzanspruch würde alle Kosten umfassen, die z. B. durch den Doppelumzug verursacht wurden.

> **Wichtig:**
>
> Die Gerichte haben entschieden, dass es unter folgender Bedingung auch bei mehreren Eigentümern ausreicht, wenn nur einer von ihnen unterschreibt: dann nämlich, wenn die übrigen Eigentümer der Vermietung zugestimmt haben. Nach der Rechtsprechung des BGH braucht diese Zustimmung weder schriftlich gegeben noch nur mündlich erklärt werden. Es soll vielmehr schlüssiges Verhalten ausreichen – das bedeutet Kenntnisnahme und kein Widerspruch.

Sinnvollerweise sollten auch alle infrage kommenden Personen als Mieter unterschreiben. Dies ist für den Vermieter ausgesprochen interessant, weil – wie erwähnt – sämtliche Mieter gesamtschuldnerisch für den Mietzins haften.

Vor- und Nachteile eines befristeten Mietverhältnisses

Ein im Extremfall z. B. auf drei Monate befristeter Mietvertrag räumt einem Vermieter nicht das Recht ein den Mieter erst einmal „auszuprobieren" und bei Nichtgefallen wieder rauszuwerfen. Unabhängig davon, ob eine solche sehr kurze **Befristung** für sich genommen überhaupt wirksam wäre, kann der Mieter bei den meisten befristeten Mietverhältnissen auch gegen den Willen des Vermieters die Verlängerung verlangen, wenn er sich dabei an einige Spielregeln hält.

Das Gleiche gilt bei einem bspw. auf zwei Jahre befristeten Mietverhältnis: Als Vermieter kann man einen unliebsamen Mieter nicht dadurch loswerden, indem man den Zeitmietvertrag auslaufen lässt, ohne ihn verlängern zu wollen. Der Mieter wird in einem solchen Fall die Verlängerung verlangen, wenn er rechtlich beraten wird. Das bedeutet für Sie als Vermieter, dass es von der Informiertheit Ihrer Mieter abhängt, ob das Vertragsverhältnis beendet wird. Das wird im Folgenden noch erläutert werden.

Verlängerungsverlangen des Mieters

Falls der Mieter untätig bleibt, endet das befristete Mietverhältnis nach Ablauf der Befristung. Das bedeutet allerdings für den Vermieter noch nicht, dass er den Mieter nach Ablauf der Befristung zu irgendeinem Zeitpunkt aus der Wohnung weisen kann. Die Begründung liegt in § 568 BGB. Diese Vorschrift bedeutet, dass der Vermieter nach Ablauf der Befristung und nach Kenntnis von der Fortsetzung des Mietverhältnisses durch den Mieter zwei Wochen Zeit hat, sich für die Fortsetzung des Mietverhältnisses oder für dessen Beendigung zu entscheiden. Falls Sie sich fürs Beenden entscheiden, müssen Sie dies dem Mieter gegenüber erklären. Z. B. mit folgendem Wortlaut:

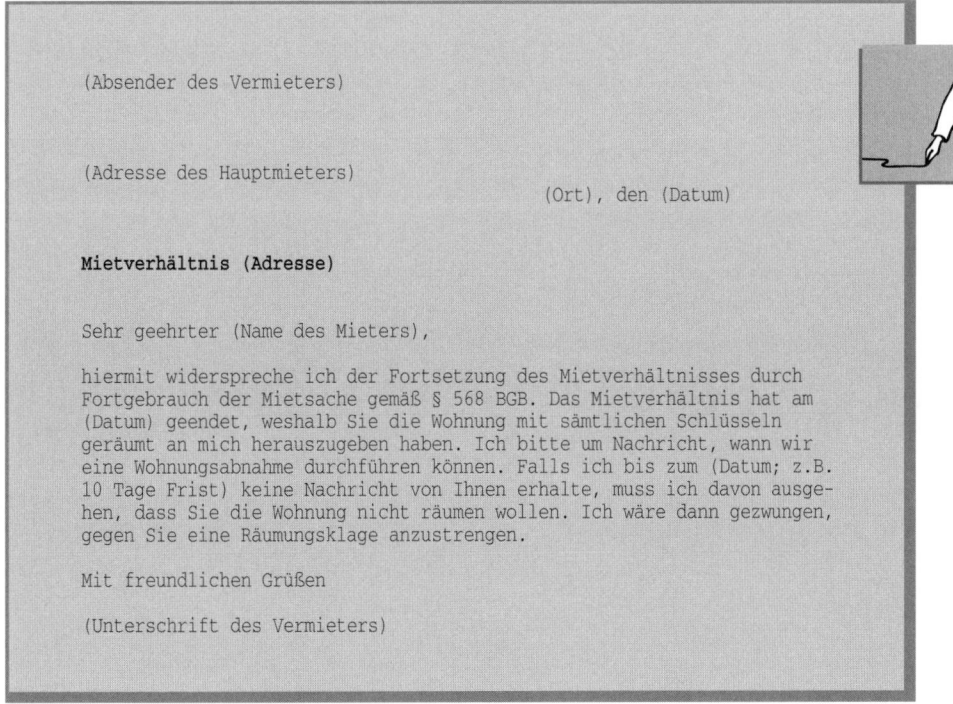

```
(Absender des Vermieters)


(Adresse des Hauptmieters)
                                        (Ort), den (Datum)


Mietverhältnis (Adresse)


Sehr geehrter (Name des Mieters),

hiermit widerspreche ich der Fortsetzung des Mietverhältnisses durch
Fortgebrauch der Mietsache gemäß § 568 BGB. Das Mietverhältnis hat am
(Datum) geendet, weshalb Sie die Wohnung mit sämtlichen Schlüsseln
geräumt an mich herauszugeben haben. Ich bitte um Nachricht, wann wir
eine Wohnungsabnahme durchführen können. Falls ich bis zum (Datum; z.B.
10 Tage Frist) keine Nachricht von Ihnen erhalte, muss ich davon ausge-
hen, dass Sie die Wohnung nicht räumen wollen. Ich wäre dann gezwungen,
gegen Sie eine Räumungsklage anzustrengen.


Mit freundlichen Grüßen


(Unterschrift des Vermieters)
```

Das Mietverhältnis endet allerdings nur dann nach Ablauf der Befristung, wenn der Mieter seinerseits nicht vorher rechtzeitig aktiv geworden ist. Denn der Mieter kann gemäß § 564 c BGB schriftlich die **Fortsetzung des Mietverhältnisses** verlangen. Wenn er dies nicht spätestens zwei Monate vor Ablauf des Mietverhältnisses tut, endet es mit Zeitablauf. Wenn er aber rechtzeitig die Fortsetzung des Mietverhältnisses auf unbestimmte Zeit verlangt, dann stellt sich die Frage, ob der Vermieter sich gegen das Fortsetzungsverlangen zur

Wehr setzen kann oder nicht. Diese Frage wird durch § 564c BGB aufgeworfen, der auf § 564b BGB verweist. Denn dort ist der Kündigungsschutz des Mieters verankert.

So kann sich der Vermieter gegen die Fortsetzung wehren

Wenn der Mieter die Fortsetzung verlangt, dann kann sich der Vermieter, vereinfacht formuliert, gegen ein solches Verlängerungsbegehren nur dann zur Wehr setzen, wenn dieselben Voraussetzungen vorliegen, die auch für eine wirksame Vermieterkündigung erforderlich wären. Der Vermieter muss sich nämlich auf „ein **berechtigtes Interesse** an der Beendigung des Mietverhältnisses" berufen können. Das häufigste „berechtigte Interesse" ist der so genannte Eigenbedarf. (Näheres zu möglichen Kündigungsgründen ab Seite 223.) Zur Geltendmachung seines berechtigten Interesses an der Beendigung des Mietverhältnisses muss der Vermieter gemäß § 564c BGB eine Frist von *drei Monaten vor Ablauf der Mietzeit* einhalten. Innerhalb dieser Frist hat der Vermieter sein berechtigtes Interesse schriftlich gegenüber dem Mieter darzulegen, so wie er es auch bei einer von ihm vorgenommenen fristgemäßen Kündigung eines unbefristeten Mietverhältnisses müsste. Und so sollte der Widerspruch gegen das Verlängerungsbegehren des Mieters aussehen:

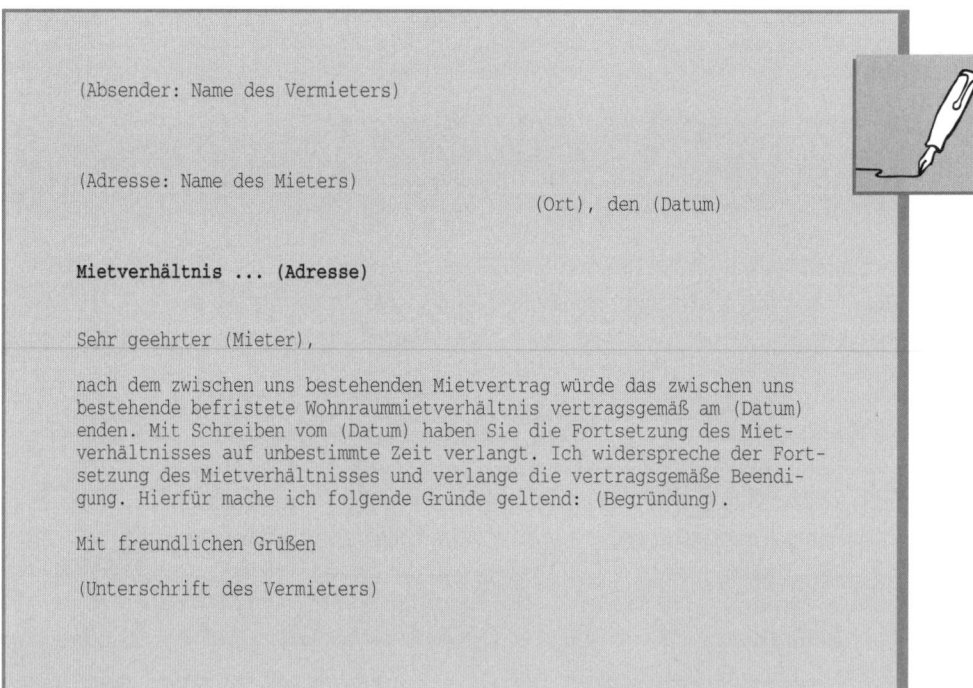

```
(Absender: Name des Vermieters)


(Adresse: Name des Mieters)
                                   (Ort), den (Datum)


Mietverhältnis ... (Adresse)


Sehr geehrter (Mieter),

nach dem zwischen uns bestehenden Mietvertrag würde das zwischen uns
bestehende befristete Wohnraummietverhältnis vertragsgemäß am (Datum)
enden. Mit Schreiben vom (Datum) haben Sie die Fortsetzung des Miet-
verhältnisses auf unbestimmte Zeit verlangt. Ich widerspreche der Fort-
setzung des Mietverhältnisses und verlange die vertragsgemäße Beendi-
gung. Hierfür mache ich folgende Gründe geltend: (Begründung).

Mit freundlichen Grüßen

(Unterschrift des Vermieters)
```

Sonderfälle: Widerspruch auch ohne berechtigtes Interesse

Nur bei den in § 564b Abs. 4 BGB genannten Mietverhältnissen kann der Vermieter dem Fortsetzungsverlangen des Mieters widersprechen ohne dass er ein berechtigtes Interesse darzulegen braucht.

> **§ 564b BGB (Kündigungsschutz)**
> (…)
> (4) Ein Mietverhältniss über eine Wohnung in einem vom Vermieter selbst bewohnten Wohngebäude
> 1. mit nicht mehr als zwei Wohnungen oder
> 2. mit drei Wohnungen, wenn mindestens eine der Wohnungen durch Ausbau oder Erweiterung eines vom Vermieter selbst bewohnten Wohngebäudes nach dem 31. Mai 1990 und vor dem 1. Juni 1999 fertig gestellt worden ist, kann der Vermieter kündigen, auch wenn die Voraussetzungen des Absatzes 1 nicht vorliegen. (…)

Wegen der Befristung auf den 1. Juni 1999 ist es erforderlich, dass Sie sich über den aktuellen Stand der Dinge informieren. Der Gesetzgeber ist an dieser Stelle jedoch in der Vergangenheit nicht besonders einfallsreich gewesen, sondern hat diese Frist mehrfach und in letzter Minute, das heißt jeweils kurz vor Fristablauf, verlängert.

Diese Vorschrift kann nur Anwendung finden, wenn Sie als Vermieter selbst mit im Mietshaus wohnen und es sich dabei um ein Zwei- bzw. unter bestimmten Voraussetzungen auch um ein Dreifamilienhaus handelt.

Es ist in diesem Zusammenhang darauf hinzuweisen, dass die Voraussetzungen des § 564b BGB nicht ganz unkompliziert sind und Sie sich der kompetenten Beratung durch einen Anwalt Ihres Vertrauens versichern sollten, falls Fragen offen bleiben.

Jedenfalls sollte jeder Vermieter, der ein berechtigtes Interesse vorweisen kann, hilfsweise unter Bezugnahme auf dieses Interesse dem Fortsetzungsverlangen widersprechen. Der Widerspruch ist nur dann wirksam, wenn er in seinem Schreiben ausdrücklich darauf hinweist, dass er wegen der Lage der Wohnung in dem selbst bewohnten Zwei- bzw. Dreifamilienhaus der Fortsetzung des Mietverhältnisses ohne Darlegung berechtigter Interessen widerspricht.

Voraussetzung für Kündigungsschutz bei Zeitmietverträgen ist immer, dass auch sonst ein Kündigungsschutz besteht. Kein Kündigungsschutz besteht z. B. für Studenten, die ein Zimmer in einem Studentenwohnheim angemietet haben.

Zur Erinnerung: Wenn kein Kündigungsschutz besteht, dann kann der Vermieter kündigen, ohne dafür einen Grund wie bspw. Eigenbedarf nachweisen zu müssen.

Wie muss die Befristung vereinbart sein?

Ein befristeter Mietvertrag erfordert für seine Wirksamkeit eigentlich keine Schriftform.
Das Gesetz formuliert allerdings eine Ausnahme, die bei Mietwohnungen die Mehrzahl der Fälle betreffen dürfte.

§ 566 BGB (Schriftform des Mietvertrages)
Ein Mietvertrag über ein Grundstück, der für längere Zeit als ein Jahr geschlossen wird, bedarf der schriftlichen Form. Wird die Form nicht beobachtet, so gilt der Vertrag als für unbestimmte Zeit geschlossen; die Kündigung ist jedoch nicht für eine frühere Zeit als für den Schluss des ersten Jahres zulässig.

Die Befristung eines Mietvertrages, die einen Zeitraum von einem Jahr überschreitet, muss also schriftlich vereinbart werden, sonst ist sie unwirksam und es besteht nur ein mündlich abgeschlossener unbefristeter Mietvertrag. Dabei ist zu erläutern, dass „Grundstück" auch ein Haus, eine Wohnung in einem Haus oder eine Eigentumswohnung mit umfasst.

Zeitmietvertrag: meist unkündbar während der Vertragsdauer

Jeder Vermieter kann sich darauf verlassen, dass ihm während der Dauer eines Zeitmietvertrags vom Mieter nicht (ordentlich) gekündigt wird. Eine **außerordentliche Kündigung** ist dem Mieter allerdings möglich. Es gelten die gleichen Grundsätze wie bei einem unbefristeten Mietverhältnis. (Lesen Sie mehr zum Stichwort „fristlose Kündigung" ab Seite 244.)
Unter engen Voraussetzungen hat ein Mieter allerdings einen Anspruch auf **Auflösung des Mietverhältnisses** vor Ablauf der Befristung (hierzu mehr auf Seite 216).

Formalien, damit der Mieter nicht verlängern kann
Der Fall ist gar nicht so selten: Sie wollen vermieten, das Mietverhältnis soll aber zeitlich beschränkt werden, weil Sie die Wohnung nach einer Weile für sich oder einen Familienangehörigen benötigen oder weil das Mietshaus abgerissen werden soll. Und Sie wollen deshalb sicher sein, dass der Mieter den Zeitmietvertrag nicht verlängern kann. Dieser angesichts des weit reichenden Kündigungsschutzes problematisch erscheinende Wunsch lässt sich erfüllen. Wenn Sie beabsichtigen, mit einem Mieter einen **Zeitmietvertrag** abzuschließen, und wenn Sie sicher sein wollen, dass das Mietverhältnis mit Fristablauf endet, dann genügt es nicht, wenn im Mietvertrag lediglich in einem Satz

zum Ausdruck gebracht wird, dass der Mietvertrag z. B. „nur für ein Jahr" geschlossen wird. Als Vermieter müssen Sie bestimmte Formalien einhalten und Voraussetzungen erfüllen. Diese sind in § 564c BGB geregelt. Dort ist zunächst bestimmt, dass der Mieter grundsätzlich die Fortsetzung eines befristeten Mietverhältnisses verlangen kann, wenn nicht der Vermieter ein berechtigtes Interesse geltend machen kann. Eine Ausnahme gilt nur unter bestimmten Voraussetzungen:

§ 564c BGB (Fortsetzung befristeter Mietverhältnisse)
(…)
(2) Der Mieter kann keine Fortsetzung des Mietverhältnisses nach Absatz 1 oder nach § 556b verlangen, wenn
1. das Mietverhältnis für nicht mehr als fünf Jahre eingegangen worden ist,
2. der Vermieter nach Ablauf der Mietzeit
a) die Räume als Wohnung für sich, die zu seinem Hausstand gehörenden Personen oder seine Familienangehörigen nutzen will oder
b) in zulässiger Weise die Räume beseitigen oder so wesentlich verändern oder instand setzen will, dass die Maßnahmen durch eine Fortsetzung des Mietverhältnisses erheblich erschwert würden, oder
c) Räume, die mit Rücksicht auf das Bestehen eines Dienstverhältnisses vermietet worden sind, an einen anderen zur Dienstleistung Verpflichteten vermieten will und
3. der Vermieter dem Mieter diese Absicht bei Vertragsschluss schriftlich mitgeteilt hat.

Als **Grund für die Befristung** kommen nur infrage:
- ein bevorstehender Abbruch,
- eine wesentliche Veränderung oder eine Instandsetzung des Hauses sowie
- vorhersehbarer und baldiger Eigenbedarf.

Es ist dringend darauf hinzuweisen, dass die im Mietvertrag angegebenen Gründe unbedingt tatsächlich vorliegen müssen und nicht als willkommener Vorwand dienen dürfen, eine Wohnung freizubekommen. Ein Mieter, der nach Ablauf der Festmietzeit aus der Mietwohnung auszieht, obwohl die Gründe für die Befristung nicht (mehr) vorliegen, kann wie bei einer Eigenbedarfskündigung eines unbefristeten Mietvertrags mit bloß vorgetäuschtem Eigenbedarf Schadensersatzansprüche gegen den Vermieter geltend machen (siehe hierzu Seite 226 bis 227).
Eine Befristung nach § 564c BGB ist zu empfehlen, wenn Sie sicher sein wollen, dass der Mieter nicht kurz vor Beendigung des Mietverhältnisses die

Fortsetzung des Mietverhältnis wegen eines **Härtegrundes** verlangt. Durch einen Zeitmietvertrag, bei dem Sie als Vermieter bereits bei Vertragsabschluss Ihre Gründe für die Beendigung des Mietverhältnisses nach Ablauf der Befristung angeben, erreichen Sie, dass der Mieter nur noch Härtegründe geltend machen kann, die nachträglich entstanden sind.

> **Tipp:**
>
> Falls Sie die Wohnung nach Ablauf der Befristung für Familienangehörige nutzen möchten, sollten Sie den Kreis der bezugsberechtigten Personen möglichst weit ziehen. Sie sollten also z. B. statt „meine Tochter Anna" lieber „meine Kinder, hilfsweise meine Eltern" angeben, da bei späterem Wegfall einer angegebenen Person eine Ersetzung durch eine andere Person nicht zulässig ist. Wer weiß schließlich, ob Ihre Tochter Anna sich nach Ablauf der Befristung nicht gerade auf einem längeren Studienaufenthalt im Ausland befindet oder ob nicht plötzlich Ihre Eltern pflegebedürftig werden und deswegen in die Wohnung aufgenommen werden müssen.

Klausel, die den Ausschluss der Verlängerung bewirkt

Sie sollten in den Vertrag mit Ihrem Mieter folgende Klausel aufnehmen:

> Der Abschluss dieses Mietvertrages erfolgt auf (Zahl) Jahre. Das Mietverhältnis beginnt mit dem (Datum) und endet am (Datum). Die Vertragslaufzeit ist befristet, da der Vermieter nach Ablauf der Festmietzeit über die Wohnung aus folgendem Grund verfügen muss: (Genauer Grund für die Befristung).

Achtung: Hinweispflicht des Vermieters

Wenn der Vermieter den Mieter nicht spätestens *drei Monate vor Ende der Mietzeit* schriftlich darauf hinweist, dass die im Mietvertrag genannten Gründe für die zeitliche Befristung noch vorliegen, „so kann der Mieter die Verlängerung des Mietverhältnisses um einen entsprechenden Zeitraum verlangen" (so das Gesetz in § 564c Abs. 2, Satz 2 BGB). Ein solcher Hinweis auf die Befristung kann in einem Schreiben laut Muster Seite 49 gegeben werden.

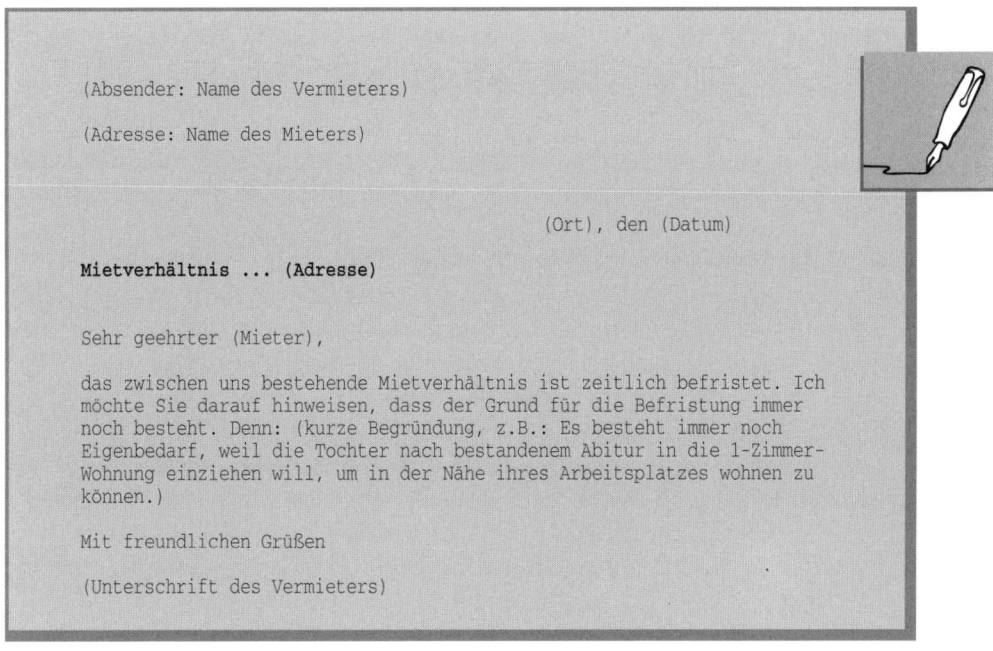

Was der Tod des Vermieters fürs Mietverhältnis bedeutet

Mancher Erbe meint, dass er als neuer Eigentümer der Wohnung mit den Mietern einen neuen Vertrag machen müsse, weil das mit dem verstorbenen Eigentümer bestehende Mietverhältnis beendet sei. Dieser Irrtum erfährt noch einmal eine Steigerung, wenn der neue Vermieter meint, einen unliebsamen Mieter wegen des nun bestehenden „vertragslosen Zustandes" einfach auf die Straße setzen zu können. Das ist grundsätzlich falsch. Für den Mieter ändert sich durch den Tod seines Vermieters außer im Hinblick auf die Person des Vertragspartners rechtlich gesehen nichts. Der Inhalt des Mietvertrages bleibt in vollem Umfang bestehen.

Wenn Sie also ein Mietshaus geerbt haben, dann treten Sie mit *allen* Rechten und Pflichten in bestehende Mietverträge ein, auch in Vereinbarungen, die z. B. nur in Ergänzung des schriftlichen Mietvertrages mündlich oder sogar stillschweigend vereinbart wurden. Einen Anspruch auf Änderung bzw. auf Abschluss eines neuen und zeitgemäßeren Vertrages gegen den Willen Ihres Mieters haben Sie nicht. (Lesen Sie mehr dazu ab Seite 237.)

Was der Verkauf der Mietwohnung für Folgen hat

Ähnlich wie ein Erbe treten Sie auch als Erwerber eines Mietshauses in bestehende Mietverhältnisse ein.

§ 571 BGB (Veräußerung bricht nicht Miete)
(1) Wird das vermietete Grundstück nach der Überlassung an den Mieter von dem Vermieter an einen Dritten veräußert, so tritt der Erwerber an Stelle des Vermieters in die sich während der Dauer seines Eigentums aus dem Mietverhältnis ergebenden Rechte und Verpflichtungen ein.
(2) Erfüllt der Erwerber die Verpflichtungen nicht, so haftet der Vermieter für den von dem Erwerber zu ersetzenden Schaden wie ein Bürge, der auf die Einrede der Vorausklage verzichtet hat. Erlangt der Mieter von dem Übergang des Eigentums durch Mitteilung des Vermieters Kenntnis, so wird der Vermieter von der Haftung befreit, wenn nicht der Mieter das Mietverhältnis für den ersten Termin kündigt, für den die Kündigung zulässig ist.

Das bedeutet, dass der neue Eigentümer alle Vermieterrechte geltend machen kann – aber halt nur im gleichen Umfang, wie sie auch seinem Vorgänger zugestanden hätten. Das heißt also z. B., dass eine Mieterhöhung nur dann wirksam ist, wenn sie auch ohne den Vermieterwechsel wirksam gewesen wäre. Dasselbe gilt auch bei Kündigungen. Gleichzeitig sieht § 571 Abs. 2 auch eine Haftung des Veräußerers für den Fall vor, dass der Erwerber gegenüber dem Mieter vertragsbrüchig wird.

Wichtig:

Gegenüber dem Mieter erwerben Sie erst dann die Rechte als Eigentümer, wenn Sie im Grundbuch als Eigentümer eingetragen sind. Es kommt also z. B. nicht auf das Datum des Kaufvertrags, auf die Zahlung, auf die Übergabe oder auf die vertragliche Vereinbarung mit dem Verkäufer an. Für das Eigentumsrecht ist es deshalb auch völlig unerheblich, welches Datum im Kaufvertrag als Zeitpunkt des Übergangs der Kosten, Nutzen und Gefahr angegeben ist. Auch die Eintragung einer Auflassungsvormerkung ist unerheblich. Entscheidend ist nur das Eintragungsdatum. Solange Sie nicht eingetragen sind, gelten Sie noch nicht als Vermieter.

Wirksame und unwirksame Mietvertragsklauseln

Viele Mietverträge stammen heutzutage von den Haus- und Grundstücks-besitzervereinen. Aber auch in Buchhandlungen und bei anderen Vermieter-organisationen können Sie Verträge erwerben. Es handelt sich dabei um weit-gehend vorgedruckte Verträge, die nur noch ausgefüllt werden müssen.

Die käuflichen Verträge besitzen eine äußerst unterschiedliche Qualität. Während einige recht brauchbar sind, muten andere beinahe gefährlich an. Denn trotz des sehr offiziellen Eindrucks, den die käuflichen Verträge alleine schon des sauberen Druckbildes und der für einen juristischen Laien teilweise nur schwer verständlichen Formulierungen wegen machen, enthalten ver-schiedene Verträge für den Vermieter sogar nachteilige Passagen. Andere weisen richtiggehende Fallstricke auf, weil einzelne Passagen sehr kompliziert aufgebaut sind und entsprechend leicht falsch ausgefüllt werden können.

Tipp:

Es ist ratsam im Zweifelsfall einen Anwalt mit dem Ausfüllen des Miet-vertrages zu beauftragen. Vereinbaren Sie mit ihm ein Pauschalhono-rar (z. B. 150 DM plus MWSt.). So erwerben Sie die Sicherheit, dass die von Ihnen gewünschte rechtliche Wirkung auch tatsächlich durch einen richtig ausgefüllten Vertrag gewährleistet wird. Sie sind dann nicht zuletzt durch die Berufshaftpflichtversicherung des Anwaltes ge-schützt.

Man nennt einen in weiten Teilen vorformulierten Vertrag, der nur an einigen Stellen ausgefüllt werden muss, **Formularvertrag.** Bei Formularverträgen gelten spezielle gesetzliche Vorschriften, die den Schutz des schwächeren Ver-tragspartners gewährleisten sollen, da sich dieser regelmäßig gegen die vom so genannten Verwender bestimmten Vertragsbedingungen nicht wehren kann. Der Gesetzgeber will vermeiden, dass der schwächere Vertragspartner Ver-tragsklauseln akzeptieren muss, die ihn unfair benachteiligen.

Es wird Sie überraschen, dass viele Klauseln gerade in älteren Mietverträgen unwirksam sind. Der Maßstab für die Wirksamkeit einer Formularvertrags-klausel ist das *Gesetz über Allgemeine Geschäftsbedingungen (AGBG).* Der wichtigste Grundsatz des AGB-Gesetzes findet sich in § 9 AGBG:

§ 9 AGBG (Generalklausel)
Bestimmungen in Allgemeinen Geschäftsbedingungen sind unwirksam, wenn sie den Vertragspartner des Verwenders entgegen den Geboten von Treu und Glauben unangemessen benachteiligen.

Das bedeutet sinngemäß, dass der Grundsatz der Fairness einzuhalten ist. Wird dieses Prinzip durch eine AGB verletzt, weil der Verwender über Gebühr besser gestellt wird, dann greift das AGBG korrigierend ein. Oft scheitern Vertragsklauseln übrigens auch an ihrer Widersprüchlichkeit. Das AGBG ist da sehr streng:

§ 5 AGBG (Unklarheitenregel)
Zweifel an der Auslegung Allgemeiner Geschäftsbedingungen gehen zu Lasten des Verwenders.

Ein Richter, der über die Wirksamkeit einer Vertragsklausel zu entscheiden hat, die nur knapp die Schwelle von der Wirksamkeit zur Unwirksamkeit überschreitet, darf übrigens wegen des AGB-Gesetzes nicht „ein bisschen abziehen", um zu einer wirksamen Vertragsklausel zu gelangen. Er wird vielmehr die Vertragsklausel als vollständig unwirksam ansehen und nicht weiter beachten. Das kann für den Verwender schwer wiegende Folgen haben.

Tipp:
Wegen der fatalen Folgen einer unwirksamen Vertragsklausel ist es ratsam, sich zu vergewissern, ob man wirklich einen aktuellen Formularvertrag verwendet. Es kann sich nämlich später rächen, wenn sich an der einen oder anderen Stelle die Rechtsprechung verändert haben sollte. Auch aus diesem Grunde kann sich die Beauftragung eines Anwaltes zur Verfassung des Mietvertrages lohnen.

Im Folgenden finden Sie in ausführlichen Rechtsprechungsübersichten zunächst wichtige wirksame Klauseln. Danach folgt eine Zusammenstellung der häufigsten unwirksamen Klauseln. Besonders wichtig ist der Bereich von Vertragsklauseln, die sehr genau gefasst sein müssen, um wirksam zu sein. Daher ist dieser Gruppe der größte Raum vorbehalten.

Rechtsprechung: die wichtigsten wirksamen Klauseln

Gesetzliche Vorschriften sind nicht in jedem Fall bindend. In entscheidenden Punkten können sie durch vertragliche Vereinbarungen ersetzt werden. Wegen des AGB-Gesetzes muss jedoch im Einzelfall genau hingeschaut werden, ob eine Klausel wirksam oder unwirksam ist.

Hier nun die **wirksamen Klauseln:**

> Die Miete muss bis zum dritten Werktag eines jeden Monats im Voraus bezahlt werden.

Das Gesetz sieht vor, dass der Mietzins jeweils am Ende des Monats für den zurückliegenden Zeitraum bezahlt werden muss. Da der Mietzins für Mietwohnungen in der Regel nach Monaten bemessen ist, kann der Vermieter nach der gesetzlichen Regelung die Miete erst nach Ablauf eines Monats verlangen! In fast allen Mietverträgen ist dieser Zeitpunkt allerdings – im Widerspruch zur Vorstellung des Gesetzgebers – vorverlegt auf den Anfang des Monats.

> Der Vermieter darf die Miete im Lastschriftverfahren vom Konto des Mieters einziehen.

Es ist weitgehend gebräuchlich, dass die Miete nicht bar, sondern per Überweisung bezahlt wird. Dies kann selbstverständlich wirksam vertraglich vereinbart werden. Ebenfalls wirksam ist eine Klausel, nach der der Mieter dem Vermieter das Recht einräumt, die Miete im Lastschriftverfahren einzuziehen.

> Die Erklärungen von einem oder an einen Mieter sind für die anderen rechtsverbindlich. Die Mieter gelten insoweit als gegenseitig bevollmächtigt, ausgenommen bei Kündigung und Mietaufhebungsvereinbarungen.

Bei allen rechtlich bedeutsamen Erklärungen ist es erforderlich, dass der Empfänger diese Erklärungen auch zur Kenntnis nehmen kann. Ohne einen derartigen Zugang ist z. B. eine **Abmahnung** nicht wirksam. (Zur Bedeutung von Abmahnungen siehe Seite 113.) Als Vermieter müssten Sie also eine Abmahnung an sämtliche Mieter richten und erforderlichenfalls auch den Zugang der Abmahnung bei allen Mietern beweisen können. Diesem Problem können Sie durch eine geschickte Gestaltung des Mietvertrages aus dem Weg gehen. So kann mit einer vertraglichen Klausel im Mietvertrag geregelt werden, dass bei mehreren Mietern ein Mieter die anderen Mieter wirksam vertritt, der Vermieter also die Erklärung nur einem Mieter gegenüber abgeben muss. Es muss

jedoch eine Einschränkung für Kündigungen bzw. Mietaufhebungsvereinbarungen enthalten sein.

Die Einschränkung für Kündigungserklärungen oder Mietaufhebungsvereinbarungen ist nach Ansicht deutscher Gerichte erforderlich. Ohne eine derartige Einschränkung wäre die Vertretungsklausel dann überhaupt nicht – das
heißt, auch nicht für z. B. Abmahnungen – wirksam. Im Streitfall kann von der
Wirksamkeit dieser Klausel abhängen, ob bspw. eine Abmahnung erklärt
wurde. Da z. B. eine fristlose Kündigung eine erfolglose Abmahnung voraussetzen kann, sollten Sie sich gegebenenfalls rechtlich beraten lassen.

> Nach einer Kündigung wird die stillschweigende Verlängerung des
> Mietverhältnisses gemäß § 568 BGB durch Fortgebrauch der Mietsache
> ausgeschlossen.

Nach wirksamer Erklärung der Kündigung und nach Ablauf der Kündigungsfrist endet ein Mietverhältnis. Interessant und ein wenig überraschend
ist, dass der Gesetzgeber eine Fortsetzung des Mietverhältnisses vorsieht,
wenn der Mieter die Mietsache nach Beendigung des Mietverhältnisses weiter
nutzt, „… sofern nicht der Vermieter oder der Mieter seinen entgegenstehen-
den Willen binnen einer Frist von zwei Wochen dem anderen Teile gegenüber
erklärt" (§ 568 BGB). Das bedeutet, dass Sie als Vermieter trotz wirksamer
Kündigung Ihren Mieter nicht aus der Wohnung herausbekommen, wenn Sie
vergessen, den Widerspruch zu erklären. (Lesen Sie mehr zum Thema der stillschweigenden Vertragsverlängerung gemäß § 568 BGB auf Seite 43.) Allerdings haben Sie als Vermieter die Möglichkeit eine derartige Erklärung bereits
im Mietvertrag aufzunehmen (BGH, NJW 1991, 1751 oder ZMR 1991, 290).

> Tierhaltung in der Wohnung ist verboten. Ausgenommen sind Kleintiere
> wie Stubenvögel, Aquarienfische, Goldhamster, Schildkröten.

Die **Tierhaltung** ist – da gesetzlich nicht verboten – grundsätzlich erlaubt.
Diese Erlaubnis gilt jedoch nur für „übliche Haustiere" wie Hund und
Hamster, Katze und Singvogel. Hirsch und Wildschwein z. B. fallen selbstverständlich nicht unter diese grundsätzliche Erlaubnis. Schwieriger wird die
Angelegenheit bei gefährlichen Hunden oder bei verhaltensgestörten Katzen,
bei denen Angriffe auf Menschen vorgekommen sind und weitere Angriffe
befürchtet werden müssen. In solchen Fällen darf der Vermieter auch gegen
den Willen des Mieters die Entfernung der Tiere verlangen, muss jedoch erforderlichenfalls vor Gericht die Gefährlichkeit beweisen können.

Die Tierhaltung kann mit einer einfachen Vertragsklausel wirksam ausgeschlossen werden. Eine derartige Haustierklausel bezieht sich nach Ansicht

der Gerichte allerdings nicht auf Kleintiere, also Stubenvögel, Aquarienfische, Goldhamster, Schildkröten usw., die auch dann gehalten werden dürfen, wenn im Mietvertrag die Haltung von Haustieren ausdrücklich verboten worden ist. Etwas umständlich wird die Angelegenheit bei einem Verbot der Tierhaltung im Mietvertrag, wenn der Mieter auf ein Haustier angewiesen ist, wie z. B. ein Blinder auf seinen Blindenhund oder ein Tetraplegiker auf sein Äffchen. Dann muss der Mieter den Vermieter um Erlaubnis fragen – der Vermieter darf die Erlaubnis allerdings nicht verweigern.

Wenn der Mieter ein Haustier ohne die erforderliche Erlaubnis hält, dann kann auf **Unterlassung** geklagt oder sogar mit der Kündigung gedroht werden. Bei hartnäckigen Verstößen gegen das Verbot der Tierhaltung kommt sogar eine Kündigung in Betracht.

> Die schuldunabhängige Haftung des Vermieters für Schäden, die dem Mieter durch Mängel an der Mietsache entstehen, ist ausgeschlossen.

Nach § 538 Abs. 1 BGB haftet der Vermieter für alle Schäden, die dem Mieter durch Mängel an der Mietsache entstehen, wenn der Mieter beweisen kann, dass die Mängel bereits bei Abschluss des Mietvertrages vorlagen.

Der Mieter braucht dem Vermieter noch nicht einmal nachweisen, dass dieser fahrlässig oder sogar vorsätzlich gehandelt hat – man spricht von einer **schuldunabhängigen Haftung**. Erfasst werden von dieser Haftung nicht nur die unmittelbaren Schäden, sondern auch die so genannten **Mangelfolgeschäden**. Der Vermieter muss also nicht nur eine Mietminderung hinnehmen, wenn einem Boutiquenbesitzer durch Regenwasser die Nutzung der Boutique unmöglich wurde. Er muss darüber hinaus auch Schadenersatz leisten, wenn durch das Wasser Ware vernichtet wurde und deshalb ein Umsatzrückgang zu verzeichnen war oder das Geschäft einige Tage nicht geöffnet werden konnte. In den meisten Mietverträgen ist allerdings eine Klausel enthalten, nach der die schuldunabhängige Haftung des Vermieters ausgeschlossen wird. Der Bundesgerichtshof hat entschieden, dass dieser Haftungsausschluss wirksam ist (BGH, NJW-RR 1991, 71). Wenn ein derartiger Ausschluss für die schuldunabhängige Haftung in einem Mietvertrag enthalten ist, muss das Gericht wie in jedem anderen Schadenersatzprozess prüfen, ob aufseiten des Vermieters ein Verschulden vorliegt. Die schuldabhängige Haftung lässt sich nicht vertraglich ausschließen.

> Der Mieter der Erdgeschosswohnung muss die Gehsteigreinigung übernehmen.

In Schwaben gibt es eine Einrichtung, die von den Einheimischen liebevoll „Kährwoch" genannt wird. In einem Haus mit Kehrwoche wechselt in einem genau festgelegten Zeitabstand von einer Woche die Pflicht, Treppenhaus- und Gehsteigreinigung vorzunehmen, von Mietpartei zu Mietpartei. Auf die Einhaltung seiner Kehrwochenpflichten ist jeder Hausbewohner streng verpflichtet und es wird seitens der Nachbarn genau darauf geachtet, dass die Reinigungspflichten erfüllt werden. Es gab (allerdings wohl nur in Schwaben) sogar schon Richter, die eine fristlose Vermieterkündigung wegen Vernachlässigung der Kehrwochenpflichten für rechtens hielten. In den übrigen Regionen in Deutschland, in denen Mietern eine derartige Tradition erspart bleibt, werden andere – und nicht minder wirksame – Vorschriften für die gelegentliche **Hausflurreinigung** festgelegt. Viele Vermieter regeln z. B. bereits im Mietvertrag, dass die Pflicht zur regelmäßigen **Gehsteigreinigung** den jeweiligen Erdgeschossmieter trifft. Eine solche Vertragsklausel ist nach Ansicht der Rechtsprechung wirksam (LG Marburg, NJW-RR 1991, 1484).

> Während des Mietverhältnisses muss der Mieter die Wohnung nach dem folgenden Fristenplan renovieren: (…)

Die so genannten **laufenden Schönheitsreparaturen** können dem Mieter wirksam im Mietvertrag auferlegt werden. Allerdings muss ein Fristenplan eingehalten werden, der die folgenden Fristen nicht unterschreiten darf:
- Küche, Bad und Duschräume: alle drei Jahre
- Wohn- und Schlafräume, Flur, Diele, Toilette alle fünf Jahre
- andere Nebenräume: alle sieben Jahre

Vorsicht: Wenn kürzere Fristen vom Vermieter eingetragen worden sind, dann ist die gesamte Klausel möglicherweise unwirksam! Das kann im Einzelfall bedeuten, dass vom Mieter überhaupt keine Renovierung geschuldet wird. Oder dass Sie als Vermieter womöglich sogar verpflichtet sind, die Wohnung auf Ihre Kosten in regelmäßigen Abständen zu reparieren.
Für alle Klauseln im Mietvertrag gilt der Grundsatz, dass der Mieter nicht mehr Renovierungen durchführen oder bezahlen muss, als er selbst abgewohnt hat. (Mehr zu diesem Thema ab Seite 246.)

> Der Mieter muss bauliche Veränderungen wieder rückgängig machen.

Es gilt der Grundsatz, dass der Mieter die Wohnung seinem Vermieter wieder so zurückzugeben hat, wie er sie vorgefunden hat – wenn der Vermieter nicht ausdrücklich etwas anderes erlaubt. Eine Klausel, in der diese Selbstverständlichkeit formuliert wird, ist wirksam.

Rechtsprechung: die wichtigsten unwirksamen Klauseln

Sobald eine Vertragsklausel den Verwender entgegen den Geboten von Treu und Glauben unangemessen benachteiligt, ist sie unwirksam. Im Folgenden finden Sie häufig in Mietverträgen vorkommende Klauseln, die in der Vergangenheit vor deutschen Gerichten auf dem Prüfstand standen und für *unzulässig* erklärt wurden. Die Aufstellung ist um Vollständigkeit bemüht. Dennoch kann häufig bereits durch eine kleine Änderung der Formulierung eine vorher wirksame Klausel unwirksam werden. Wenn Sie bei Ihrem eigenen Mietvertrag Zweifel an der Wirksamkeit einer Vertragsklausel haben, dann gibt es mehrere Wege für Sie: Sie können sich anhand eines Urteils oder der Fundstelle, die bei den meisten Klauseln angegeben ist, ein eigenes Bild von der Entscheidung machen. Wenn Sie sich jedoch unsicher fühlen, dann empfiehlt sich der Gang zu einem Anwalt Ihres Vertrauens.

Die Wohnung muss vom Mieter bei Einzug renoviert werden.

Die Gerichte haben entschieden, dass eine Mietvertragsklausel, die dem Mieter schon bei Einzug die Renovierung auferlegt, unwirksam ist. Denn der Mieter werde sonst verpflichtet, die Abnutzung des Vormieters zu beseitigen (OLG Hamburg, RE WoM 91, 523; LG Bremen WoM 89, 367). Der Mieter kann jedoch die Wohnung freiwillig streichen und tapezieren.

Bei Auszug muss die Wohnung von einem Fachhandwerker renoviert werden.

Es ist zwar vonseiten des Vermieters zulässig vom Mieter eine „fachmännische" Renovierung nach Auszug zu verlangen – wenn dagegen eine Renovierung durch einen Fachhandwerker verlangt wird, ist die Vertragsklausel unwirksam. Das bedeutet übrigens, dass die gesamte Renovierungsklausel unwirksam wird. Der Mieter kann also ausziehen ohne renovieren zu müssen.

Der Mieter kann sich im Falle der Kündigung durch den Vermieter nicht darauf berufen, dass diesem kein berechtigtes Interesse an der Kündigung zusteht.

Grundsätzlich können viele gesetzliche Regelungen durch eine vertragliche Vereinbarung unwirksam werden. Beim **Kündigungsschutz** sind die Gerichte allerdings ausgesprochen mieterfreundlich. Der Grund ist darin zu sehen, dass das Prinzip des Kündigungsschutzes in unserem sozialen Mietrecht einen sehr hohen Stellenwert hat. Es ist dementsprechend nicht möglich, mit dem Mieter in einem Formularvertrag einen Verzicht auf Kündigungsschutz zu vereinbaren. Eine zum Nachteil des Mieters abweichende Vereinbarung von der gesetzlichen Regelung ist unwirksam. (Mehr zum Thema Kündigungsschutz des Mieters erfahren Sie ab Seite 232.)

> Der Mieter verzichtet auf Mahnung und Nachfristsetzung durch den Vermieter, wenn bei Auszug noch Schönheitsreparaturen zu erledigen sind.

Normalerweise muss ein Vermieter, bevor er von seinem Mieter Schadenersatz wegen unterlassener **Schönheitsreparaturen** nach dem Auszug verlangen kann, ein Schreiben an den Mieter richten und diesen unter Fristsetzung zur Erledigung der unterlassenen Schönheitsreparaturen auffordern. Die Klausel, nach der ein Mieter im Mietvertrag bei Auszug hinsichtlich fälliger Schönheitsreparaturen auf Mahnung und Nachfrist verzichten soll, ist unwirksam. Bevor der Vermieter die Schönheitsreparaturen selbst oder durch einen Handwerker vornehmen lässt und die entstehenden Kosten vom Mieter ersetzt verlangen darf, muss er die Vornahme der Schönheitsreparaturen unter Fristsetzung anmahnen (LG Karlsruhe, NJW 1982, 2829). (Lesen Sie mehr zum Thema Schönheitsreparaturen ab Seite 245.)

> Der Mieter haftet unabhängig von eigenem Verschulden für Verschlechterungen der Mietsache.

Bei **Verschlechterungen der Mietsache** ist es Aufgabe des Vermieters, notfalls im Prozess nachzuweisen, dass bestimmte Schäden durch den Mieter verursacht wurden. Wenn im Mietvertrag vorgesehen ist, dass der Mieter verschuldensunabhängig haften soll, dann ist dies unwirksam (LG Saarbrücken, NJW-RR 1986, 1343).
Die Begründung einer derartigen schuldunabhängigen Haftung des Mieters im Formularmietvertrag ist auch für Schäden durch Haushaltsgeräte nicht wirksam (LG Saarbrücken, NJW-RR 1987, 1496) (zum Thema Haftung für Schäden durch Haushaltsgeräte siehe Seite 258).

> Bei Verstopfungen der Kanalisation oder sonstigen Schäden ungeklärter Ursache haften alle Mieter des Mietshauses.

Bei **Verstopfungen des Abwassersystems** eines Hauses ist es häufig schwierig den Verursacher unter den Hausbewohnern herauszufinden. Weil die Kosten für die Beseitigung einer Verstopfung jedoch sehr hoch sein können, wurde verschiedentlich versucht, formularvertraglich die Kosten für derartige Schäden ohne eindeutigen Verursacher auf alle Mieter anteilig umzulegen.

Derartige Klauseln sind unwirksam (OLG Hamm, NJW-RR 1982, 2005). Das Gleiche gilt, wenn eine derartige Gesamthaftung der Mieter für „Schäden ungeklärter Ursache" begründet werden soll (LG Karlsruhe, MDR 1980, 230).

Die Mieter haften unabhängig von den Grenzen des § 278 BGB auch für Verschulden von Lieferanten und anderen Dritten.

Klauseln, die eine besonders strenge Haftung des Mieters begründen wollen, etwa dahingehend, dass der Mieter nicht nur für eigenes Verschulden, sondern auch für das Verschulden von Lieferanten und anderen Personen einstehen soll, sind unwirksam (BGH, NJW 1991, 1752).

Bei Verschlechterungen der Mietsache wird das Verschulden des Mieters vermutet.

Im Zivilrecht gilt der Grundsatz, dass derjenige, der Ansprüche geltend macht, auch vor Gericht beweispflichtig ist. Das bedeutet im Zweifelsfall, dass die beweispflichtige Partei den Prozess verliert, wenn ihr dieser Beweis nicht gelingt. In einem Mietverhältnis wäre der Vermieter verpflichtet, dem Mieter nachzuweisen, dass er einen bestimmten Schaden angerichtet hat. Dieser Weg kann sehr mühsam werden, da dargelegt und mit Zeugen, Sachverständigen oder Fotos bewiesen werden muss, in welchem Zustand sich die Wohnung vor und nach der Mietzeit befand.
In manchen Mietverträgen finden sich Klauseln, nach denen diese Beweispflicht umgekehrt wird. Danach sollen die Mieter z. B. bei Schäden dem Vermieter nachweisen, dass sie den Schaden nicht angerichtet haben. Derartige Klauseln sind unwirksam.

Bei größeren Reparaturen an der Mietwohnung bzw. Neuanschaffungen bezahlt der Mieter die Hälfte der Kosten.

Wenn eine Wohnung bewohnt wird, dann wird es irgendwann zu Schäden an der Mietwohnung kommen. Bei bestimmten Schäden, die auf normale Abnutzung zurückzuführen sind, stellt sich die Frage, wer dafür aufzukommen hat. Grundsätzlich ist nach dem Willen des Gesetzgebers die **Erhaltung der Mietsache** zum vertragsgemäßen Gebrauch die Angelegenheit des Vermieters. (Lesen Sie mehr zu den Einzelheiten der Vermieterpflichten, insbesondere zum Thema Instandhaltung und Instandsetzung, auf Seite 89 f.) Vor diesem Grundsatz kann jedoch durch eine geeignete Vertragsklausel eine Ausnahme gemacht werden. Denn der Vermieter darf in geringem Umfang seinen Mieter in einem Formularmietvertrag dazu verpflichten sich an **Kleinreparaturen** zu beteiligen. Die Wirksamkeit einer solchen Klausel setzt vor allem die Bezeichnung einer genau festgelegten Obergrenze („bis zu einem Betrag von je 150 DM, jedoch innerhalb eines Jahres nicht mehr als insgesamt 400 DM oder – wenn dies der niedrigere Betrag ist – 8 % der Jahreskaltmiete") und eine Beschränkung der Haftung auf die Teile der Mietsache, die dem Zugriff des Mieters besonders häufig ausgesetzt sind, voraus. (Mehr zu diesem Thema lesen Sie auf Seite 89.)

Falls die Überwälzung von Kosten jedoch nicht eingeschränkt ist und sogar für größere Reparaturen gelten soll, ist eine derartige Klausel unwirksam. In einem derartigen Fall muss der Mieter sich auch nicht an kleineren Reparaturen beteiligen (BGH, NJW 1991, 1752).

Die Heizpflicht des Vermieters beschränkt sich auf die hauptsächlich genutzten Räume.

Eine der Nebenpflichten jedes Vermieters ist die **Heizpflicht.** Die Räume müssen gleichmäßig beheizt sein. Die Heizpflicht umfasst auch das Schlafzimmer, das Badezimmer und die Toilette. Die Rechtsprechung hat Richtwerte herausgearbeitet, welche Temperaturen zu bestimmten Tageszeiten erreicht werden müssen. (Mehr zur Heizpflicht ab Seite 91.) Unwirksam sind Klauseln, nach denen der Vermieter die Heizpflicht auf die „hauptsächlich genutzten" Räume beschränkt (BGH, NJW 1991, 1752).

Der Mieter ist über die in § 541b BGB genannten Verbesserungen hinaus verpflichtet, Verbesserungen der Mietsache zu dulden.

Der Mieter hat während der Dauer der Mietzeit bestimmte Maßnahmen zur **Verbesserung seiner Wohnung** zu dulden, die in § 541b BGB aufgezählt sind.

§ 541b BGB (Maßnahmen der Verbesserung)
Maßnahmen zur Verbesserung der gemieteten Räume oder sonstiger Teile des Gebäudes, zur Einsparung von Heizenergie oder Wasser oder zur Schaffung neuen Wohnraums hat der Mieter zu dulden, es sei denn, dass die Maßnahme für ihn oder seine Familie eine Härte bedeuten würde, die auch unter Würdigung der berechtigten Interessen des Vermieters und anderer Mieter in dem Gebäude nicht zu rechtfertigen ist (…).

Die Einschränkungen, die diese Vorschrift dem Vermieter auferlegt, sollen verhindern, dass die Maßnahmen des Vermieters die Mieter unangemessen belasten. Denn zum einen sorgen bauliche Maßnahmen für Staub und andere allgemeine Belästigungen. Außerdem rechtfertigen bestimmte Verbesserungen der Wohnung auch Mieterhöhungen.

Enthält der Mietvertrag eine Klausel, nach der der Mieter außer den in § 541b BGB aufgezählten weitere Verbesserungen an seiner Wohnung zu dulden hat, so ist eine solche Klausel unwirksam (BGH, NJW 1991, 1753).

> Bei einem Mietvertrag auf unbestimmte Dauer ist das Recht zur ordentlichen Kündigung ausgeschlossen.

Das Recht der **ordentlichen Kündigung** darf nicht durch eine entsprechende Klausel im Mietvertrag beschnitten werden. Eine Klausel, nach der etwa die Vertragsparteien für einen bestimmten Zeitraum auf das Recht zur ordentlichen Kündigung verzichten, ist unwirksam (LG Karlsruhe, WoM 79, 192). Wirksam ist allerdings der Abschluss eines befristeten Mietverhältnisses (Zeitmietvertrages), bei dem das Recht zur ordentlichen Kündigung ausgeschlossen ist. (Mehr zum befristeten Mietverhältnis ab Seite 42.)

> Bei Abschluss eines Zeitmietvertrages ist das Recht zur außerordentlichen Kündigung ausgeschlossen.

Zur **fristlosen Kündigung** bei einem so genannten **Dauerschuldverhältnis** (wie bei einem Mietvertrag) ist eine Mietvertragspartei nur bei schweren Vertragsverletzungen durch die Gegenseite berechtigt. So hat z. B. der Vermieter das Recht bei Mietrückstand fristlos zu kündigen (§ 554 BGB). Der Mieter kann bei erheblichen Vertragsstörungen durch den Vermieter ebenfalls fristlos kündigen.

Diese Möglichkeiten, das Dauerschuldverhältnis durch eine außerordentliche Kündigung beenden zu können, kann durch einen Formularvertrag nicht ausgeschlossen werden. Eine Klausel im Mietvertrag, nach der die außerordentliche Kündigung bei einem Zeitmietvertrag ausgeschlossen sein soll, ist deshalb unwirksam.

> Die Erlaubnis zur Untervermietung bedarf der Schriftform.

Wenn der Mieter beabsichtigt, seine Wohnung auch anderen zur Nutzung zu überlassen und sie unterzuvermieten, benötigt er dazu die Erlaubnis des Vermieters. (Lesen Sie mehr zum Thema **Untervermietung** ab Seite 99.)

In manchen Mietverträgen ist eine Klausel enthalten, nach der die Erlaubnis des Vermieters schriftlich erklärt werden muss. Eine derartige Klausel ist unwirksam. Die Erlaubnis ist auch dann wirksam erklärt, wenn sie nur mündlich abgegeben wurde (BGH, NJW 1991, 1752).

> Die Untervermietung oder Überlassung der Mieträume oder eines Teils der Mieträume an Dritte ist ausgeschlossen.

Unter bestimmten Voraussetzungen hat der Mieter einen Anspruch auf Genehmigung der Untervermietung. Dieses Recht darf ihm nicht formularvertraglich abgeschnitten werden (LG München, WoM 1997, 612).

> Der Vermieter darf die erteilte Erlaubnis zur Untervermietung ohne Angabe von Gründen widerrufen.

Wenn dem Vermieter im Mietvertrag das Recht eingeräumt wird, seine Erlaubnis zur Untervermietung frei widerrufen zu können, dann ist diese Vertragsklausel unwirksam. Das bedeutet: Ein Vermieter kann es sich nach Erteilung der Erlaubnis nicht einfach anders überlegen (BGH, NJW 1987, 1693).
Der Widerruf kann allerdings erfolgen, wenn sich der Sachverhalt verändert hat. Wenn also z. B. weitere Personen eingezogen sind und die Wohnung stark überbelegt ist, darf die Erlaubnis widerrufen werden.

> Gesetzlich zugelassene Mietpreiserhöhungen gelten vom Zeitpunkt der Zulässigkeit ab als zwischen den Parteien vereinbart.

Diese Klausel ist unwirksam (LG München, WoM 1997, 612). Die **Erhöhung des Mietpreises** ist nur durch ausdrückliche Vereinbarung zwischen den Mietparteien (Mieter und Vermieter) möglich. Für eine wirksame Vereinbarung ist es erforderlich, dass feststeht, auf was man sich geeinigt hat. Bei dieser Klausel steht dies aber gerade nicht fest. (Mehr zum Thema Mieterhöhung lesen Sie ab Seite 130.)

> Abweichend von § 554 BGB (fristlose Kündigung bei Zahlungsverzug) wird vereinbart, dass die fristlose Kündigung auch dann wirksam bleiben soll, wenn nach Eintritt der Rechtshängigkeit des Räumungsanspruchs die Miete noch bezahlt wird.

In § 554 BGB ist geregelt, dass der Vermieter unter ganz bestimmten Voraussetzungen **fristlos kündigen** darf, wenn der Mieter mit der Zahlung des Mietzinses in Verzug gerät. (Mehr zu den Voraussetzungen einer derartigen fristlosen Kündigung ab Seite 159.)
In manchen Mietverträgen sind Klauseln enthalten, in denen die sehr mieterfreundliche Regelung des § 554 Abs. 2 Nr. 2 BGB zugunsten des Vermieters modifiziert wird. So soll auch dann die fristlose Kündigung wirksam bleiben, wenn nach Eintritt der Rechtshängigkeit des Räumungsanspruchs die Miete

noch bezahlt wird. Vor längerer Zeit schon wurde höchstrichterlich klargestellt, dass derartige Änderungen zum Nachteil des Mieters unwirksam sind (BGH, NJW 1987, 2506).

> **Der Mieter bestätigt, dass der Zustand der Mietsache bei Beginn des Mietverhältnisses ordnungsgemäß ist.**

Wenn im Mietvertrag eine Klausel enthalten ist, nach der der Mieter eine Bestätigung über den „ordnungsgemäßen **Zustand der Mietsache**" abgibt, dann ist eine solche unwirksam. Dies gilt auch im Zusammenhang mit einer beigefügten Wohnungsbeschreibung oder dem Protokoll einer Übergabeverhandlung. In einer solchen formularvertraglichen Bestätigung wäre eine unzulässige Verschiebung der Beweislast zu Lasten des Mieters zu sehen, die gegen das AGBG verstößt. Hintergrund: Der Vermieter hat grundsätzlich zu beweisen, in welchem Zustand sich die Mietsache vor und nach Dauer des Mietverhältnisses befand, wenn er Schadenersatzansprüche geltend macht (§ 11 Nr. 15b AGBG). Helfen kann bei diesem Beweis allerdings das auf Seite 34 bis 36 abgedruckte Wohnungseinzugsprotokoll, weil dieses nicht allgemein, sondern ganz konkret auf die Mietwohnung bezogen den Zustand der Wohnung festhält.

> **Der Vermieter ist befugt, die auf unvermietete Wohnungen entfallenden Betriebskostenanteile auf die Mieter desselben Hauses umzulegen.**

In einigen Formularmietverträgen ist noch eine Regelung enthalten, nach der der Vermieter befugt sein soll, den Mieter eines Gebäudes anteilig auch die auf unvermietete Räume entfallenden **Betriebskosten** tragen zu lassen. Eine solche Regelung verstößt gegen § 9 Abs. 2 Satz 1 AGBG und ist unwirksam, weil damit der Mieter teilweise das Vermietungsrisiko mittragen müsste.

> **Der Mieter verzichtet auf Kautionsverzinsung.**

Gemäß § 550b Abs. 2 Satz 1 BGB hat jeder Mieter einen Anspruch darauf, dass seine **Kaution** verzinst wird. In Abs. 3 dieser Vorschrift ist geregelt, dass abweichende Vereinbarungen, also z. B. ein Verzicht auf die Zinsen, unwirksam sind. (Lesen Sie mehr zu „Kaution" ab Seite 125.)

> **Auf den Balkonen dürfen keine Gegenstände abgestellt werden.**

Die Nutzung der Mietsache ist Sache des Mieters. Der Vermieter darf eine erlaubte Nutzung der Mietsache weder formularvertraglich verbieten (LG

München, WoM 1997, 612), noch kann er für dadurch bedingte Abnutzungen Schadenersatz verlangen. Die Freiheit des Mieters findet ihre Grenzen nur bei Überschreitung der üblichen Nutzung, wenn dadurch Schäden an der Mietsache angerichtet werden, die bei üblicher Nutzung nicht entstanden wären. Nur in diesem Fall trifft den Mieter auch eine Schadenersatzpflicht.

Die Kündigung muss schriftlich und mit Einschreiben an den Vermieter geschickt werden.

Eine Klausel, nach der für die **Kündigung** eine strengere Form als die gesetzlich vorgeschriebene Schriftform verlangt wird, ist bei Wohnraummietverträgen wegen Verstoßes gegen § 11 Nr. 16 AGBG unwirksam. Das Senden des Schreibens per Einschreiben kann also nicht gefordert werden. (Laut § 564a Abs. 1 BGB ist für Kündigungen lediglich die einfache Schriftform vorgeschrieben.)

Bei Auszug zahlt der Mieter eine Umzugskostenpauschale von 200 DM.

In den Mietverträgen so mancher größeren Wohnungseigentumsanlage findet sich immer wieder eine **Umzugskostenpauschale.** Mit Geldbeträgen zwischen 30 und 200 DM sollen pauschal sämtliche kleinen Schäden ausgeglichen werden, die bei einem Umzug durch Anecken im Treppenhaus, fallen gelassene Blumentöpfe usw. auch einem sorgsamen Mieter entstehen können. Der Hintergrund für diese Pauschale ist, dass selbst sorgfältig durchgeführte Umzüge zu dem einen oder anderen kleinen oder größeren Malheur führen können. Derartige Schrammen und Dellen am gemeinschaftlichen Eigentum werden aber aus wirtschaftlichen Gründen nicht ausgebessert, weil es ökonomischer ist, in regelmäßigen zeitlichen Abständen zu renovieren.
Die Festlegung einer solchen Umzugskostenpauschale ist unwirksam. Denn nach den Grundsätzen des deutschen Zivilrechts kann Schadenersatz nur dann verlangt werden, wenn der Geschädigte den Schaden genau beziffert. Zwar könnte der Vermieter auch bei kleineren Schäden einen Schadenersatz verlangen – der Weg über eine Schadenspauschalisierung ist jedoch nicht gangbar.

Das Aufstellen von Waschmaschinen, Wäschetrocknern oder Spülmaschinen ist nicht gestattet.

Obwohl von **Waschmaschinen, Spülmaschinen** etc. eine relativ große Gefahr für das Eigentum des Vermieters ausgeht, dürfen diese Geräte nicht formularvertraglich verboten werden, da sie selbstverständlich in jeden Haushalt gehören (LG München, WoM 1997, 612).

> Die Kaution ist frühestens sechs Monate nach Beendigung des Mietver-
> hältnisses zur Rückzahlung fällig.

Diese Klausel ist unwirksam (LG München, WoM 1997, 612).

> Die beiliegende Hausordnung wird Vertragsbestandteil des Mietvertrags
> und wird vom Mieter vorbehaltlos anerkannt.

Eine Klausel, nach der „die beiliegende **Hausordnung** Bestandteil dieses
Mietvertrages" werden soll oder „die beigefügte Hausordnung nach genauer
Durchsicht vorbehaltlos anerkannt wird", ist unwirksam (OLG Celle, WoM
1990, 103).
Anders ist dies, wenn die Hausordnung ein fester Bestandteil des Mietver-
tragsformulars, also auf denselben Papierbogen wie der Mietvertrag gedruckt
wäre.

> Der Vermieter oder sein Beauftragter können die Mieträume werktäg-
> lich von 10.00 Uhr bis 13.00 Uhr und von 15.00 bis 18.00 Uhr zur Prüfung
> ihres Zustandes betreten.

Diese Klausel ist unwirksam (LG München, WoM 1997, 612). Das Recht des
Vermieters zum Betreten der Wohnung ist stark eingeschränkt.

Rechtsprechung: Klauseln, bei denen der Einzelfall entscheidet

Die Spitzfindigkeit der Juristen ist beinahe sprichwörtlich geworden. Leider
machen sich nur wenig Menschen die Mühe die Argumente der Rechtsprechung nachzuvollziehen. Auch die Medien beschränken sich häufig auf
das allgemeine Vorurteil, dass „die Gerichte" sowieso „machen, was sie
wollen". Bei derartigen Aussagen wird übersehen, dass Gerechtigkeit sich
nicht wie in schlechten amerikanischen Western durch Schwarzweißmalerei
darstellen lässt. Gerechtigkeit bedeutet unter anderem auch den Ausgleich
gegensätzlicher und jeweils für sich berechtigter Interessen. Ein solcher Interessenausgleich ist naturgemäß nicht durch eine glasklare Entscheidung,
sondern nur durch eine sorgfältige Abwägung mit leisen Zwischentönen zu
erreichen. Dieser Grundsatz gilt auch im Mietvertragsrecht. Bei vielen
Klauseln hängt die Wirksamkeit von der genauen Ausgestaltung ab. Dabei
handelt es sich meistens um Klauseln, bei denen sowohl aufseiten des Mieters
als auch des Vermieters berechtigte Interessen bestehen und ein Richter eine
ausgewogene Lösung finden muss, um einen Interessenausgleich erreichen zu
können.

Wichtig:

Achtung, denken Sie an die Risiken beim Verwenden eines Vertrags-
formulars! Nach den Regeln des AGBG gibt es keine „geltungserhal-
tende Reduktion". Das bedeutet, dass eine Vertragsklausel auch dann
vollständig unwirksam ist, wenn sie nur ein wenig abgeschwächt
werden müsste, um in den Augen der Richter wirksam zu werden.
Der Grund für diese strenge Vorschrift liegt darin, dass der Verwender,
der ja typischerweise die Vertragsklauseln aussucht, das Risiko der
Unwirksamkeit tragen soll.

Bei verbleibenden Zweifelsfällen ist es stets ratsam, eine kompetente Beratung
aufzusuchen, um die Wirksamkeit von Vertragsklauseln prüfen zu lassen: z. B.
einen Anwalt, der auf Mietrecht spezialisiert ist.
Und nun zu den **in der Regel wirksamen Klauseln:**

Nach Auszug muss die Wohnung fachgerecht renoviert werden.

Es ist in der Regel wirksam, wenn im Vertrag die **Renovierungspflicht bei
Auszug** geregelt ist und dabei eine „fachgerechte" Erledigung der Schönheitsreparaturen verlangt wird. Unwirksam wäre die Klausel, wenn die Schönheitsreparaturen „durch einen Fachhandwerker" erledigt werden müssen und
es somit dem Mieter verboten wäre, die Arbeiten selbst vorzunehmen, obwohl
bei ihm möglicherweise die gleiche Kompetenz vorhanden ist.
Unwirksam wäre übrigens auch eine Klausel, die eine fachgerechte Renovierung verlangt, wenn der Mieter mehr renovieren müsste, als er selbst abgewohnt hat.
(Mehr zum Thema Schönheitsreparaturen ab Seite 245.)

Abgeltungsklausel für nicht fällige Schönheitsreparaturen …

Im Rahmen einer **Abgeltungsklausel** verpflichtet sich der Mieter sich quotenmäßig an bei Mietende noch nicht fälligen **Schönheitsreparaturen** zu beteiligen. Eine solche Klausel ist selbst bei Übergabe einer nicht renovierten Mietwohnung wirksam, wenn die Quote nach Maßgabe der Abnutzung seit Mietbeginn oder seit den letzten Schönheitsreparaturen während der Mietzeit
berechnet wird und es dem Mieter erlaubt ist, seiner anteiligen Zahlungsverpflichtung dadurch zuvorzukommen, dass er vor Mietende Schönheitsreparaturen ausführt. Falls diese Einschränkungen nicht im Mietvertrag enthalten
sind, ist die Abgeltungsklausel zumindest bei Wohnraummietverträgen

unwirksam (BGH, NJW 1988, 2790). (Lesen Sie mehr zum Thema Schönheitsreparaturen ab Seite 245.)

Schönheitsreparaturen sind fachmännisch zu erledigen.

Die **Schönheitsreparaturen** müssen vom Mieter ordentlich gemacht werden. Wenn der Mietvertrag allerdings die Erledigung durch einen Fachhandwerker fordert, dann ist das unwirksam. Eine „fachmännische Erledigung" kann allerdings verlangt werden.

Beschränkung der Vermieterhaftung

Manche Vertragsformulare enthalten eine **Beschränkung der Haftung des Vermieters** auf gerügte oder nicht erkennbare Mängel. Eine solche Haftungsbeschränkung ist beim Wohnraummietvertrag unwirksam, da die Minderungsrechte unabdingbar sind (siehe §§ 537 Abs. 3, 539 BGB). Anders ist ein Haftungsausschluss für so genannte **Allmählichkeitsschäden** zu behandeln. Denn ein solcher Haftungsausschluss ist wirksam. Dies gilt allerdings wiederum nicht für Schäden, die durch Vernachlässigung des Grundstücks entstanden sind und bei denen es der Vermieter trotz rechtzeitiger Anzeige und Aufforderung durch den Mieter unterlassen hat, Mängel zu beseitigen (OLG Hamburg, ZMR 1991, 262).

Vereinbarung einer Staffelmiete

Die Vereinbarung einer **Staffelmiete** ist nur dann wirksam, wenn genaue Geldbeträge angegeben sind, um die sich die Miete erhöht. (Lesen Sie mehr dazu ab Seite 130.)

Schweigen gilt als Einverständnis zur Betriebskostenabrechnung, wenn (…)

Im Rechtsverkehr gilt Schweigen normalerweise nicht als eine rechtserhebliche Willenserklärung. Es kann jedoch vertraglich vereinbart werden, dass das Schweigen des Mieters als Einverständnis zur **Betriebskostenabrechnung** zu werten ist.
Voraussetzung für die Wirksamkeit einer solchen Klausel ist zum einen, dass ein angemessener Prüfungszeitraum von drei bis vier Wochen gewährt wird. Zum anderen muss im Begleitschreiben zur Betriebskostenabrechnung noch einmal ausdrücklich auf die Bedeutung des Schweigens hingewiesen werden.

Verlängerung der Kündigungsfristen

Die **Verlängerung der Kündigungsfristen** auf bis zu sechs Monate ist zulässig (OLG Zweibrücken, ZMR 1990, 106). Die Verkürzung der Kündigungsfristen für den Vermieter dagegen nicht.

Verpflichtung zur Teppichbodenreinigung

Eine Klausel, nach der der Mieter verpflichtet wird, den **Teppichboden** nach Beendigung des Mietverhältnisses „fachmännisch" zu reinigen, ist wirksam. Die Auflage, die Reinigung durch eine „Fachfirma" erledigen zu lassen, dagegen nicht. Konsequenz einer solchen Klausel: Es besteht gar keine Teppichreinigungspflicht.

Auch eventuell unwirksame Klauseln können ihren Zweck erfüllen!

Es soll nicht verschwiegen werden, dass auch manche zweifelhafte Vertragsklausel, die möglicherweise vor den strengen Augen eines Richters nicht bestehen würde, ihren Zweck erfüllen kann. Denn nicht jeder Mieter geht mit einem Problemfall zum Anwalt oder lässt sich vom Mietverein beraten.

> **Beispiel:**
> Ein Fall aus der Praxis soll zeigen, was gemeint ist: Ein unliebsamer Mieter war freiwillig aus einer Mietwohnung ausgezogen, nachdem der Vermieter ihn auf die – zweifelhafte – Vertragsklausel hingewiesen hatte, nach der er mit der Durchführung der Schönheitsreparaturen bei Beendigung des Mietverhältnisses einen Fachhandwerker beauftragen müsse. Der Vermieter hatte dem Mieter schriftlich versichert, dass er dem Mieter die Renovierungspflicht insgesamt erließe, falls dieser innerhalb von zwei Monaten auszöge, was dieser tat.
> Nur um Missverständnisse auszuschließen, sei klargestellt, dass eine Renovierung durch Fachhandwerker vom Mieter gar nicht geschuldet war, weil die entsprechende Vertragsklausel wegen des offensichtlichen Verstoßes gegen das AGBG unwirksam war …

Aus diesem Grunde können Sie also durchaus versuchen sich Ihren eigenen Mietvertrag „zusammenzubasteln" und z. B. im Zweifelsbereich liegende Regelungen aufzunehmen. Aber es sei noch einmal gesagt: Eine Vertragsklausel kann unwirksam sein. Andererseits ist nach deutschem Recht kein Richter an die Entscheidungen der Obergerichte gebunden, sodass er im Einzelfall durchaus auch in zweifelhaften Fällen eine Wirksamkeit bejahen kann.

Mustermietvertrag

Zu dem vom Autor zusammengestellten und auf den nachfolgenden Seiten abgedruckten „vermieterfreundlichen" Mustermietvertrag ist zunächst ein wichtiger Hinweis erforderlich: Durch Gesetzesänderungen oder neue Gerichtsentscheidungen können sich jederzeit Änderungen im Mietrecht ergeben. Mit großer Sorgfalt wurde darauf geachtet im Mustermietvertrag die rechtlichen Möglichkeiten des Vermieters möglichst weitgehend auszuschöpfen und dabei den aktuellen Rechtsstand wiederzugeben. Das Mietrecht entwickelt sich allerdings ständig fort. Aus diesem Grunde ersetzt der nachfolgende Mietvertragsentwurf auf keinen Fall die individuelle Rechtsberatung durch den Anwalt Ihres Vertrauens.

Mietvertrag

Zwischen (Name des Vermieters) und (Name des Mieters) wird folgender Mietvertrag geschlossen:

Mietwohnung

Vermietet wird folgende Wohnung: (Adresse: Straße und Hausnummer, Ort, Geschoss, ca. (…) Quadratmeter, bestehend aus (…) Zimmern, (Küche, Bad mit Toilette, separates Bad, separate Toilette, Diele, Abstellkammer, Kellerraum, Bodenraum, Balkon), und zwar ab dem: (Datum) auf unbestimmte Zeit.

Für eine eventuelle Befristung

Der Abschluss dieses Mietvertrages erfolgt auf (Zahl) Jahre. Das Mietverhältnis beginnt mit dem (Datum) und endet am (Datum). Die Vertragslaufzeit ist befristet, da der Vermieter nach Ablauf der Festmietzeit über die Wohnung aus folgendem Grund verfügen muss: (Grund für die Befristung).

Stillschweigende Verlängerung ausschließen

Eine stillschweigende Verlängerung des Mietverhältnisses nach Ablauf der Mietzeit durch Fortgebrauch der Mietsache gemäß § 568 BGB ist ausgeschlossen.

Mietzins

Der Mietzins (= Kaltmiete plus Betriebskostenvorauszahlung) ist im Voraus und kostenfrei bis zum dritten Werktag eines jeden Monats auf das Konto des Vermieters zu zahlen: Kontonummer: (Kontonummer), Bank oder Sparkasse: (Name der Bank), Bankleitzahl: (Bankleitzahl). Die Vertragsparteien vereinbaren folgenden monatlichen Mietzins: Kaltmiete: (…) DM, in Worten (Betragswiederholung) Betriebskosten-vorauszahlung: (…) DM, in Worten (Betragswiederholung), insgesamt Mietzins: (…) DM, in Worten: (Betragswiederholung)

Empfehlenswerte Erhöhungsklausel

Der Vermieter ist berechtigt, den Mietzins nach Maßgabe des § 10 a MHG durch schriftliche Erklärung an die eingetretene Änderung des vom Statistischen Bundesamt veröffentlichten Lebenshaltungskosten-index aller privaten Haushalte in Deutschland (Basis 1991) anzupassen.

Staffelmietvereinbarung

Es wird folgende Staffelmietvereinbarung für die Kaltmiete getroffen:
1. ab dem (Datum) bis zum (Datum): (…) DM, in Worten (Betragswiederholung)
2. ab dem (Datum) bis zum (Datum): (…) DM, in Worten (Betragswiederholung)
3. ab dem (Datum) bis zum (Datum): (…) DM, in Worten (Betragswiederholung)
4. ab dem (Datum) bis zum (Datum): (…) DM, in Worten (Betragswiederholung)
5. ab dem (Datum) bis zum (Datum): (…) DM, in Worten (Betragswiederholung)
6. ab dem (Datum) bis zum (Datum): (…) DM, in Worten (Betragswiederholung)
7. ab dem (Datum) bis zum (Datum): (…) DM, in Worten (Betragswiederholung)
8. ab dem (Datum) bis zum (Datum): (…) DM, in Worten (Betragswiederholung)
9. ab dem (Datum) bis zum (Datum): (…) DM, in Worten (Betragswiederholung)
10. ab dem (Datum) bis zum (Datum): (…) DM, in Worten (Betragswiederholung)

Betriebskosten

Die Betriebskostenvorauszahlung betrifft die folgenden Betriebskosten gemäß der Anlage 3 zu § 27 der zweiten Berechnungsverordnung mit folgenden Vorauszahlungsbeträgen:

1. Frischwasser	_____	DM
2. Abwasser	_____	DM
3. Müllabfuhr	_____	DM
4. Straßenreinigung	_____	DM
5. Gemeinstrom	_____	DM
6. Schornsteinfegerkosten	_____	DM
7. Versicherung (= Gebäudeversicherung und Gebäudehaftpflicht)	_____	DM
8. Grundsteuer	_____	DM
9. Gartenpflege	_____	DM
10. Stromkosten für Kabelanschlusstrafo	_____	DM
11. Immissionsmessung der Gastherme durch den Schornsteinfeger	_____	DM
12. Anschluss an Hausantenne	_____	DM
13. Anschluss an Haussatellitenanlage	_____	DM
14. Anschluss an Hauskabelfernsehanlage	_____	DM
15. Heizkosten	_____	DM
16. Summe	_____	DM

Heiz- und Warmwasserkosten werden zu 70 % nach dem erfassten Wärmeverbrauch der Nutzer, zu 30 % nach Wohnfläche verteilt, Frisch- und Abwasserkosten entsprechend dem gemessenen Frischwasserverbrauch, alle übrigen Kosten entsprechend der Wohnfläche.

Wichtig:

Ein „warmer" Mietzins, bei dem die Heizung bereits im Mietzins enthalten ist und bei dem die Heizungskosten deshalb nicht in die Betriebskosten fallen, kann nicht wirksam vereinbart werden! (BayObLG RE WoM 1988, 257).
Auch eine Heizkostenpauschale, bei der der Mieter jeden Monat einen bestimmten Betrag bezahlt und aufgrund derer auch nicht über die Heizungskosten abgerechnet werden muss, kann nicht wirksam vereinbart werden (OLG Schleswig, RE WoM 1986, 330, OLG Hamm, WoM 1986, 267).

Betriebskostenvorauszahlung pro Monat: insgesamt … DM.

Der Vermieter erteilt dem Mieter über die Betriebskosten einmal pro Jahr (in der Regel zu jedem Jahresanfang für das vorangegangene Jahr) eine Betriebskostenabrechnung. Zuvielzahlungen hat der Vermieter an den Mieter zurückzuerstatten, Zuwenigzahlungen hat der Mieter nachzuentrichten.
Wenn der Betrag der Zuviel- oder Zuwenigzahlung (Betrag) (in Worten: (Betragswiederholung)) DM übersteigt, ist die Höhe der zukünftigen monatlichen Vorauszahlung entsprechend anzupassen. Der Vermieter teilt dem Mieter dann den neuen monatlichen Vorauszahlungsbetrag, zweckmäßigerweise gleichzeitig mit der Betriebskostenabrechnung für das vorangegangene Jahr, mit.

Gegebenenfalls folgenden Zusatz einfügen
Eine Anpassung der Betriebskostenvorauszahlung ist auch dann möglich, wenn sich mindestens eine der Betriebskostenpositionen während des Laufs des Jahres um mehr als 10 % erhöht oder ermäßigt.

Gegebenenfalls
Eine Anpassung der Betriebskostenvorauszahlung ist ferner auch dann möglich, wenn öffentliche Lasten oder andere Betriebskosten, die bei Abschluss dieses Vertrages noch nicht vorhanden waren, neu geschaffen werden. Für die Abrechnung gilt der für die übrigen Betriebskosten vereinbarte Umlageschlüssel, wenn dieser nicht für die neu geschaffene Betriebskostenart aufgrund deren sachlichen Gehalts grob unbillig ist. In diesem Fall gilt ein angemessener Abrechnungsschlüssel, den der Vermieter bestimmen wird.
Die Abrechnungsunterlagen (das heißt die einzelnen Rechnungen z.B. für Wasser, Strom und die Gebührenbescheide, z.B. für die Straßenreinigung usw.) können binnen drei Wochen nach Zugang der Jahresbetriebskostenabrechnung beim Vermieter nach vorheriger Terminabsprache zur Prüfung eingesehen werden.

Gegebenenfalls
(Nur für öffentlich geförderten Wohnungsbau)
Für das Wohnen des Mieters in der öffentlich geförderten Wohnung erforderliche Genehmigungen und Bescheinigungen hat der Mieter zu besorgen. Ab Beginn der Mietzeit gilt die jeweils gesetzlich zulässige Miete, ggf. plus Zuschlägen und Umlagen, soweit diese zulässig sind. Falls sich daraus ein anderer als der in diesem Mietvertrag genannter

Nebenkostenvorauszahlungsbetrag ergibt, so gilt dieser andere Betrag. Die Parteien sind sich schon jetzt darüber einig, dass jede gesetzlich zulässige Mieterhöhung ab dem ersten Tage der Zulässigkeit als zwischen Mieter und Vermieter vereinbart gilt.

Unbedingt aufnehmen

Der Vermieter ist berechtigt ohne sein Dafürkönnen neu entstandene Betriebskostenarten umzulegen. Der Mieter ist damit einverstanden.

Mahnungen

Bei Mahnungen erhebt der Vermieter eine Mahngebühr von 5 DM, jedoch pro Anlass zur Mahnung nur für maximal zwei diesbezügliche Mahnungen. Das Recht des Mieters zum Nachweis eines geringeren Betrages bleibt unberührt. Daneben kann der Vermieter Verzugszinsen fordern.

Kaution

Der Mieter zahlt bei Abschluss des Mietvertrages eine Kaution in Höhe von DM (Betrag, maximal das Dreifache der Monatskaltmiete ohne Betriebskostenvorauszahlung), in Worten: DM (Betragswiederholung in Worten). Der Vermieter wird die Kaution auf einem Sparbuch mit gesetzlicher Kündigungsfrist anlegen. Die Zinsen werden nicht ausbezahlt, sondern erhöhen gemäß der gesetzlichen Regelung (§ 550b Absatz 2, Satz 3 BGB) den Kautionsbetrag.

Kündigung

Das Mietvertrag wird auf unbestimmte Zeit vereinbart und kann von jedem Teil zum Schluss eines jeden Kalendermonats unter Einhaltung einer Frist von drei Monaten gekündigt werden. Für beide Vertragsparteien beträgt die Kündigungsfrist nach 5-jähriger Mietdauer 6 Monate, nach 8-jähriger Mietdauer 9 Monate und nach 10-jähriger Mietdauer 12 Monate, jeweils zum Schluss eines Kalendermonats.

Schlüssel

Der Mieter erhält vom Vermieter folgende Schlüssel (jeweils Anzahl): Haustürschlüssel: (Anzahl, ggf. Seriennummer) Wohnungsschlüssel: (Anzahl, ggf. Seriennummer)

Zimmerschlüssel: (Anzahl, ggf. Seriennummer)
Briefkastenschlüssel: (Anzahl, ggf. Seriennummer)
Kellerschlüssel: (Anzahl, ggf. Seriennummer)
Weitere Schlüssel: (Anzahl, ggf. Seriennummer)
Bei Verlust eines Schlüssels hat der Mieter Ersatz zu leisten. Handelt es sich bei dem Schlüsselverlust um einen Haustürschlüssel, so hat der Mieter den Vermieter unverzüglich zu benachrichtigen. Der Vermieter ist in diesem Fall berechtigt, das Haustürschloss nebst den Haustürschlüsseln aller übrigen Mieter auf Kosten des Mieters auswechseln zu lassen.

Gegebenenfalls

Der Mieter darf sich Kopien von Schlüsseln auf seine Kosten anfertigen, muss diese bei Auszug gegen Kostenerstattung sämtlich dem Vermieter übergeben.

… oder

Der Mieter darf sich mit Ausnahme des Haustürschlüssels Kopien von Schlüsseln auf seine Kosten anfertigen, muss diese aber bei Auszug sämtlich dem Vermieter übergeben. Eine Ausgleichung durch den Vermieter findet dafür nicht statt.

Gegebenenfalls

Der Mieter darf Schlüsselkopien nur mit schriftlicher Genehmigung durch den Vermieter anfertigen.

… oder

Der Mieter muss die Anfertigung von Schlüsselkopien dem Vermieter schriftlich mitteilen.

Wirtschaftliche Verhältnisse

Der Mieter erklärt, dass er sich in geordneten wirtschaftlichen Verhältnissen befindet. Er ist in ungekündigter Stellung beschäftigt bei: …

Haftung des Vermieters

Der Vermieter übernimmt – außer bei eigenem Verschulden (dazu zählen nur Vorsatz und grobe Fahrlässigkeit) – keinerlei Haftung für rechtzeitige Freimachung der Wohnung durch den Vormieter.
Die schuldunabhängige Haftung des Vermieters für Schäden, die dem Mieter durch Mängel an der Mietsache entstehen, ist ausgeschlossen.

Einverständnis mit bekannten Mängeln der Wohnung

Dem Mieter ist der Zustand der Wohnung, die er zusammen mit dem Vermieter ausführlich besichtigt hat, bekannt. Er ist darüber informiert, dass …

Wichtig:

Sie vermeiden Streit bereits im Ansatz, wenn Sie als Vermieter hier alle Eigenschaften der Wohnung aufzählen, die möglicherweise als Mangel angesehen werden können:

▶ dass die Wohnung keine Badewanne, sondern nur eine Dusche hat;

▶ dass die Heizung gelegentlich Störgeräusche von sich gibt;

▶ dass die Wohnung sehr hellhörig ist und insbesondere Trittschall aus den darüber liegenden Wohnungen akzeptiert werden muss;

▶ dass der Putz möglicherweise bröseliger ist als in Häusern neueren Datums und dies beim Dübeln und Tapezieren usw. zu beachten ist;

▶ dass die Wohnung auf der zum Garten gewandten Seite Holzfenster mit Einfachverglasung hat;

▶ dass insbesondere an dieser Seite die Wärmeisolierung der Wohnung möglicherweise nicht heutigem Standard entspricht;

▶ dass immer wieder Tauben vor dem zum Garten gewandten Fenster sitzen, dort gurren und koten;

▶ dass der Briefkasten kleiner als DIN-A4-Format ist.

Der Mieter erklärt, dass er wegen dieser ihm bei Vertragsschluss bekannten Mängel bzw. Ausstattung der Wohnung keine Ansprüche auf Mietminderung bzw. Ansprüche welcher Art auch immer gegen den Vermieter geltend machen wird.

Gegebenenfalls Pflicht des Mieters: regelmäßiges Lüften

Der Vermieter weist den Mieter darauf hin, dass die modernen und dicht schließenden Fenster in der Mietwohnung ein regelmäßiges Lüften erforderlich machen. Unzureichendes Lüften und unzureichendes Heizen kann insbesondere in Räumen mit hoher Luftfeuchtigkeit (z. B. Schlafzimmer und Bad) zur Bildung von Schimmel führen, da sich die Feuchtigkeit dann an den Wänden niederschlägt. Für dadurch entstehende Schäden ist der Mieter haftbar.

Anmeldungen

Der Mieter wird sich spätestens beim Einzug beim hiesigen Elektrizitätswerk, bei den Gaswerken, erforderlichenfalls bei den Stadtwerken (für
z. B. Gas) und dem Einwohnermeldeamt (gesetzliche Meldepflicht)
anmelden.

Zweck der Vermietung

Die Vermietung erfolgt zu Wohnzwecken. Eine andere, insbesondere
gewerbliche Nutzung ist nicht gestattet.

Heizung

Heizperiode

Die dem Tagesaufenthalt dienenden Räumen werden während der Heizperiode (1. Oktober bis 30. April) in der Zeit von 6.00 bis 23.00 Uhr mit
einer Temperatur von mindestens 20 Grad Celsius beheizt. Für die sonstigen Räume genügt eine angemessene, der technischen Anlage entsprechende Erwärmung. Außerhalb der Heizperiode ist es Sache des Mieters
durch eigene Übergangsheizung für seine Wünsche entsprechende
Raumtemperatur zu sorgen.
Eine Beheizung außerhalb der Heizperiode kann nur verlangt werden,
wenn an mindestens drei aufeinander folgenden Tagen die Außentemperatur (gemessen 12 Uhr mittags) unter 12 Grad Celsius absinkt. Bei
Störungen der Heizanlage, höherer Gewalt, behördlichen Anordnungen
oder sonstiger Unmöglichkeit der Leistung ist der Vermieter zur Ersatz-
heizung nicht verpflichtet. Er hat etwaige Störungen schnellstmöglich
beseitigen zu lassen.

Kosten

Die Heizungskosten werden nach Wahl des Vermieters nach Quadratmetern beheizter Fläche oder ähnlichen Vergleichsmaßstäben umgelegt.
Zu den Heizungskosten gehören die Kosten der Brennstoffe und ihrer
Lieferung, des Betriebsstoms, der Bedienung, Überwachung und Pflege
der Anlage, der regelmäßigen Prüfung ihrer Betriebsbereitschaft und
Betriebssicherheit einschließlich der Einstellung durch einen Fachmann,
der Reinigung der Anlage und des Betriebsraums, der Verwendung von
Wärmemessern oder Heizkostenverteilern, der Messungen von Immissio-
nen und der Berechnung der Heizungskosten. Bei Auszug trägt der
Mieter die Kosten der Zwischenablesung.

Gegebenenfalls

Falls die Berechnung der Heizungskosten durch Wärmemesser erfolgt, ist der Mieter mit der Ablesung und dem gewählten Abrechnungsschlüssel durch die vom Vermieter beauftragte Firma ausdrücklich einverstanden.

... oder

Die Wohnung hat Gasthermenheizung. Der Mieter rechnet die Gaskosten mit dem Versorgungsträger direkt ab.
Der Vermieter lässt die Gastherme einmal im Jahr durch einen Fachbetrieb warten. Der Mieter trägt die Kosten der Wartung, jedoch gelten die in diesem Mietvertrag genannten betragsmäßigen Grenzen entsprechend; außerdem sind die Wartungskosten auf den genannten Jahreshöchstbetrag anzurechnen.

... oder

Die Wohnung hat Nachtspeicherheizung. Der Mieter rechnet die Stromkosten mit dem Elektrizitätswerk direkt ab.

... oder

Die Wohnung hat als Heizung Kohleöfen in den folgenden Zimmern: (Angabe der Zimmer)
Der Mieter hat das Brennmaterial selbst zu besorgen.

Gegebenenfalls

Die Wohnung hat keine Heizung.

Gegebenenfalls

Der Mieter wird die Heizung bei Frost auch während seiner Abwesenheit in Betrieb halten.

Untervermietung: schriftliche Zustimmung des Vermieters

Der Mieter darf die Mieträume nur mit vorheriger Zustimmung des Vermieters untervermieten. Dasselbe gilt für eine Gebrauchsüberlassung an dritte Personen, auch soweit kein Untermietverhältnis begründet wird. Bei Besuchen gilt dies, wenn die Besuchsdauer die Zeit von sechs Wochen überschreitet. Im Übrigen wird der Mieter auf § 549 Abs. 2 BGB ausdrücklich hingewiesen.
Der Mieter bedarf in folgenden Fällen der vorherigen schriftlichen Zustimmung des Vermieters:

- zur Haltung von Tieren in der Mietwohnung (Ausnahme: Fische im Aquarium)
- zu baulichen Veränderungen jedweder Art
- zur Anbringung von Antennen oder Satellitenschüsseln oder zur Verlegung eines Kabelfernsehanschlusses außerhalb der Wohnung.
- zum Anschluss von Elektrogeräten von mehr als (…) Watt

Der Vermieter darf für die Erteilung der Zustimmung einen angemessenen Geldausgleich oder eine Kaution (z. B. für die Anbringung einer Satellitenschüssel wegen der Beschädigungsmöglichkeiten des Hauses bei Montage und Demontage) fordern.

Fluchtwege sind freizuhalten

Der Mieter darf keine Gegenstände, insbesondere keine Fahrräder, im Hausflur abstellen.

Hausreinigung/Kehrwoche

Der Mieter beteiligt sich an der Hausreinigung wie folgt:
- Reinigen der Geschosstreppe 1 x wöchentlich im Wechsel mit dem Etagennachbarn,
- Treppenhausfenster 1 x monatlich im Wechsel mit dem Etagennachbarn;
- Reinigung des Kellerflures (…)
- Reinigung des Dachbodens (Trockenbodens) (…)
- Reinigung der Waschküche (…)

Gegebenenfalls: Erdgeschossmieter muss Bürgersteig reinigen

Der Mieter übernimmt als Mieter der Erdgeschosswohnung des Miethauses auf seine Kosten die regelmäßige Reinigung (ggf.: mindestens …mal im Monat) und den Winterdienst auf dem Bürgersteig vor dem Haus.

Falls Streuen gegen Glatteis erforderlich ist, wird der Mieter möglichst umweltschonende Streumittel einsetzen.

Schäden an der Mietsache

Grundsätzliches
Der Mieter hat die Mietwohnung sowie den von ihm mitgenutzten Teil des Hauses (z. B. Treppenhaus) pfleglich zu behandeln.

Für von ihm (dazu gehören auch von ihm betriebene Geräte, z. B. Elektrogeräte) oder einer ihn besuchenden Person verursachte Schäden ist er haftbar. Dies gilt auch für von einem Untermieter verursachte Schäden. Der Vermieter tritt schon jetzt seine Ansprüche gegen den Schädiger in dem Umfang an den Mieter ab, in dem der Mieter dem Vermieter Ersatz leistet.

Reparaturen – Kostentragung durch den Mieter

Kleinreparaturen wegen Schäden an Teilen der Mietsache, die häufig dem Zugriff des Mieters ausgesetzt sind (z. B.: tropfender Wasserhahn, verstopfter Abfluss, gerissene Toilettenbrille, defektes Heizkörperventil, abgebrochene Türklinke, verklemmter Fenstergriff, defekte Klingel, defekte Rolladen usw.) bis zu einem Betrag von jeweils 150 DM (einhundertfünfzig), jedoch insgesamt nicht mehr als 400 DM (vierhundert) im Jahr und insgesamt auch nicht mehr als 8 % der Jahreskaltmiete, trägt der Mieter.

Schönheitsreparaturen während des Mietverhältnisses

Die Schönheitsreparaturen (insbesondere Tapezieren der Wände und Anstreichen der Decken, Türen und Heizkörper) sind in Küchen, Bädern oder Duschen alle 3 Jahre, in Wohn- und Schlafräumen, Fluren, Dielen und Toiletten nach 5 Jahren und in allen sonstigen Nebenräumen nach 7 Jahren durchzuführen. Die maßgeblichen Fristen beginnen mit dem Anfang des Mietverhältnisses zu laufen. Der Mieter hat die geschuldeten Schönheitsreparaturen spätestens bis Ende des Mietverhältnisses durchzuführen.
Türen dürfen nur in Weiß oder Holzfarbtönen gestrichen werden.
Die Schönheitsreparaturen sind fachgerecht durchzuführen. Nicht fachgerechte Schönheitsreparaturen kann der Vermieter zurückweisen.

(Lesen Sie mehr hierzu auf Seite 246.)

Schönheitsreparaturen bei Auszug

Der Mieter hat bei Auszug in der Wohnung Schönheitsreparaturen durchzuführen, soweit sie zu diesem Zeitpunkt nach dem in diesem Mietvertrag vereinbarten Turnus fällig sind.
Der Mieter beteiligt sich quotenmäßig an bei Mietende noch nicht fälligen Schönheitsreparaturen. Die Quote wird auf der Grundlage eines Kostenvoranschlags eines Fachbetriebs nach Maßgabe der Abnutzung seit Mietbeginn oder seit den letzten Schönheitsreparaturen während der Mietzeit berechnet.

- Soweit die letzten Schönheitsreparaturen während der Mietzeit länger als 1 Jahr zurückliegen, zahlt der Mieter 20 %;
- soweit die letzten Schönheitsreparaturen während der Mietzeit länger als 2 Jahre zurückliegen, zahlt der Mieter 40 %;
- soweit die letzten Schönheitsreparaturen während der Mietzeit länger als 3 Jahre zurückliegen, zahlt der Mieter 60 %;
- soweit die letzten Schönheitsreparaturen während der Mietzeit länger als 4 Jahre zurückliegen, zahlt der Mieter 80 % der aufgrund des Kostenvoranschlages nachgewiesenen Kosten.

Der Mieter kann seiner anteiligen Zahlungspflicht dadurch zuvorkommen, dass er vor Mietende Schönheitsreparaturen durchführt. Die Schönheitsreparaturen sind fachgerecht durchzuführen. Nicht fachgerechte Schönheitsreparaturen kann der Vermieter zurückweisen.

Mietminderung

Wenn der Mieter der Meinung ist, es liege ein Mangel der Wohnung vor, so hat er dies dem Vermieter schriftlich mitzuteilen und ihm Gelegenheit zu geben, binnen angemessener Frist den Mangel abzustellen. Der Mieter darf nicht sofort und ohne dass der Vermieter mangels Mitteilung überhaupt Gelegenheit hatte, den Mangel abzustellen, die Miete mindern. Unterlässt der Mieter die Mitteilung, so ist er im Übrigen zum Ersatz des daraus entstehenden Schadens verpflichtet.

Haftung bei mehreren Mietern

Ist an mehrere Mieter vermietet, so haften diese als Gesamtschuldner. Auch muss sich bei Vermietung an mehrere Mieter ein Mieter einen von einem anderen Mieter gesetzten Kündigungsgrund oder andere Handlungen, Tatsachen oder Erklärungen eines Mieters ebenfalls zurechnen lassen.

Die Mieter bevollmächtigen sich gegenseitig zur Entgegennahme von Erklärungen des Vermieters. Die Erklärungen von einem oder an einen Mieter sind für die anderen rechtsverbindlich. Die Mieter gelten insoweit als gegenseitig bevollmächtigt, ausgenommen bei Kündigungen und Mietaufhebungsvereinbarungen.

Betreten der Wohnung durch den Vermieter

Der Vermieter oder eine von ihm beauftragte Person darf die Wohnung zur Ablesung von Messgeräten, zur Durchführung von Reparaturen, zur

Prüfung des Wohnungszustandes, mit Kaufinteressenten oder mit potenziellen Nachmietern – nach vorheriger Absprache und Terminvereinbarung mit dem Mieter – betreten.

Der Vermieter darf die Mietwohnung in bereits eingetretenen Notfällen oder bei drohender Gefahr jederzeit betreten.

Zum Zwecke der Weitervermietung der Wohnung oder des Verkaufs des Hauses oder der Wohnung ist der Mieter verpflichtet, dem Vermieter und den Interessenten mindestens zwei Besichtigungstermine pro Woche zur Verfügung zu stellen, wobei einer der Termine, wenn der Vermieter dies mit Rücksicht auf die Berufstätigkeit der Interessenten wünscht, auch in den Abendstunden liegen kann. Dies gilt jedoch nicht für die Zeit von 22.00 Uhr bis 7.00 Uhr.

Hausantenne, Satellitenanlage, Kabelfernsehen etc.

Gegebenenfalls

Der Vermieter hat das Recht, (…) DM pro Monat zu fordern, falls der Mieter sich an die Hausantenne anschließt. Die Abrechnung erfolgt mit der Betriebskostenabrechnung.

Der Vermieter ist jedoch nicht verpflichtet eine solche Hausantenne zur Verfügung zu stellen.

Gegebenenfalls

Der Vermieter hat das Recht, zusätzlich zur Kaltmiete einen Betrag von (…) DM pro Monat zu fordern, falls der Mieter sich an eine Haussatellitenanlage anschließt.

Gegebenenfalls

Der Vermieter hat in diesem Fall dem Mieter einen Receiver zur Verfügung zu stellen, den der Mieter pfleglich behandeln, erforderlichenfalls auf seine Kosten reparieren und bei Auszug zurückgeben muss. Die Abrechnung des Monatsbetrages für den Anschluss an die Haussatellitenanlage erfolgt mit der Betriebskostenabrechnung. Der Vermieter ist jedoch nicht verpflichtet eine solche Satellitenanlage zur Verfügung zu stellen.

Gegebenenfalls

Der Vermieter hat das Recht, (…) DM pro Monat zu fordern, falls der Mieter sich an eine Hauskabelfernsehanlage anschließt.

Der Vermieter hat in diesem Fall dem Mieter einen Übergabepunkt (Antennenstecker) in der Wohnung zum Anschluss an die Kabelfernsehanlage zur Verfügung zu stellen. Die Abrechnung des Monatsbetrages

für den Anschluss an die Hauskabelfernsehanlage erfolgt mit der Betriebskostenabrechnung.
Der Vermieter ist jedoch nicht verpflichtet eine solche Kabelfernseh-anlage zur Verfügung zu stellen.

... oder

Falls der Mieter sich einen Kabelanschluss wünscht und legen lässt, so ist das Sache des Mieters. Der Vermieter erklärt schon jetzt hierzu seine Zustimmung.
Der Vermieter ist jedoch unbedingt vor Installation zu informieren, damit er die Leitungsführung usw. mit dem Handwerksbetrieb abstimmen kann.
Falls der Mieter den Kabelanschluss kauft, von Dritten mietet oder least, zahlt er an den Vermieter eine besondere Kaution von (Betrag) (in Worten: (Betragswiederholung)) DM, da die dann bei Auszug des Mieters erfolgende Demontage der Kabeleinrichtungen und Leitungen erfahrungsgemäß Beschädigungen am Haus mit sich bringen kann.

Gegebenenfalls

Da eine Hausantennenanlage/Haussatellitenanlage/Hauskabelfernseh-anlage vorhanden ist, darf der Mieter keine Antenne, Satellitenschüssel oder andere Empfangseinrichtung außerhalb der Wohnung anbringen, insbesondere auch nicht auf dem Balkon oder auf oder unter dem Dach.

... oder

Der Anschluss der Wohnung an eine Hausantennenanlage/Haussatelliten-anlage/Hauskabelfernsehanlage erfolgt nach Maßgabe eines gesonder-ten Vertrages.

... oder

Da eine Hausantennenanlage/Haussatellitenanlage/Hauskabelfernseh-anlage vorhanden ist, darf der Mieter keine Antenne, Satellitenschüssel oder andere Empfangseinrichtung außerhalb der Wohnung anbringen, insbesondere auch nicht auf dem Balkon oder auf oder unter dem Dach.

Renovierung bei Auszug

Bei Auszug hat der Mieter die Mietwohnung renoviert zurückzugeben, da er sie bei Einzug renoviert erhalten hat.

Gegebenenfalls

Der Mieter übernimmt die Mietwohnung unrenoviert. Dafür braucht er sie bei seinem Auszug ebenfalls nicht zu renovieren. Er hat jedoch Dübellöcher wieder zu verschließen und die Wohnung besenrein zu übergeben. Wenn der Mieter einen anderen Fußbodenbelag legt, muss er diesen bei Auszug ersatzlos in der Wohnung belassen oder den ursprünglichen Belag wiederherstellen.

Falls der Mieter während seiner Mietzeit die Wohnung mit Einrichtungen versehen oder bauliche Veränderungen durchgeführt hat, so hat er – wenn sich die Vertragspartner nicht bereits zuvor schriftlich anderweitig geeinigt haben – bei seinem Auszug den ursprünglichen Zustand wieder herzustellen. Alternativ können sich Mieter und Vermieter auch auf einen vom Vermieter zu zahlenden Ausgleichsbetrag dafür einigen, dass der Mieter die Einrichtungen usw. in der Wohnung belässt. Der Mieter ist zu einer solchen Einigung aber nicht verpflichtet. Auch der Vermieter ist zu einer solchen Einigung nicht verpflichtet; vielmehr kann er die Wiederherstellung des ursprünglichen Zustands verlangen.

Betriebskostenabrechnung bei Auszug

Der Mieter ist damit einverstanden, dass die Betriebskostenabrechnung für die Mietwohnung nicht sogleich nach seinem Auszug, sondern erst zusammen mit der Betriebskostenabrechnung für das Haus erstellt wird.

Gegebenenfalls: Geltung der Hausordnung

Die nachfolgende Hausordnung ist Bestandteil dieses Mietvertrages, soweit ihre Bestimmungen den Bestimmungen dieses Mietvertrages nicht entgegenstehen.

Hausordnung

Diese Hausordnung ist Bestandteil des Mietvertrages

zwischen _____
und _____.

Falls Bestimmungen des Mietvertrages eine von den Bestimmungen der Hausordnung abweichende Regelung treffen, so geht die jeweilige Bestimmung des Mietvertrages vor.

§ 1 Die Hausbewohner sind zu einem rücksichtsvollen, wohlwollenden und friedlichen Zusammenleben verpflichtet.

§ 2 Jeder Mieter hat mindestens 1 x pro Woche sein Treppenpodest und den zu seiner Wohnung führenden Teil des Flures, mindestens einmal pro Monat das bei diesem Teil des Flures befindliche Flurfenster zu reinigen.
Der Mieter des Erdgeschosses hat auch den Weg vom Bürgersteig bis zur Haustür bzw. eventuell zur Haustür führende Treppenstufen mitzureinigen. Wohnen auf einer Etage mehrere Mietparteien, so erfolgt die Reinigung im Wechsel.
Nur bei nicht ausgebautem Dachgeschoss bzw. Trockenboden: Die Reinigung des Trockenbodens und des dorthin führenden Teils des Flures einschließlich der Trockenbodenfenster und eines bei diesem Teil des Flures befindlichen Flurfensters findet einmal im Monat im Wechsel sämtlicher Mietparteien des Hauses statt. (…) findet statt nach Maßgabe eines vom Vermieter aufgestellten und im Hausflur aufgehängten Reinigungsplanes.
Die Reinigung des Kellerflures findet einmal im Monat im Wechsel sämtlicher Mietparteien des Hauses statt. (…) findet statt nach Maßgabe eines vom Vermieter aufgestellten und im Hausflur aufgehängten Reinigungsplanes.
Die Reinigung des Hofraumes findet einmal im Monat im Wechsel sämtlicher Mietparteien des Hauses statt. (…) findet statt nach Maßgabe eines vom Vermieter aufgestellten und im Hausflur aufgehängten Reinigungsplanes. (…) findet statt zwischen den Mietern der Wohnungen im Wechsel, da nur diese Mieter den Hofraum (be-)nutzen.
Es sind möglichst umweltschonende Reinigungsmittel zu verwenden, auf jeden Fall Reinigungsmittel, die Böden, Fensterrahmen usw. nicht angreifen.

§ 3 Der Mieter, dem jeweils die Reinigungspflicht obliegt, muss darauf achten, dass die jeweiligen Flur-, Keller oder Dachbodenfenster bei Regen, Sturm oder Frost geschlossen sind.

§ 4 Der Vermieter ist berechtigt, die in § 2 und § 3 genannten Reinigungs- und Überwachungsarbeiten Dritten (z. B. einer Raumpflegerin) zu übertragen und die Kosten entsprechend der in § 2 genannten Reinigungspflicht auf die Mieter umzulegen.
Der Vermieter kann die Übertragung der Arbeiten auf Dritte und die Belastung mit den dadurch entstehenden Kosten auf diejenigen Flur-

teile oder sonstigen zu reinigenden Orte und diejenigen Mieter beschränken, die ihrer Reinigungspflicht nicht nachkommen. Der Vermieter hat dies den jeweiligen Mietern einen Monat vorher schriftlich anzukündigen und ihnen Gelegenheit zu geben, zur Vermeidung dieser Maßnahme die ihnen obliegenden Reinigungsarbeiten wieder aufzunehmen.

§ 4 Im Flur dürfen keine Gegenstände abgestellt werden. / Dies gilt auch für Kinderwagen / und Fahrräder.
Kinderwagen/und Fahrräder dürfen im Flur abgestellt werden/…, jedoch nur vorübergehend für eine Dauer von jeweils nicht mehr als (…) Stunde.

§ 5 Der Mieter darf auf dem Balkon nicht grillen. Er darf vom Balkon oder sonst aus seiner Wohnung heraus keine Vögel oder andere Tiere füttern.

§ 6 Der Mieter hat dem Vermieter für Notfälle (z. B. Wasserrohrbruch während der Abwesenheit des Mieters) einen Wohnungsschlüssel und einen Schlüssel des zur Wohnung gehörenden Kellerraumes zu überlassen.

§ 7 Außentüren des Hauses sind ordnungsgemäß zu verschließen, in der Zeit von 19.00 bis 7.00 Uhr durch Umschließen des Schlosses.

§ 8 Müll darf im Hausflur, im Keller oder auf dem Dachboden nicht gelagert, auch nicht zwischengelagert werden. Er ist auf kürzestem Wege vom Mülleimer der Mietwohnung zur Mülltonne zu bringen.

§ 9 Jeder Mieter wird den Vermieter über Vermutungen oder Beobachtungen, die auf mögliche dem Haus und seinen Bewohnern drohende Gefahren hinweisen, unverzüglich informieren (z. B. Geruch schmorender Kabel, aus einer Wohnung dringender Brandgeruch, Ungezieferbefall, insbesondere Holzwurmlöcher usw.).
Die allgemeinen Hilfspflichten des Mieters im Gefahrenfalle (z. B. Feuerwehr bei Brand rufen usw.) werden durch Satz 1 nicht berührt.

§ 10 Der Mieter hat Scharniere und Schlösser (an Fenstern, Türen usw.) durch gelegentliches Ölen gangbar zu halten. Fällt eine Glühbirne der Flurbeleuchtung aus, hat sie derjenige Mieter auf seine Kosten zu ersetzen, dem die Reinigung des betreffenden Flurteils obliegt.

§ 11 Die Benutzung der Waschküche darf durch alle Mieter erfolgen./(...) erfolgt nach Maßgabe eines vom Vermieter aufgestellten Benutzungsplanes.

Geräte oder Maschinen dürfen in der Waschküche nur aufgestellt werden, wenn der Vermieter dies ausdrücklich genehmigt hat. Der Mieter hat in diesem Fall den durch seine Maschine verursachten Strom- und Wasserverbrauch zu bezahlen.

Der jeweilige Nutzer ist während seiner Benutzungszeit zur Reinigung des Raumes und eventueller Gemeinschaftsgeräte und Gemeinschaftsmaschinen verpflichtet; auf jeden Fall hat er Raum, Geräte und Maschinen dem nächsten Nutzer sauber zu hinterlassen.

§ 12 Bei Frost hat der Mieter Wasserzähler, Wasserleitungen, die frei und ungeschützt sind, in seinem Keller oder sonstigen ihm zugänglichen Räumen und auf dem Dachboden zu isolieren, z. B. durch einwickeln. Gegebenenfalls muss er die Leitungen ordnungsgemäß entleeren und absperren, z. B. bei Wasseranschlüssen im Garten.

§ 13 Störende Geräusche sind zu vermeiden, insbesondere:
- ist beim Fernsehen oder Radiohören sowie beim Musizieren und Singen Zimmerlautstärke einzuhalten;
- ist das Musizieren und Singen von 22.00 bis 7.00 zu unterlassen;
- ist das Duschen oder Baden von 22.00 bis 6.00 zu unterlassen (gilt nicht für Nachtschichtarbeiter/innen; diese haben aber in dieser Zeit Duschen oder Baden so kurz und geräuscharm wie möglich zu halten);
- ist Müll nicht in der Zeit von 22.00 bis 7.00 Uhr in die Mülltonnen zu bringen;
- sind geräuschträchtige Bastel- oder Hobbyarbeiten in der Zeit von 22.00 bis 7.00 Uhr zu unterlassen. Dies gilt auch für im Keller ausgeführte Hobbys;
- sind Kinder im Hausflur zur Ruhe anzuhalten.

§ 14 Tiere – ausgenommen Zierfische – dürfen nur mit schriftlicher Genehmigung des Vermieters gehalten werden.

§ 15 In die Toilette und in Abflüsse dürfen keine Gegenstände geworfen werden, da dies zu Verstopfungen der Rohre führen kann.

§ 16 Im Interesse aller Mieter (Vermeidung von Kosten für Wasser, Abwassergebühren, Müllabfuhrgebühren und Allgemeinstrom) ist mit

Wasser sparsam und verantwortungsbewusst umzugehen. Müll und Verbrauch von Allgemeinstrom sind auf das notwendige Maß zu beschränken.

§ 17 Antennen oder Satellitenschüsseln oder sonstige Empfangseinrichtungen dürfen nur mit ausdrücklicher schriftlicher Genehmigung des Vermieters angebracht werden.

§ 18 Der Vermieter behält sich eine Änderung oder Ergänzung dieser Hausordnung vor, wenn und soweit sachliche Gründe dies erfordern.

Vertragsänderungen/-ergänzungen

Änderungen oder Ergänzungen dieses Vertrages bedürfen zu ihrer Gültigkeit der Schriftform.
Die Unwirksamkeit einer der vorstehenden Klauseln berührt die Wirksamkeit des Vertrages im Übrigen nicht.
Der Mieter erklärt, dass er diesen Vertrag gelesen hat und dass ihm der Vermieter dafür genügend Zeit gegeben hat. Der Mieter erklärt weiter, dass er diesen Vertrag verstanden hat. Von diesem Vertrag hat der Mieter ein eigenes Exemplar erhalten.

_____

Ort, Datum, Unterschrift des Vermieters

_____

Ort, Datum, Unterschrift des Mieters

Ihre Vertragspflichten als Vermieter

Als Vermieter trifft Sie eine **Hauptflicht:** Sie müssen dem Mieter den Gebrauch der Mietwohnung überlassen. Das heißt, der Mieter hat einen Anspruch auf die Schlüssel und darauf in die Wohnung gelassen zu werden. Dabei darf die Mietwohnung nicht mit einem Fehler behaftet sein, „der ihre Tauglichkeit zu dem vertragsgemäßen Gebrauch aufhebt oder mindert" (§ 537 BGB). Wenn ein Mangel während der Mietzeit auftritt, dann kann der Mieter die Wohnungsmiete unter Umständen sogar mindern. Ist der Mangel so erheblich, dass die Wohnung nicht mehr genutzt werden kann, braucht der Mieter keine Miete mehr zu zahlen. Allerdings nur, wenn er die Gründe nicht zu verantworten hat. Und wenn Sie dem Mieter die Wohnung trotz Vertrag gar nicht erst überlassen, dann haben Sie natürlich keinerlei Anspruch auf Zahlung der Miete. (Mehr zum Thema **Mietminderung** ab Seite 165.)

Wenn z. B. nach einem Wasserschaden die Wohnung nicht genutzt werden kann (und den Mieter daran keine Schuld trifft), dann entsteht durch die Mietminderung ein Mietausfall, den Sie vom Schadensverursacher ersetzt verlangen können. Sie sollten sich aber in einem solchen Fall durch den Anwalt Ihres Vertrauens rechtlich beraten lassen. Die entstehenden Anwaltskosten gehören übrigens auch zum ersatzfähigen Schaden.

Schönheitsreparaturen – wann sind Sie dran?

Obwohl Sie das vielleicht überraschen wird, sind Sie als Vermieter nach dem Willen des Gesetzgebers grundsätzlich verpflichtet, auch die **Schönheitsreparaturen** zu tragen.

§ 536 BGB (Pflichten des Vermieters)
Der Vermieter hat die vermietete Sache dem Mieter in einem zu dem vertragsmäßigen Gebrauch geeigneten Zustand zu überlassen und sie während der Mietzeit in diesem Zustand zu erhalten.

Allerdings ist diese vom Gesetzgeber vorgesehene Regel heutzutage zur Ausnahme geworden. Denn in nahezu allen Formularmietverträgen ist inzwischen eine Klausel enthalten, nach der der Mieter die Schönheitsreparaturen während der Mietdauer nach einem bestimmten Fristenplan übernimmt. Meistens kommt dann auch noch eine Klausel hinzu, nach der der Mieter bei Auszug die Schönheitsreparaturen ebenfalls übernehmen bzw. einen Ausgleich zahlen muss, wenn die letzte Renovierung einige Zeit zurücklag. Da dieses Thema häufig zu Streitereien führt, ist dem Thema Schönheitsreparaturen ein eigenes Kapitel gewidmet. (Mehr zum Thema Schönheitsreparaturen ab Seite 245.)

Wer zuständig ist für Instandhaltung und -setzung

Die Pflicht, die Wohnung in einem bewohnbaren und funktionsfähigen Zustand zu halten, bedeutet auch, dass der Vermieter anfallende Reparaturen grundsätzlich selbst bezahlen muss. Das gilt in gleichem Maße z. B. für einen Rolladen, der nach einigen Jahren täglicher Beanspruchung einen Defekt aufweist, wie für eine Reparatur der Heizung. Allerdings dürfen Sie in geringem Umfang Ihren Mieter in einem Formularmietvertrag dazu verpflichten sich an **Kleinreparaturen** zu beteiligen. Voraussetzung ist allerdings die vertragliche Festlegung einer Obergrenze (bis zu einem Betrag von je 150 DM, jedoch innerhalb eines Jahres nicht mehr als insgesamt 400 DM oder – wenn dies der niedrigere Betrag ist – bis zu 8 % der Jahreskaltmiete) und eine Beschränkung der Beteiligungspflicht auf die Teile der Mietsache, die dem Zugriff des Mieters besonders häufig ausgesetzt sind. Lesen Sie dazu Seite 79.

Nach der aktuellen Rechtsprechung des Bundesgerichtshofs ist eine weitere wichtige Einschränkung zu beachten: Die formularmäßige Überbürdung der Bagatellreparaturen auf den Mieter darf nur in Form einer Kostentragungs- bzw. Kostenerstattungspflicht, nicht aber in Form einer Vornahmepflicht erfolgen (BGH, WoM 1992, 355).

Eine Klausel, nach der der Mieter Reparaturen bis 150 DM selbst vorzunehmen bzw. selbst einen Handwerker zu beauftragen hat, ist also unwirksam. Denn die Instandhaltungspflicht selbst darf nicht auf den Mieter abgewälzt werden. Dieses Urteil hat manchmal zu Missverständnissen geführt: Soweit der Mietvertrag eine nach den oben genannten Kriterien zulässige Kosten-erstattungsklausel enthält, hat der Mieter selbstverständlich das Recht, z. B. die Dichtung eines tropfenden Wasserhahns selber auszuwechseln (weil dies in der Regel preiswerter ist als den Vermieter dafür einen Installateur rufen zu lassen und ihm die Kosten zu erstatten; eine dahingehende formularvertrag-liche Verpflichtung ist jedoch unwirksam.

Die Verkehrssicherungspflichten

Als Vermieter sind Sie für die Sicherheit der Mietsache verantwortlich. Sie haben die so genannten **Verkehrssicherungspflichten** zu beachten. Das bedeutet, dass Sie die Mieter vor Gefährdungen schützen müssen. Die Mietwohnung sowie Zugänge, Treppen, Hausflur, Hofraum, aber auch Garten, Lift und Tiefgarage müssen frei von Gefahren sein.

Dieser Grundsatz hat insbesondere im Winter eine große Bedeutung. Denn wenn keine ausdrückliche Regelung im Mietvertrag über den **Winterdienst** getroffen wurde, dann sind Sie als Vermieter für Schnee- und Glatteisräumung zuständig und auch verantwortlich. Diese Pflicht beschränkt sich allerdings auf die Zeiten der öffentlichen Wegereinigungspflichten (LG Köln, WoM 1995, 107).

Falls Sie den Winterdienst im Mietvertrag einem Ihrer Mieter übertragen haben, dann müssen Sie gelegentlich überwachen, ob dieser seine Pflichten auch erfüllt. Sie haben gegebenenfalls den Mieter an seine Pflichten zu erinnern, ihm für den Wiederholungsfall die Kündigung in Aussicht zu stellen und damit eine Abmahnung auszusprechen.

Gefahrenursache: übertriebenes Bohnern

Übertriebenes und deshalb gefährliches **Bohnern** muss vermieden werden. Dabei können Warnschilder die Haftung nicht ausschließen (BGH, NJW 1967, 154). Falls einer der Nachbarn ein besonders reinigungswütiger Mensch ist, der eine Neigung zu gefährlichem Bohnern hat, müssen Sie ihn bremsen, um nicht selbst in die Haftung zu kommen.

Gefahrenursache: rutschige Fußwege bei Glätte

Für Fußwege trifft den Vermieter eine **Streupflicht** bei Glatteis. Die Verkehrssicherungspflichten, insbesondere der Winterdienst, können allerdings auch durch Formularvertrag auf die Mieter übertragen werden (OLG Frankfurt am Main, WoM 1988, 399).

Gefahrenursache: Dachlawinen bei Schneefall

Wenn es im Winter nach ergiebigen Schneefällen wieder wärmer wird, dann kann es zu **Dachlawinen** kommen. Als Vermieter müssen Sie das berücksichtigen. Sie haften für Schäden, die durch Dachlawinen entstehen. Deshalb sind Sie verpflichtet Schutzgitter anzubringen, die Dachlawinen verhindern.

Wenn der Segen von oben von Nachbars Dach kommt, dann stellt sich die Frage, ob Sie eine Pflicht trifft, zum Schutze Ihrer Mieter gegen den Nachbarn auf eine Sicherung des Daches gegen Lawinen zu bestehen. Wie so häufig, findet man auch zum Thema Dachlawinen verschiedene Ansichten in der Rechtsprechung. So entschied das Oberlandesgericht Stuttgart im Jahr 1982, dass einem Nachbarn weder Abwehransprüche noch sonstige Haftungsansprüche gegen die Dachlawinen vom Nachbargrundstück zuständen. Es bestehe weder eine Pflicht Schneefanggitter anzubringen noch mit Schildern auf die Gefahr aufmerksam zu machen (OLG Stuttgart, MDR 83, 316).

Dabei handelt es sich allerdings um eine Einzelfallentscheidung, die nicht ohne weiteres auf andere Fälle übertragen werden kann. So wurden klimatische und örtliche Verhältnisse, die Lage des Hauses, die Lebhaftigkeit des Verkehrs im Haus sowie die Dachneigung und Bauart des Hauses berücksichtigt. Im vorliegenden Fall war nämlich erstmals eine Dachlawine aufgetreten. In einem anderen Fall entschied das Landgericht Schweinfurt zugunsten des „Lawinenopfers" (LG Schweinfurt, NJW-RR 86, 1143). In diesem Fall waren seit Jahren und auch in dem betreffenden Jahr bereits größere Schneemengen vom Dach eines Wohnhauses herabgefallen. Das Gericht konnte keine Duldungspflicht erkennen. Der Nachbar wurde dazu verurteilt, Anstrengungen zu unternehmen, zukünftige Beeinträchtigungen zuverlässig auszuschließen.

Die Heizpflicht

Eine weitere Pflicht des Vermieters ist die **Beheizung** der Wohnung. Bei einer ausgefallenen Heizung während der kalten Jahreszeit kann der Mieter die Miete erheblich mindern. Wann also muss die Heizung angeschaltet werden und welche Temperaturen müssen eingehalten werden?

Wie lange dauert die Heizperiode?

Die **Heizperiode** kann vertraglich vereinbart werden. Als Größenordnung wurde von deutschen Gerichten bis vor einigen Jahren mindestens der Zeitraum vom 1. Oktober bis zum 30. April angenommen. Diese Zeitspanne war allerdings sehr knapp bemessen. Aufgrund veränderter Lebensgewohnheiten wird heutzutage als Heizperiode der Zeitraum vom 15. September bis zum 15. Mai angesehen.

Über die Frage der Heizpflicht bei einem Kälteeinbruch außerhalb der Heizperiode kann es zu Streit kommen, wenn einer der Mieter gerne die Heizung angeschaltet haben und ein anderer lieber die anfallenden Kosten sparen möchte. In vielen Formularmietverträgen ist eine Klausel enthalten, nach der die Heizung vom Vermieter angeschaltet werden muss, wenn die Außentemperatur an drei aufeinander folgenden Tagen mittags um 12.00 Uhr weniger als zwölf Grad Celsius beträgt. Falls eine solche Klausel nicht vorhanden ist, sind vielleicht einige Gerichtsentscheidungen hilfreich. Die Gerichte haben entschieden, dass

- jeder Mieter ein Recht darauf hat, dass seine Gesundheit nicht z. B. durch mangelhafte Beheizung gefährdet wird (LG Kassel, WoM 64, 71);
- der Vermieter auch im Sommer heizen muss, wenn die Mieter das fordern und die Außentemperaturen dies gebieten, (LG Kaiserslautern WoM 81, U 13) und dass der Vermieter dabei die Sommerbeheizung nicht davon abhängig machen darf, ob alle Mieter damit einverstanden sind (AG Köln, WoM 1986, 136).

Welche Temperaturen müssen gewährleistet sein?

Die meisten deutschen Gerichte gehen davon aus, dass die **Temperatur** während der Heizperiode tagsüber von 6.00 Uhr morgens bis 22.00 Uhr in einem Rahmen von 19 bis 22 Grad Celsius vom Vermieter gewährleistet werden muss. Dabei wird für das Wohnzimmer eine Temperatur von 20 Grad vorausgesetzt. Im Schlafzimmer sind auch 18 oder 19 Grad angemessen.

Auch nachts darf die Heizung nicht abgestellt werden, sondern es muss mindestens eine Raumtemperatur von 17 bis 18 Grad Celsius gehalten werden. Unterschreitet die Wohnungstemperatur im Zeitraum von 23.00 bis 7.00 Uhr ständig diese Werte, rechtfertigt dies gegebenenfalls auch eine Mietminderung.

Schutz des Mieters vor Belästigungen aus der Nachbarschaft

Zu den Pflichten des Vermieters gehört es auch, den Mieter zu schützen, wenn er z. B. durch **Lärm** aus der Nachbarschaft belästigt wird. Diese Pflicht kann vom Mieter sogar eingeklagt oder durch Vornahme einer Mietminderung bzw. einer Zurückbehaltung der Miete erzwungen werden. Dies gilt bspw. auch dann, wenn den Vermieter an Belästigungen durch Bauarbeiten auf dem Nachbargrundstück gar keine Schuld trifft.

Muster: Brief an Lärmverursacher in der Nachbarschaft

(Absender: Name des Vermieters)

(Adresse: Name des störenden Nachbarn)

                              (Ort), den (Datum)

Lärmemissionen durch Ihre Gaststätte „Zum Bierbrunnen"

Sehr geehrte Damen und Herren,

leider muss ich Ihnen einen unerfreulichen Brief schreiben. Seit Ihrer
Übernahme der Gaststätte „Zum Bierbrunnen" mehren sich die Beschwerden
der Mieter meines Hauses über unzumutbare Lärmbelästigungen, insbesondere zur Nachtzeit. Bis in die frühen Morgenstunden stört die laute
Musik, wobei ich mich selbst davon überzeugt habe, dass durch Ihre
Bassboxen tatsächlich Schwingungen bis in die Wohnungen meiner Mieter
übertragen werden. Hinzu kommt insbesondere während der warmen Jahreszeit der Lärm, der durch die dann geöffneten Fenster Ihrer Gaststätte
dringt.

Die Mieter meines Hauses sind bereits dazu übergegangen wegen der Ver-
minderung des Wohnwertes mit Mietminderungen zu drohen. Deshalb drohen
mir wirtschaftliche Schäden. Ich möchte Sie daher freundlich bitten bis
zum

                         (Datum)

für Abhilfe zu sorgen. Nur vorsorglich möchte ich schon jetzt darauf
hinweisen, dass ich ansonsten nach Fristablauf Klage gegen Sie erheben
würde. Sie müssen sonst auch damit rechnen, dass ich von Ihnen den mir
durch die Mietminderungen entstehenden Schaden ersetzt verlange.

Mit freundlichen Grüßen

(Unterschrift Vermieter)

Die Pflichten Ihrer Mieter

Nicht nur Sie als Vermieter haben Pflichten, auch Ihre Mieter müssen gewisse Regeln einhalten. So sind sie vor allem angehalten, die Miete pünktlich zu zahlen und das Wohneigentum pfleglich zu behandeln.

Hauptpflicht: Zahlen der Miete

Der Mieter muss die mietvertraglich vereinbarte **Miete** zahlen. Nur dann, wenn die vertragliche Vereinbarung etwa wegen Wuchers unwirksam ist oder wenn der Mieter die Miete mindern darf, gelten Einschränkungen dieses Grundsatzes. Der Mieter darf die Mietzahlung auch nicht deshalb verweigern, weil er die Mietwohnung wegen eines Grundes, der in seiner Person liegt, nicht nutzen kann (§ 552 BGB).

Wegen der Bedeutung der Miete ist diesem Thema ein eigenes Kapitel gewidmet (siehe Seite 129).

Pfleglicher Umgang mit der Mietsache

Es ist eigentlich selbstverständlich: Beim Umgang mit der Mietwohnung hat der Mieter den vertragsgemäßen Gebrauch einzuhalten und auf die Sache Acht zu geben. Ein Paragraph des früheren Zivilgesetzbuches der DDR verlangte, dass der Mieter die Wohnung und die Gemeinschaftseinrichtung „pfleglich zu behandeln" habe. An dieser Selbstverständlichkeit hat sich auch im wieder vereinigten Deutschland nichts geändert.

Zwar steht diese **Obhutspflicht** nicht wortwörtlich im BGB, gilt aber uneingeschränkt weiterhin als vertragliche Pflicht des Mieters, die notfalls sogar eingeklagt werden kann.

Bei Verletzung derartiger Pflichten macht der Mieter sich gegenüber dem Vermieter schadenersatzpflichtig. So entsteht z. B. ein Schadenersatzanspruch, wenn der Mieter die vertraglich vereinbarten Schönheitsreparaturen nicht durchführt. (Zum Thema Schadenersatzansprüche des Vermieters wegen unterlassener Schönheitsreparaturen mehr ab Seite 249.)

Den Mieter trifft eine Obhutspflicht für das Eigentum des Vermieters. Es ist allerdings eine Frage des Einzelfalls und kann nicht verallgemeinert werden, wie weit diese Obhutspflicht geht. So wird der Mieter den Vermieter darauf hinweisen müssen, wenn der Mietsache offensichtlich Gefahren drohen, also z. B. nach einem Wasserrohrbruch. Außerdem muss er die Wohnung regelmäßig lüften, um Schimmelpilzbildung zu vermeiden, und Schutzmaßnahmen gegen andere Schäden treffen.

Seinen Obhutspflichten wird der Mieter meist genügen, wenn er den Vermieter einmal auf die Gefahr hinweist. Problematisch kann dies allerdings werden, wenn bspw. ein jahrelang tropfender Wasserhahn große Kosten verursacht und der Vermieter den Hinweis eines Mieters zwar zur Kenntnis genommen, aber erkennbar wieder vergessen hat. Dann wird sich der Mieter möglicherweise nicht darauf berufen können, dass er den Vermieter ja gewarnt habe. In solchen Fällen kann es notwendig werden, dass der Mieter den Vermieter erneut darauf hinweist. Bei einem Loch im Dach z. B. kann es erforderlich werden, dass der Mieter den Vermieter sogar mit dem Mittel der **Mietminderung** an die Dringlichkeit erinnert.

> **Beispiel:**
> Weiß ein Mieter, dass die Sicherungen herausspringen, wenn er auf seinem Elektroherd alle Kochplatten gleichzeitig benutzt, und er tut dies trotzdem, wodurch im gesamten Haus der Strom ausfällt, so muss er für den Schaden aufkommen – obwohl der Vermieter für das ordnungsgemäße Leitungsnetz im Haus verantwortlich ist. Er hätte nach Ansicht des Amtsgerichts Frankfurt am Main von dem Mieter durch Mietminderung an seine Pflichten erinnert werden müssen (AG Frankfurt a.M., Aktenzeichen 451 (423) C 3269/95).

Die Obhutspflichten des Mieters bedeuten aber nicht, dass sich die Mietwohnung nach Beendigung des Mietverhältnisses in genau demselben Zustand befinden muss wie zu Beginn. Der Vermieter bekommt seine Miete dafür, dass der Mieter die Wohnung benutzt. Dabei dürfen alle Bestandteile der Mietwohnung die zum **vertragsgemäßen Gebrauch** bestimmt sind, auch in verkehrsüblichem Maße abgenutzt werden, ohne dass dies zu Schadenersatzansprüchen führt (§ 548 BGB).

Wann die Grenze zwischen einem vertragsgemäßen Gebrauch und einer Beschädigung der Mietsache überschritten ist, ist immer eine Frage des Einzelfalls. Aus der Rechtsprechung lassen sich jedoch bestimmte Grundsätze herleiten, die recht zuverlässig die Einordnung eines Einzelfalles erlauben.

Beispiele:

■ Parkettboden, der 15 Jahre lang benutzt wurde, sieht auch bei pfleglicher Behandlung nicht mehr wie neu, sondern renovierungsbedürftig aus. Das fällige Abschleifen kann der Vermieter nicht als Schadenersatz geltend machen, sondern muss die dabei anfallenden Kosten selbst übernehmen. Vergleichbares gilt für Türen mit Furnierholzbeschichtung, die bekanntlich relativ empfindlich auf Berührungen reagieren. Auch bei pfleglicher Benutzung wird es sich im Rahmen einer mehrjährigen Benutzung einer Wohnung nicht vermeiden lassen, dass die Türen Gebrauchsspuren aufweisen und zumindest mit Wachs oder Holzpflegemittel aufgearbeitet werden müssen. Die dafür erforderlichen Kosten können nicht vom Mieter verlangt werden, soweit die Schäden sich im Rahmen der üblichen Abnutzung halten. Im Bad dürfen z. B. Dübel auch in gekachelte Wände gesetzt werden. In allen Fällen darf der Vermieter erst dann Schadenersatz verlangen, wenn die Grenze des Verkehrsüblichen überschritten wurde.

■ Falls der Vermieter nach den vertraglichen Vereinbarungen die Schönheitsreparaturen ohnehin selbst zu tragen hat, gilt Folgendes: Mäßige Beschädigungen des Putzes an den Wänden der Wohnung, die nicht auf vertragsgemäßem Gebrauch beruhen, hat der Vermieter im Rahmen der Schadensminderungspflicht kostensparend bei Gelegenheit der ohnehin obliegenden Schönheitsreparaturen nach Vertragsende auszubessern (AG Kassel, WoM 1996, 757). In dem vom Amtsgericht Kassel entschiedenen Fall war der Flur seit fast 30 Jahren nicht renoviert worden. Das Gericht entschied, dass die zwei bis drei Beschädigungen des Putzes des Flures keine so gravierende Einschränkung des optischen Zustandes des Flures bedeuten, dass allein dadurch eine Neurenovierung notwendig werde. Denn die in diesem Fall vom Vermieter geforderte Renovierung hätte eine 100-prozentige Wertverbesserung bedeutet. Der Mieter musste deshalb lediglich die geringen Kosten tragen, die durch die Ausbesserung der von ihm beschädigten Stellen mit Spachtelmasse anfielen. Denn nur insoweit habe er laut Gericht einen erhöhten Reparaturaufwand zu vertreten.

■ Nicht zum vertragsgemäßen Gebrauch gehört allerdings das mehrfache Durchbohren der Badezimmertür zum Anbringen von Kleiderhaken. Folge: Sie als Vermieter können Schadenersatz verlangen (AG Kassel, WoM 1996, 757).

■ Die Mieter sind berechtigt, in die Fliesen im Badezimmer Löcher zu bohren, um Spiegelkonsolen, Handtuchhalter usw. anzubringen, sofern diese Dübellöcher nicht das verkehrsübliche Maß überschreiten (AG Kassel, WoM 1996, 757).

Dem Vermieter Besichtigungsrecht gewähren

In seiner Mietwohnung hat der Mieter das alleinige **Hausrecht.** Das bedeutet zum einen, dass der Vermieter dem Mieter keine Vorschriften machen kann, die das Hausrecht beeinträchtigen, solange der Mieter den Hausfrieden nicht stört. Zum anderen darf der Vermieter die Mietwohnung nicht ohne Genehmigung des Mieters betreten. Als Vermieter machen Sie sich sogar strafbar, wenn Sie die Wohnung Ihres Mieters ohne dessen Wissen bzw. Einverständnis betreten (Hausfriedensbruch, § 123 StGB). Der Mieter muss sich jedoch in bestimmten Fällen mit einer Besichtigung einverstanden erklären. So hat der Vermieter innerhalb bestimmten Grenzen das Recht seine Wohnung nach vorheriger Ankündigung zu besichtigen. (Musterbriefe siehe Seite 98.)

Zutrittsrecht durch Vertragsklauseln

In den meisten Formularmietverträgen ist eine Klausel enthalten, nach der der Vermieter oder eine von ihm beauftragte Person die Wohnung zur Ablesung von Messgeräten, zur Durchführung von Reparaturen, zur Prüfung des Wohnungszustandes, mit Kaufinteressenten oder mit potenziellen Nachmietern – nach vorheriger Absprache und Terminvereinbarung mit dem Mieter – betreten darf. Diese Klauseln sind wirksam.

Zutritt zur Feststellung des Zustands der Räume

Ohne Vertragsklausel wird davon auszugehen sein, dass der Vermieter seine Wohnung etwa alle ein bis zwei Jahre besichtigen darf, um eventuelle Schäden festzustellen.

Zutritt bei Verdacht vertragswidrigen Gebrauchs

Wenn ein konkreter Grund vorliegt, der den Verdacht eines **vertragswidrigen Gebrauchs** der Mietsache rechtfertigt, dann darf der Vermieter die Wohnung besichtigen. Dieses Besichtigungsrecht muss dem Vermieter zugestanden werden, damit er die Abmahnung im Falle eines vertragswidrigen Gebrauchs konkret genug abfassen und auch eine Kündigung darauf stützen kann.

Zutritt bei Verkauf oder bei Neuvermietung

Verkauf oder Neuvermietung machen es erforderlich die Wohnung Interessenten zu zeigen. Auch hiermit muss sich der Mieter einverstanden erklären.

Zutritt durch Sachverständigen

Wenn ein Vermieter beabsichtigt, eine Mieterhöhung aufgrund eines Sachverständigengutachtens gemäß § 2 MHG (Zustimmung des Mieters zur Erhöhung des Mietzinses) durchzuführen, dann muss dem Sachverständigen, der die Begutachtung vornehmen soll, der Zugang erlaubt werden.

Musterbrief: Ankündigung der Besichtigung

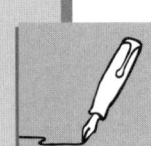

```
(Absender: Name des Vermieters)

(Adresse: Name des Mieters)


                                    (Ort), den (Datum)


Mietverhältnis (Adresse)


Sehr geehrter (Mieter),

Ich möchte die an Sie vermieteten Räumlichkeiten am (Datum) besichti-
gen. Sorgen Sie bitte dafür, dass die Mieträume zum genannten Termin
zugänglich sind. Sollte eine Besichtigung zu diesem Zeitpunkt nicht
möglich sein, kann diese auch am (Datum) oder (Datum) erfolgen. Können
Sie den oben von mir zuerst genannten Termin nicht wahrnehmen, bitte
ich Sie, mir bis zum (Datum) einen der beiden Ersatztermine zu bestäti-
gen. Die Besichtigung der Mieträume soll aus folgenden Gründen vorge-
nommen werden:

(Alternativ:)
Der Zustand der Mieträume soll einer allgemeinen Überprüfung auf
etwaige Mängel unterzogen werden.

(Alternativ:)
Ich werde gemeinsam mit einem von mir beauftragten Sachverständigen
erscheinen, der zur Höhe der ortsüblichen Miete ein Gutachten erstellen
soll. Das Gutachten soll gegebenenfalls Grundlage einer Erhöhung der
Miete für die von Ihnen gemieteten Räume sein.

(Alternativ:)
Das Mietobjekt steht zum Verkauf an. In meiner Begleitung werden sich
höchstens vier Kaufinteressenten befinden, die alle Räumlichkeiten ein-
gehend besichtigen möchten. Ich rechne mit einer Besichtigungsdauer von
etwa ein bis zwei Stunden.

Mit freundlichen Grüßen

(Unterschrift des Vermieters)
```

Rund ums Thema Untervermietung

Eine **Untervermietung** liegt immer dann vor, wenn der Mieter eine dritte Person in die Mietwohnung mitaufnimmt oder dieser sogar die Wohnung ganz überlässt. Dies kann auch unentgeltlich geschehen. Entscheidend ist, dass der Dritte die Wohnung rechtlich gesehen selbstständig benutzt.

Bei einem „zulässigen, unselbstständigen Mitgebrauch" (so die Rechtsprechung) liegt keine Untermiete vor. Dabei kann es sich um Personen handeln, die nur vorübergehend in der Wohnung und nicht vollständig in den Haushalt eingegliedert sind.

Bei einem Verwandtenbesuch wird man bei Einhaltung des üblichen zeitlichen Rahmens immer von einem unselbstständigen Mitgebrauch ausgehen müssen. Folge: Es ist keine Genehmigung des Vermieters erforderlich. Erst bei einem auf Dauer angelegten Aufenthalt besteht eine Anzeigepflicht gegenüber dem Vermieter.

Ein solcher zulässiger unselbstständiger Mitgebrauch gilt auch bei Ehepartnern oder bei nicht ehelichen Lebensgemeinschaften. Folge: Es liegt keine Untermiete vor und somit besteht auch keine Anzeigepflicht.

Bei vielen Vermietern bestehen beim Thema Untervermietung falsche Vorstellungen. Der Mieter hat unter bestimmten Voraussetzungen das Recht vom Vermieter die Genehmigung zur Untervermietung zu fordern. Die Regelung der Untervermietung im Gesetz ist etwas unübersichtlich und wirkt nicht nur auf den ersten Blick widersprüchlich.

§ 549 (Gebrauchsüberlassung an Dritte; Untermiete)
(1) Der Mieter ist ohne die Erlaubnis des Vermieters nicht berechtigt, den Gebrauch der gemieteten Sache einem Dritten zu überlassen, insbesondere die Sache weiter zu vermieten. (...)
(2) Entsteht für den Mieter von Wohnraum nach dem Abschluss des Mietvertrags ein berechtigtes Interesse, einen Teil des Wohnraums einem Dritten zum Gebrauch zu überlassen, so kann er von dem Vermieter die Erlaubnis hierzu verlangen; dies gilt nicht, wenn in der Person des Dritten ein wichtiger Grund vorliegt, der Wohnraum übermäßig belegt würde oder sonst dem Vermieter die Überlassung nicht zugemutet werden kann.
Ist dem Vermieter die Überlassung nur bei einer angemessenen Erhöhung des Mietzinses zuzumuten, so kann er die Erlaubnis davon

abhängig machen, dass der Mieter sich mit einer solchen Erhöhung einverstanden erklärt. Eine zum Nachteil des Mieters abweichende Vereinbarung ist unwirksam.

Diese Regelung bedeutet, dass der Mieter nicht untervermieten darf, wenn der
Vermieter das nicht erlaubt. Gleichzeitig ist der Vermieter unter bestimmten
Voraussetzungen gezwungen die Erlaubnis zur Untervermietung zu erteilen.
Diese Voraussetzungen bestehen, wenn

- beim Mieter nach Abschluss des Mietvertrages ein berechtigtes (wirtschaftliches) Interesse entsteht,
- der Untermieter für den Vermieter akzeptabel ist,
- keine übermäßige Belegung der Wohnung entsteht.

Wann ist Mieterhöhung erlaubt?

Der Vermieter wird eine **Mietzinserhöhung** verlangen dürfen, wenn die Miete
sich im Vergleich zum Mietspiegel und zu vergleichbaren Wohnungen eher am
unteren Rande bewegt.
Falls sich die Miete im Vergleich zu anderen Mietwohnungen bereits am
oberen Rand bewegt, wird eine Mieterhöhung möglicherweise nicht zu rechtfertigen sein, wenn lediglich eine Person einzieht.

Das berechtigte Interesse

Um die Erlaubnis zur Untervermietung verlangen zu können, muss der Mieter
gemäß § 549 Abs. 2 BGB ein **berechtigtes Interesse** geltend machen können.
Dieses Interesse muss *nach Abschluss des Vertrages* entstanden sein. Häufigster
Fall ist die Verschlechterung der wirtschaftlichen Verhältnisse des Mieters.
Aber auch familiäre Gründe werden gelegentlich von Gerichten anerkannt. So
kann die Verringerung der Familie durch Auszug, Heirat oder Tod als Ursache
ausreichen.
Falls die Gründe für die Untervermietung nicht nachträglich entstanden sind,
sondern z. B. die finanziellen Probleme bereits beim Vertragsabschluss vorgelegen haben, besteht kein Anspruch auf Genehmigung der Untervermietung.

Per Brief: Genehmigung der Untervermietung

Wenn sich der Mieter mit einem Brief an Sie wendet und die Erlaubnis zur Untervermietung begehrt, dann gibt es für Sie als Vermieter zwei Möglichkeiten zu reagieren: Sie können genehmigen oder ablehnen.
Hier ein Musterbrief als Beispiel für eine Genehmigung der Untervermietung:

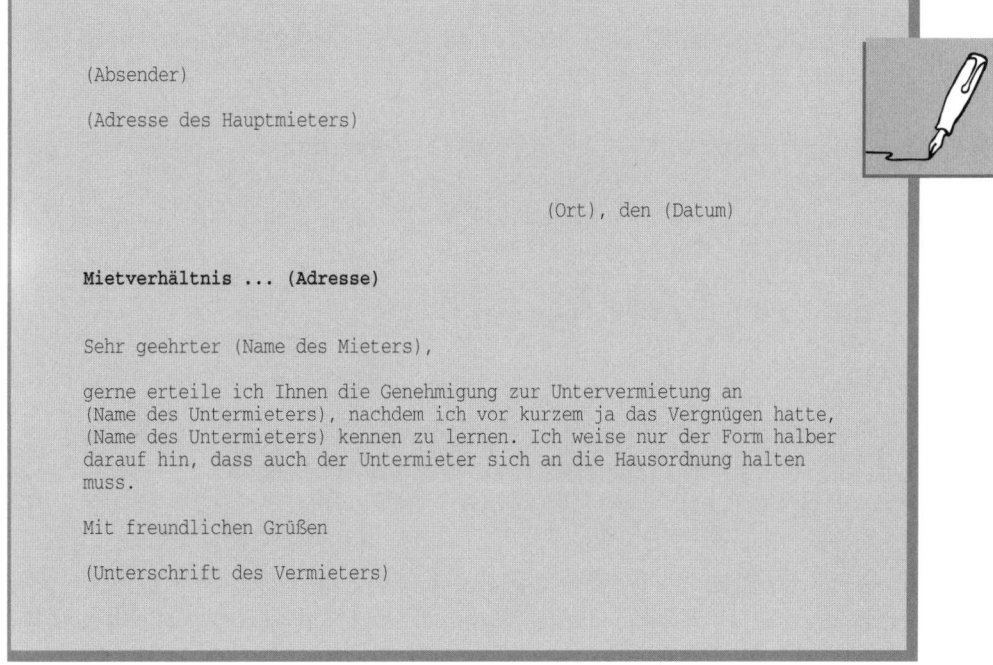

```
(Absender)

(Adresse des Hauptmieters)


                                        (Ort), den (Datum)


Mietverhältnis ... (Adresse)


Sehr geehrter (Name des Mieters),

gerne erteile ich Ihnen die Genehmigung zur Untervermietung an
(Name des Untermieters), nachdem ich vor kurzem ja das Vergnügen hatte,
(Name des Untermieters) kennen zu lernen. Ich weise nur der Form halber
darauf hin, dass auch der Untermieter sich an die Hausordnung halten
muss.

Mit freundlichen Grüßen

(Unterschrift des Vermieters)
```

Per Vertrag: Genehmigung der Untervermietung und Erhöhung der Miete

Es bietet sich an, es nicht bei einer mündlich oder schriftlich erklärten Genehmigung zu belassen, sondern mit dem Mieter einen Vertrag über die Untervermietung abzuschließen, damit insbesondere die Haftungsfrage für Schäden an der Mietsache und die Erhöhung der Miete geklärt sind. Verträge sind entbehrlich, wenn es keine Probleme gibt. Falls sich der Untermieter jedoch bspw. nicht an die Hausordnung halten sollte, kann der Mieter mit einer schriftlichen Vereinbarung besser in die Pflicht genommen werden.
Auf Seite 102 finden Sie den Entwurf eines Mustervertrags für eine schriftliche Vereinbarung zwischen Hauptmieter und Vermieter.

Vertrag über Genehmigung der Untervermietung zwischen (Vermieter) und (Hauptmieter)

1. (Name des Hauptmieters) darf (z. B. ein Zimmer/die Garage ...) der von ihm gemieteten Wohnung an (Name des Untermieters) untervermieten.
2. Der Mieter zahlt für die Dauer der Untervermietung zusätzlich zur vereinbarten Miete einen Untermietzuschlag in Höhe von (Betrag), zahlbar bis zum dritten Werktag eines jeden Monats.
3. Der Mieter verpflichtet sich, für die Schäden, die der Untermieter oder eine diesen besuchende Person am Eigentum des Vermieters verursachen, einzustehen.

_____
(Datum), (Unterschrift Vermieter)

_____
(Datum), (Unterschrift Untermieter)

Der Vertrag zwischen Mieter und Untermieter

Eigentlich braucht Sie als Vermieter das Rechtsverhältnis zwischen Ihrem Mieter und dessen Untermieter nicht zu interessieren. Denn Ihr Vertragspartner ist der Hauptmieter. Er haftet Ihnen für die Miete und muss bei Beschädigungen der Mietsache für Schadenersatz aufkommen. Es ist allerdings in Ihrem Interesse, dass das Verhältnis zwischen Mieter und Untermieter rechtlich geklärt ist. Denn es kann vorkommen, dass ein Mieter, der selbst nicht mehr in der Wohnung wohnt, sich nicht für Schäden verantwortlich fühlt, die sein Untermieter angerichtet hat. Deshalb sollten Sie Ihrem Mieter empfehlen mit seinem Untermieter einen extra Vertrag zu schließen. Genau wie der Hauptmietvertrag braucht der **Untermietvertrag** nicht schriftlich abgeschlossen zu werden. Aus denselben Gründen wie beim Hauptmietvertrag empfiehlt sich jedoch die Schriftform. Ein solcher Untermietvertrag könnte aussehen wie das Muster auf Seite 103.

Von diesem Vertrag erhalten der Mieter und der Untermieter jeweils ein Exemplar, das von der anderen Partei unterschrieben worden ist. Es ist empfehlenswert, sich als Vermieter ebenfalls mindestens eine Kopie des Vertrages zu erbitten, damit Sie genau wissen, mit wem Sie es zu tun haben. Allerdings haben Sie auf eine eigene Vertragsausfertigung keinen Anspruch.

Untermietvertrag

zwischen (Name des Hauptmieters) und (Name des Untermieters)

1. Der Hauptmieter vermietet dem Untermieter ein möbliertes Zimmer in seiner Wohnung (Adresse). Dieses Zimmer ist mit folgenden Einrichtungsgegenständen möbliert: (detailgetreue Aufzählung). Das Untermietverhältnis beginnt am (Datum).
2. Der Untermietzins beträgt (…) DM, in Worten (Wiederholung des Betrages in Worten) im Monat und ist jeden Monat im Voraus zu bezahlen. Zusätzlich zum Untermietzins beteiligt sich der Untermieter mit einem pauschalen Betrag von (…) DM an den Betriebskosten für Strom, Wasser, Heizung, Müllabfuhr usw.
3. Der Untermieter ist zur Mitbenutzung von (je nach Vereinbarung: Küche, Bad, Toilette, Dusche usw.) berechtigt. Dabei hat er sich an folgende Benutzungsregeln zu halten: (…).
4. Der Untermieter ist für die Reinigung seines Zimmers selbst verantwortlich. Der Untermieter hat sich wie folgt an der Reinigung der gemeinsamen Wohnungsteile zu beteiligen: (z.B. in jeder geraden Woche des Jahres hat er Putzdienst). Akute Verschmutzungen (z.B. in Küche, Toilette, Bad …) hat er sofort zu beseitigen.
5. Der Hauptmieter erklärt, dass er die Zustimmung des Vermieters zur Untervermietung an den Untermieter eingeholt hat.
6. Der Untermieter verpflichtet sich zur Einhaltung der Hausordnung.
7. Das Untermietverhältnis kann bis zum 15. eines jeden Monats zum Ablauf des Monats gekündigt werden.
8. Der Untermieter haftet dem Hauptmieter gegenüber für Schäden am Eigentum des Hauptmieters, die der Untermieter oder eine diesen besuchende Person verursacht. Der Untermieter haftet dem Hauptmieter gegenüber für Schäden am Eigentum des Vermieters insoweit, als der Vermieter den Hauptmieter in Anspruch nimmt.
9. Der Untermieter zahlt dem Hauptmieter eine Kaution in Höhe von (Betrag; maximal drei Monatskaltmieten), die er bei ordnungsgemäßem Auszug zurückerhält. Diese Kaution legt der Hauptmieter auf einem Sparbuch mit gesetzlicher Kündigungsfrist an. Die Zinsen werden der Kaution zugeschlagen.

(Ort), (Datum)

_____   _____

(Unterschrift Hauptmieter)   (Unterschrift Untermieter)

Untermiete verweigert: Kündigungsrecht des Mieters

Oft stiftet der Streit um die Genehmigung der Untervermietung böses Blut. Das Gesetz sieht deshalb in § 549 BGB ein **Sonderkündigungsrecht** des Mieters vor: Das Recht zur vorzeitigen Kündigung besteht immer dann, wenn Sie als Vermieter die Untervermietung unberechtigt verweigern (OLG Düsseldorf, Aktenzeichen 24 U 160/93). Die Kündigung wäre möglich unter Einhaltung der gesetzlichen Fristen, das heißt meistens drei Monate zum Ende eines Kalendermonats. Diese Kündigungsmöglichkeit ist für Sie als Vermieter besonders dann ärgerlich, wenn ein langjähriger Zeitmietvertrag besteht und Sie mit Ihrem Mieter sehr zufrieden sind.

> **Tipp:**
>
> Haben Sie mit Ihrem Mieter einen Zeitmietvertrag abgeschlossen, sollten Sie sich, bevor Sie die Untervermietung verweigern, zur Vermeidung einer Kündigung durch den Mieter unbedingt anwaltlich beraten lassen. Denn Sie können dem Mieter die Untervermietung nur dann versagen, ohne dass diesem ein Kündigungsrecht zusteht, wenn in der Person des Untermieters ein wichtiger Grund besteht.

Als Vermieter sind Sie nicht verpflichtet jedem Untervermietungsbegehren unbesehen zuzustimmen. Falls Ihr Mieter von Ihnen eine generelle Erlaubnis verlangt, jeden x-beliebigen Untermieter zu akzeptieren, dann können Sie das ruhigen Gewissens verweigern. Eine derartige Ablehnung löst das Sonderkündigungsrecht nicht aus (LG Gießen, ZMR 1997, 421).

Wenn der Mieter ein konkretes Interesse benennen kann, dann ist er außerdem verpflichtet, Ihnen gegenüber den Untermieter genau zu identifizieren, damit Sie prüfen können, ob in der Person des potenziellen Untermieters ein **wichtiger Ablehnungsgrund** liegt. Der Mieter muss Ihnen den Kandidaten allerdings nicht persönlich vorstellen. Es reicht vielmehr nach Ansicht der Rechtsprechung, wenn er Ihnen in einem Schreiben den Nachnamen und die Adresse des potenziellen Untermieters bekannt gibt; der Vorname ist lediglich dann nötig, wenn nur so eine eindeutige Individualisierung des Interessenten möglich ist (LG Berlin, WoM 1996, 763). Wenn in einem solchen Fall der Vermieter die Untervermietung versagt, dann löst dies nach Ansicht der Gerichte das Sonderkündigungsrecht aus.

Haftung des Mieters für den Untermieter

Als Haus- oder Wohnungseigentümer werden Sie sich sicherlich fragen: Was geschieht eigentlich, wenn mir der Untermieter etwas kaputtmacht? Die Antwort liefert das Gesetz:

§ 549 BGB (Gebrauchsüberlassung an Dritte; Untermiete)
(...)
(3) Überlässt der Mieter den Gebrauch einem Dritten, so hat er ein dem Dritten bei dem Gebrauch zur Last fallendes Verschulden zu vertreten, auch wenn der Vermieter die Erlaubnis zur Überlassung erteilt hat.

Diese Vorschrift bedeutet, dass Sie *zwei* Schuldner haben, wenn ein Untermieter etwas beschädigt. Denn der Mieter haftet für das Verschulden des Untermieters unabhängig von der Frage, ob ihn selbst ebenfalls ein Verschulden an dem Schaden trifft.
Übrigens: Wenn der Vermieter die Erlaubnis zur Untervermietung berechtigterweise *nicht* erteilt hat, dann haftet der Mieter selbst dann, wenn der Untermieter den Schaden unverschuldet verursacht hat.

Wann Sie das Untervermieten verbieten können

Als Vermieter haben Sie auch die Möglichkeit, Ihre Genehmigung zur Untervermietung zu versagen, wenn ein wichtiger Grund gegeben ist. Es ist jedoch gar nicht so einfach, allgemeingültig zu sagen, wann ein wichtiger Grund vorliegt, der es Ihnen gestattet, die Erlaubnis einer Untervermietung zu verwehren.
Bitte achten Sie sorgfältig darauf, dass die von Ihnen gegebene Begründung für die Verweigerung der Zustimmung zur Untervermietung auch rechtlich ausreichend ist. Wie weiter oben erläutert wurde, müssen Sie immer berücksichtigen, dass der Mieter das Recht zur fristlosen Kündigung hat, falls Sie als Vermieter die Untervermietung unberechtigt verweigern (OLG Düsseldorf, Aktenzeichen 24 U 160/93).

Musterbrief: Versagung der Untervermietung

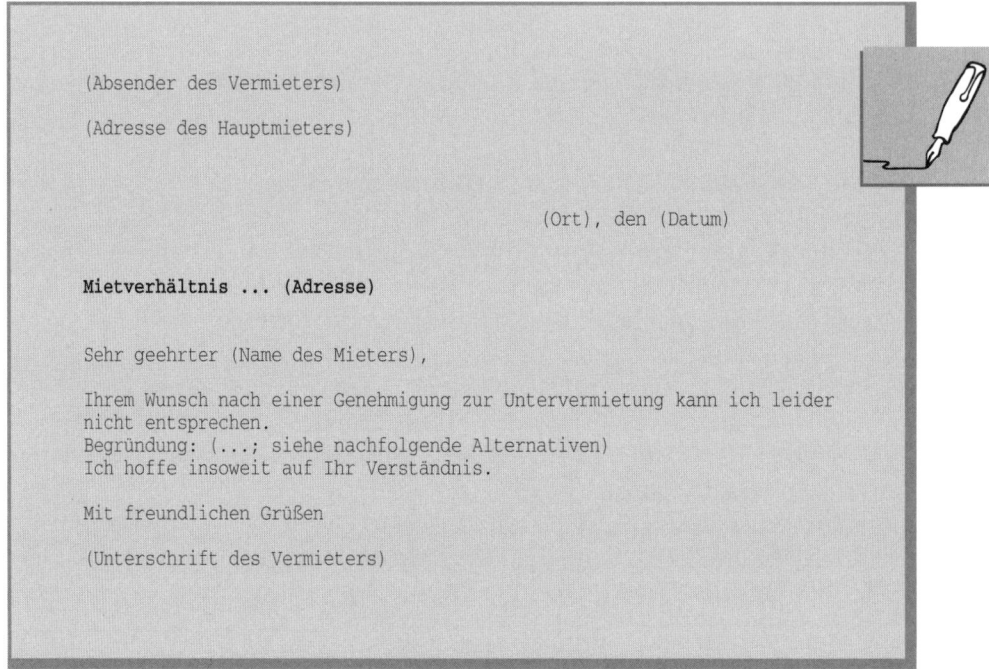

```
(Absender des Vermieters)

(Adresse des Hauptmieters)


                                       (Ort), den (Datum)


Mietverhältnis ... (Adresse)


Sehr geehrter (Name des Mieters),

Ihrem Wunsch nach einer Genehmigung zur Untervermietung kann ich leider
nicht entsprechen.
Begründung: (...; siehe nachfolgende Alternativen)
Ich hoffe insoweit auf Ihr Verständnis.

Mit freundlichen Grüßen

(Unterschrift des Vermieters)
```

Alternative 1: wegen Überbelegung

```
Die von Ihnen bewohnte 1-Zimmer-Wohnung ist für eine weitere Person zu
klein. Es ist zu befürchten, dass die Wohnung übermäßig abgewohnt
werden würde.
```

Alternative 2: wegen Überbelegung

```
Es liegt auf der Hand, dass die Untervermietung eines Zimmers der
lediglich zwei Zimmer umfassenden, 35 qm großen Wohnung an ein Ehepaar
mit Kind zu einer Überbelegung führen würde.
```

Alternative 3: Grund liegt in der Person des Untermieters

Frau Maier, an die Sie ein Zimmer untervermieten wollen, ist in der ganzen Stadt als ausgesprochen streitsüchtig bekannt. Vom Vermieter des Hauses Bergstraße 12 habe ich erfahren, dass Frau Maier dort gerade erst herausgeworfen wurde, weil sie durch ihre Intrigen den Frieden der Hausgemeinschaft ernsthaft gefährdet hat. Unter diesen Umständen ist Frau Maier in meinem Haus - auch im Interesse der anderen Mieter - unzumutbar.

Alternative 4: Grund liegt in der Person des Untermieters

Entgegen Ihren Angaben kann der vorgesehene Untermieter nicht als zuverlässig angesehen werden. Dieser musste, wie ich in Erfahrung bringen konnte, seine bisherige Wohnung aufgrund einer fristlosen Kündigung des Vermieters wegen fortgesetzter erheblicher Störungen des Hausfriedens aufgeben. Es ist zu befürchten, dass der vorgesehene Untermieter diese Störungen fortsetzt.

Alternative 5: weil der Untermieter nicht vorgestellt wurde

Sie haben mir bisher nicht mitgeteilt, welche Person konkret als Untermieter vorgesehen ist. Sie werden Verständnis dafür haben, dass ich eine allgemeine Zustimmung zu einer Untervermietung nicht erteilen möchte, wobei ich hinzufüge, dass ich nicht von vornherein und generell eine Untervermietung ablehne. Ich habe jedoch ein Prüfungsrecht, auf das ich keinesfalls verzichten werde.

Alternative 6: wegen anfänglichen Interesses

Die von Ihnen für die Notwendigkeit einer Untervermietung vorgebrachten Gründe bestanden schon bei Abschluss des Mietvertrages. Unter dieser Voraussetzung bin ich nach dem Gesetz nicht verpflichtet der von Ihnen gewünschten Untervermietung zuzustimmen.

Konflikte aus Anlass der Untervermietung

Meist sind es stets die gleichen Punkte, über die aus Anlass einer Untervermietung gestritten wird. Die weiter vorn abgedruckten Musterverträge zwischen Mieter und Untermieter sowie zwischen Mieter und Vermieter können bereits eine Reihe wichtiger Streitpunkte zwischen Mieter und Untermieter bzw. Vermieter klären und somit aus der Welt schaffen.

Falls es dennoch zu Unstimmigkeiten kommt, dann gilt vor allem ein Grundsatz: Zwischen dem Vermieter und dem Untermieter besteht kein vertragliches Verhältnis. Das bedeutet, dass der Vermieter zu dem Streit höchstens als Schiedsrichter herangezogen werden kann – das Vertragsverhältnis mit dem Untermieter ist zumindest rechtlich gesehen ausschließlich eine Angelegenheit des Mieters.

Streit zwischen Mieter und Untermieter

Der Untermieter ist kein Mieter zweiter Klasse. Denn das Gesetz macht für ihn keine Ausnahmen – der Hauptmieter muss sich gegenüber seinem Untermieter grundsätzlich an dieselben gesetzlichen Kündigungsschutzregeln halten wie jeder andere Vermieter auch.

Das bedeutet, dass der Mieter seinem Untermieter beim Vorliegen der Kündigungsschutzvoraussetzungen nicht willkürlich, sondern nur bei Vorliegen eines berechtigten Interesses kündigen kann und dass der Untermieter auch bei einem berechtigten Interesse des Mieters einwenden kann, dass die Kündigung für ihn oder seine Familie eine Härte darstellen würde.

Nicht ganz so einfach wird die Sache allerdings, wenn man sich vergegenwärtigt, dass das Untermietverhältnis vom Bestand des Mietvertrages zwischen Hauptmieter und Vermieter abhängig ist. In diesem Falle führt die Frage, ob die Kündigung des Hauptmietvertrages ein „berechtigtes" Interesse" für die Kündigung des Untermietvertrages darstellt, nicht weiter. Denn ist einmal das Hauptmietverhältnis aufgelöst, dann verliert der Untermieter sein Wohnrecht, da er dieses ja vom Hauptmieter herleitet. Er muss seine Wohnung räumen.

Interessant ist allerdings die Frage, ob der Untermieter einen Schadenersatzanspruch gegen den Mieter geltend machen kann. Die Antwort ist davon abhängig, mit welcher Begründung der Vermieter dem Mieter gekündigt hat. Es ist einleuchtend, dass dem Untermieter keine Ansprüche zustehen, wenn dem Mieter wegen Eigenbedarfs des Vermieters wirksam gekündigt wurde. Anders sieht die rechtliche Lage dann aus, wenn der Mieter seine Miete unregelmäßig gezahlt hatte und der Vermieter deshalb eine ordentliche oder sogar eine außerordentliche (fristlose) Kündigung ausgesprochen hat. In einem solchen Fall kann dem Untermieter gegenüber dem Mieter ein Schadenersatzanspruch zustehen.

Wichtig:

In manchen Fällen genießt der Untermieter keinerlei Kündigungsschutz. So besteht kein Kündigungsschutz, wenn Untermieter und Mieter in einer Wohnung wohnen und nur ein Teil der Wohnung an den Untermieter vermietet wurde. Ebenfalls keinerlei Kündigungsschutz hat der Untermieter dann, wenn die von ihm gemietete Wohnung mit Mobiliar des Mieters ausgestattet ist und der Untermieter diesen Teil der Wohnung alleine, das heißt ohne Familienanhang, bewohnt. Dann kann der Mieter dem Untermieter mit einer Frist von zwei Wochen, genauer: bis zum 15. eines jeden Monats zum Monatsende, kündigen.
Wiederum anders ist die rechtliche Lage, wenn eine Familie zum Untermieter wird. Dabei spielt es auch keine Rolle, ob die Wohnung möbliert ist oder nicht. Sobald Eheleute mit oder ohne Kinder, allein erziehende Mütter oder Väter usw. eingezogen sind, besteht ein Kündigungsschutz. Dieser bedeutet entweder, dass der Mieter, wenn er ein rechtliches Interesse vorweisen kann, dem Untermieter mit der gesetzlichen Kündigungsfrist kündigen kann.

Kann der Mieter sich nicht auf einen Kündigungsgrund berufen, dann hat er allerdings noch eine weitere Kündigungsmöglichkeit, die den Kündigungsschutz des Untermieters einschränkt. So kann der Mieter ohne Angabe eines Grundes kündigen. Dabei muss er allerdings eine deutlich verlängerte Kündigungsfrist beachten. Betragen die Kündigungsfristen je nach Dauer des Untermietverhältnisses zwischen drei und zwölf Monaten, so verlängert sich diese Frist jeweils noch einmal um weitere drei Monate.

Streit zwischen Untermieter und Vermieter

Nicht selten gibt es Streit zwischen Untermieter und Vermieter. Dabei spielt es eine entscheidende Rolle, dass zwischen diesen beiden Parteien keinerlei Vertragsverhältnis besteht. Das bedeutet, dass zwischen Ihnen als Eigentümer und Vermieter der Wohnung und dem Untervermieter keinerlei vertragliche Ansprüche bestehen. So können Sie vom Untermieter keinen Mietzins verlangen, wenn der Hauptmieter damit in Rückstand geraten sein sollte. Da der

Mieter einen eigenen Anspruch gegen den Untermieter hat, wäre es sonst möglich, dass der Untermieter doppelt zur Kasse gebeten wird. Auch können Sie als Vermieter dem Untermieter nicht mit einer fristlosen Kündigung drohen. Wo kein Vertragsverhältnis besteht, da kann keine Kündigung stattfinden.

Schwieriger wird die Angelegenheit, wenn der Untermieter gegenüber dem Hauptmieter gegen vertragliche Pflichten verstoßen hat. Dann kann der Vermieter unter Umständen mit der Begründung kündigen, dass der Mieter gegen seine Pflichten verstoßen habe, indem er nicht genug auf den Untermieter „aufgepasst" habe. Man wird dann allerdings massive Vertragsverstöße und erfolglose Abmahnungen voraussetzen müssen. In einem solchen Fall wird es für die Wirksamkeit der Kündigung darauf ankommen, ob das Verhalten des Untermieters tatsächlich dem Mieter zugerechnet werden kann. Eine solche Zurechnung wird zumindest dann möglich sein, wenn der Mieter den Untermieter zu bestimmten Verhaltensweisen angestiftet hat, ihn etwa dazu ermutigt hat, Eigentum des Vermieters zu beschädigen.

Was tun bei „schlechtem Benehmen" des Mieters?

Weil es leider nicht selbstverständlich ist, dass alle Mieter im Umgang mit Nachbarn oder dem Vermieter die Grundsätze der gegenseitigen Rücksichtnahme beherzigen oder mit der Mietsache sorgsam umgehen, ist es manchmal erforderlich, den Mieter zu „disziplinieren". Der entscheidende rechtliche Ansatz: Es stellt eine vertragliche **Nebenpflicht** des Mieters dar, sich anständig zu benehmen. Während die Verletzung von Hauptpflichten wie der Mietzahlung sehr schnell zur Kündigung berechtigt, ist das bei der Verletzung von Nebenpflichten anders. So wird eine ordentliche Kündigung erst dann berechtigt sein, wenn die Pflichtverletzungen ein größeres Ausmaß annehmen und erfolglos abgemahnt wurden. Nur in außerordentlich krassen Fällen werden Sie bei der Verletzung von Nebenpflichten auf Abmahnungen verzichten oder sogar eine fristlose Kündigung aussprechen können.

Vertragswidrige Nutzung der Mietsache

Wenn der Mieter die Mietsache vertragswidrig gebraucht, dann brauchen Sie sich das als Vermieter nicht gefallen zu lassen. Unter bestimmten Umständen haben Sie die Möglichkeit das Mietverhältnis unter Berufung auf die **Vertragsverstöße** durch eine **Kündigung** zu beenden. Leider setzen der Gesetzgeber und die deutschen Gerichte die Voraussetzungen für die Wirksamkeit einer Kündigung wegen vertragswidrigen Gebrauches recht hoch an. So reicht ein einmaliges oder eher geringfügig zu bewertendes Fehlverhalten noch nicht als Kündigungsgrund aus.

Wichtig:

In den allermeisten Fällen können Sie das Mietverhältnis nicht fristlos kündigen, wenn sich der Mieter nur ein einziges (oder erstes) Mal daneben benommen hat. Denn eine fristlose Kündigung wird schließlich ohne Kündigungsfrist sofort wirksam, wenn die erforderlichen Voraussetzungen vorliegen. Das bedeutet, dass der Mieter so schnell wie

> möglich ausziehen muss, weil er sich in der Wohnung nicht mehr aufhalten darf. Es ist klar, dass der Gesetzgeber eine solche Kompromisslosigkeit nur dann zulässt, wenn der Mieter erheblich gegen seine Vertragspflichten verstoßen hat. Die Gerichte sprechen daher auch oft von „schwersten Vertragsverletzungen", die für eine fristlose Kündigung gegeben sein müssen. Oft wird selbst bei drastischen Vertragsverstößen nur eine ordentliche Kündigung, das heißt eine Kündigung mit einer Kündigungsfrist, wirksam sein.

Sie müssen immer daran denken, dass eine unwirksame Kündigung das Mietverhältnis nicht beendet. Wenn Sie eine Kündigung aussprechen und der Mieter nicht auszieht, dann sind Sie gezwungen, vor dem Amtsgericht eine **Räumungsklage** zu erheben, um den unliebsamen Mieter aus der Wohnung zu bekommen.

Die Kosten der Räumungsklage werden von der unterlegenen Prozesspartei getragen. Das heißt vom Mieter, wenn die Kündigung wirksam war und deshalb ein Räumungsanspruch besteht – oder vom Vermieter, wenn wegen einer unwirksamen Kündigung kein Räumungsanspruch besteht.

Damit Sie als Vermieter nicht riskieren, eine unwirksame Kündigung auszusprechen und vielleicht die Kosten eines verlorenen Räumungsprozesses tragen zu müssen, ist im Folgenden dargestellt, wann Sie als Vermieter mit einer Kündigung auf das Fehlverhalten des Mieters reagieren können.

Gesetzliche Regelung

Das Gesetz regelt zunächst die Voraussetzungen für eine **fristlose Kündigung** in zwei verschiedenen Paragraphen.

> ### § 553 BGB (Fristlose Kündigung bei vertragswidrigem Gebrauch)
> Der Vermieter kann ohne Einhaltung einer Kündigungsfrist das Mietverhältnis kündigen, wenn der Mieter (…) ungeachtet einer Abmahnung des Vermieters einen vertragswidrigen Gebrauch der Sache fortsetzt, der die Rechte des Vermieters in erheblichem Maße verletzt, insbesondere einem Dritten den ihm unbefugt überlassenen Gebrauch belässt, oder die Sache durch Vernachlässigung der dem Mieter obliegenden Sorgfalt erheblich gefährdet.

Diese Regelung gilt allgemein für alle Mietverhältnisse und wird durch § 554 a BGB für Wohnraummietverhältnisse eingeschränkt:

§ 554a BGB (Fristlose Kündigung aus wichtigem Grund)
Ein Mietverhältnis über Räume kann ohne Einhaltung einer Kündigungsfrist gekündigt werden, wenn ein Vertragsteil schuldhaft in solchem Maße seine Verpflichtungen verletzt, insbesondere den Hausfrieden so nachhaltig stört, dass dem anderen Teil die Fortsetzung des Mietverhältnisses nicht zugemutet werden kann (…).

Da in dieser Vorschrift eine Abmahnung nicht als Voraussetzung für die Kündigung genannt ist, kann ein Mietvertrag über eine Mietwohnung immer dann gekündigt werden, wenn dem Mieter ein besonders krasser Verstoß gegen den Hausfrieden oder sonstige vertragliche Pflichten zum Vorwurf gemacht werden kann. Die Rechtsprechung setzt allerdings bei Vertragsverstößen, die nicht als schwerste Vertragsverletzungen zu werten sind, voraus, dass im Sinne von § 553 BGB vor der Kündigung eine **Abmahnung** ausgesprochen wurde. Ohne vorherige Abmahnung wäre die Kündigung unwirksam. Aus diesem Grunde bietet es sich an, sicherheitshalber immer mit einer Abmahnung auf einen Vertragsverstoß zu reagieren und vor der Kündigung den Wiederholungsfall abzuwarten.

Bedeutung der Abmahnung

Das Wort „Abmahnung" erinnert an „Ermahnung". In beiden Fällen erfährt der Empfänger der Mahnung, dass die Fortsetzung eines bestimmten Verhaltens zu Sanktionen führen wird. Eine Kündigung wird häufig nur dann wirksam sein, wenn der Mieter wiederholt gegen seine Vertragspflichten verstößt.

Beispiele:
- Wenn der Mieter in der Mietwohnung ein Büro oder – auch das kommt schon mal vor – ein Bordell eröffnet.
- Oder wenn der Mieter einer Wohnung ohne Zustimmung des Vermieters einzelne Zimmer an Dritte vermietet, um so einen kräftigen „Schnitt" zu machen.

Nicht ausreichend sind allerdings einzelne kleinere Verstöße gegen die Hausordnung.

Vor der fristlosen Kündigung bedarf es allerdings in der Regel einer vorherigen und erfolglosen **Abmahnung** durch den Vermieter.

Welche Vertragsstörungen die Kündigung rechtfertigen

Folgende **Verletzungen der Mieterpflichten** wurden von der Rechtsprechung als **Kündigungsgründe** bei einem Mietverhältnis über Wohnraum anerkannt:

1. Nichtzahlung oder verspätete Zahlung der Miete (Sie müssen also nicht unbedingt gemäß § 554 BGB fristlos kündigen. Ihre Kündigung ist auch wirksam, wenn Sie dem Mieter eine Kündigungsfrist einräumen);
2. Ständige unpünktliche Mietzahlungen, ohne dass der Mietrückstand die Grenzen des § 554 BGB erreicht und eine fristlose Kündigung möglich wäre;
3. Überbelegung der Wohnung;
4. Unerlaubte Untervermietung;
5. Wiederholte Störungen des Hausfriedens durch Lärm, Dreck, Beleidigungen und üble Nachrede;
6. Beschädigungen und Veränderungen der Mietsache.

1. Nichtzahlung oder verspätete Zahlung der Miete

Da **Probleme bei der Mietzahlung** mit die häufigsten und gravierendsten Vertragsstörungen darstellen, hat der Gesetzgeber in § 554 BGB eine eigene Regelung getroffen, nach der der Vermieter sogar zur **fristlosen Kündigung** berechtigt ist. Dieser Sonderfall wird später im Zusammenhang mit der Zahlung der Miete erläutert (siehe Seite 159).

2. Ständige unpünktliche Mietzahlung

Selbst wenn die Voraussetzungen der fristlosen Kündigung gemäß § 554 BGB nicht gegeben sind, kann im Einzelfall dennoch eine **ordentliche Kündigung** möglich sein, wenn der Vermieter Anlass hat, sich durch die **unregelmäßigen Zahlungen** in seinem Vertrauensverhältnis gegenüber dem Mieter gestört zu fühlen. Weil es für den juristischen Laien im Einzelfall sehr schwer ist, eine Kündigung mit dieser Begründung „durchzubekommen", sollten Sie sich unbedingt rechtzeitig kompetent beraten lassen.

3. Überbelegung der Wohnung

Eine **Überbelegung** liegt vor, wenn eine fünfköpfige Familie in eine 56 qm große Wohnung zieht und dort drei weitere Kinder bekommt (OLG Hamm RE, WoM 1982, 323), nicht aber wenn eine 78 m² große Wohnung an fünf

Personen vermietet wird, tatsächlich aber sieben Personen darin wohnen (LG Kempten, WoM 1997, 371). Ein Vermieter, der z. B. an ein Mieterpaar mit sieben Kindern vermietet hat, kann nicht bei der Geburt des achten Kindes kündigen (BayObLG, WoM 1983, 309, LG Bonn, WoM 1990, 345, AG Limburg, WoM 1990, 509).

4. Unerlaubte Untervermietung

Die **unerlaubte Untervermietung** kann sogar zu einer **fristlosen Kündigung** führen (BGH WoM 1985, 88, OLG Hamburg RE, WoM 1982, 41). Eine unerlaubte Untervermietung stellt immer eine Vertragsverletzung dar (BayObLG RE, WoM 1995, 380). Dies gilt auch, wenn der Mieter einen Anspruch auf die Erlaubnis zur Untervermietung gehabt hätte.

Wenn die Genehmigung zur Untervermietung vom Vermieter nicht erbeten wurde, wird von den Gerichten im Einzelfall sehr sorgfältig geprüft, ob in der unterbliebenen Bitte um Zustimmung tatsächlich eine krasse Pflichtverletzung zu sehen ist und ob der Mieter im Einzelfall schuldhaft gehandelt hat.

> **Wichtig:**
>
> Die Aufnahme des Lebensgefährten in die Wohnung muss der Vermieter grundsätzlich dulden (BGH RE, WoM 1985, 7). Es handelt sich dabei um keine Untervermietung.

Keine Kündigung wegen unerlaubter Untervermietung ist möglich,

- wenn der Mieter der Familie seiner Tochter vorübergehend Unterkunft gewährt, selbst wenn die Wohnung dadurch überbelegt wird (AG Bochum, WoM 1980, 235);
- wenn der Vermieter dadurch gekränkt ist, dass der Mieter ihn nicht grüßt und ihm während des Urlaubes nicht die Wohnungsschlüssel aushändigt (AG Geißlingen, WoM 1973, 161);
- bei Unstimmigkeiten über die Betriebskostenabrechnung (AG Aachen, WoM 1975, 38).

5. Wiederholte Störungen des Hausfriedens

Es ist eine Frage des Einzelfalles, wann eine **Störung des Hausfriedens** zur Kündigung berechtigt. Grundsätzlich wird man eine **Abmahnung** voraussetzen müssen. Eine Kündigung ist daher höchstens im Wiederholungsfall möglich. Und auch dann wohl nur als **ordentliche Kündigung**.

Keine Kündigung ist möglich,

- wenn der Mieter gelegentlich spät abends duscht;
- bei normalem Kinderlärm (AG Aachen, WoM 1975, 38);
- bei einer einmaligen Pflichtverletzung, wenn eine Wiederholung nicht zu befürchten ist (LG Wuppertal, WoM 1992, 370).

Bei Beleidigungen kann nur im Extremfall die Voraussetzung für eine fristlose Kündigung gegeben sein. Man wird dann darauf achten müssen, ob es sich um einen einmaligen Vorfall handelt oder ob wegen verschiedener Ereignisse eine gewisse Wiederholungswahrscheinlichkeit besteht.

Das AG Gelsenkirchen hatte in einem Fall zu entscheiden, ob eine Kündigung wirksam war, die damit begründet wurde, dass der Sohn des Vermieters durch den Mieter beleidigt wurde. Der Mieter soll zu dem Sohn des Vermieters gesagt haben: „Diejenigen, die den Dreck machen, sollen selbst reinigen" und „Musst du dir mal angucken, wie deine Alte hier putzt, da lachst du dich kaputt." Nach einer entsprechenden Aufforderung des Sohnes des Klägers, die Reinigung vorzunehmen, soll der Mieter geäußert haben: „Komm doch her, du Arsch! Vor dir habe ich keine Angst!" Das Amtsgericht erläuterte, dass eine einmalige Entgleisung noch keinen Grund darstelle das Mietverhältnis mit dem Mieter durch fristlose Kündigung zu beenden. Zwar sei es, nach Auffassung des Amtsgerichts, „mit Sicherheit unschön, auch beleidigend", wenn der Beklagte gegenüber dem Sohn des Klägers geäußert habe: „Hau ab du Arsch!" Vor einer Kündigung hätte jedoch erst einmal durch eine Abmahnung unmissverständlich zum Ausdruck gebracht werden müssen, dass eine Kündigung erfolgen würde, wenn sich derartige Vorfälle wiederholten. Die einmalige Entgleisung stelle jedoch keinen Kündigungsgrund dar. Meint zumindest das Amtsgericht (AG Gelsenkirchen, WoM 1997, 556).

Wann Ruhezeiten gelten

Als **Ruhezeiten** gelten vor allem die Stunden zwischen 13.00 und 15.00 Uhr (Mittagsruhe) und abends die Zeit nach 20.00 Uhr bis morgens 6.00 Uhr. Sonntags sollte noch mehr Rücksicht genommen werden.

Für Partys, also Lärm, der nicht regelmäßig auftritt, gibt es eine Grenze an Wochentagen bis 22 Uhr und am Samstag bis 23 Uhr. Allerdings gilt auch hier: Rücksichtnahme ist geboten.

Übrigens: Auch Lärm, der außerhalb der Ruhezeiten stattfindet, kann ruhestörend sein und Abwehransprüche der Nachbarn auslösen.

Die Rechte der Nachbarn, wenn Ihr Mieter stört

Wenn Ihr Mieter Lärm macht und sich andere Mieter oder Nachbarn bei Ihnen beschweren, dann kann das im Extremfall dazu führen, dass die Nachbarn *Sie* als Vermieter auf **Unterlassung** in Anspruch nehmen. Sie sind dann gezwungen auf dem Wege der **Abmahnung** und gegebenenfalls der **Kündigung** gegen Ihren Mieter vorzugehen.

6. Beschädigungen und Veränderungen der Mietsache

Bei **Beschädigungen und Veränderungen der Mietsache** kann eine Kündigung, im Einzelfall und in besonders krassen Fällen sogar eine fristlose Kündigung infrage kommen. Nicht jede Veränderung der Mietsache allerdings rechtfertigt eine Kündigung. Die Grenze wird dort zu ziehen sein, wo die Mietsache in ihrer Substanz verändert wird.

> **Beispiel:**
> Wenn der Mieter durch Errichten einer leichten Trennwand aus Holz eine bauliche Veränderung vornimmt, dann ist keine Kündigung möglich, da dadurch die Mietsache nicht in ihrer Substanz verändert wird (LG Düsseldorf, WoM 1979, 214, AG Köln, WoM 1980, 134).

Wenn ein Mieter eine Mietwohnung gewerblich oder teilgewerblich nutzt, kann das zur Kündigung berechtigen, wenn dadurch der Charakter der Räumlichkeiten als Mietwohnung verändert oder z. B. der Hausfrieden gestört wird.

> **Beispiel:**
> Wenn ein Ingenieurbüro in einer Wohnung eingerichtet wird und durch den Bürobetrieb und die Laufkundschaft Belästigungen der Nachbarn auftreten, berechtigt das unter Umständen zur Kündigung (LG Schwerin, WoM 1996, 214).

Nicht jede berufliche Tätigkeit ist allerdings verboten und erlaubt eine Kündigung. Wird Heimarbeit betrieben oder der PC und das Telefax gewerblich genutzt, dann wäre eine damit begründete Kündigung unwirksam (AG Köln, WoM 1991, 577, AG Regensburg, WoM 1991, 678). Büroarbeiten können auch am Wochenende erledigt werden, auch ein Kleingewerbebetrieb ohne Laufkundschaft ist erlaubt. Die Grenze wird gezogen bei etwa zwei Kunden täglich (LG Hamburg, WoM 1993, 188 für einen Hausschneider). Wächst ein solcher Kleinbetrieb allerdings und kommt es zu vermehrtem Kundenbesuch oder werden störende Maschinen eingesetzt, dann wäre eine Kündigung möglich (LG Düsseldorf, WoM 1991, U 13, LG Berlin, WoM 1974, 258).
Übrigens: Umgekehrt gilt das nicht unbedingt. Wenn eine als Büro vermietete Wohnung auch privat zu Wohnzwecken genutzt wird, dann besteht nicht unbedingt ein Kündigungsgrund (OLG Köln, WoM 1996, 270).

Musterbriefe:
Abmahnungen für diverse Anlässe

Im Folgenden finden Sie einige Musterbriefe, die anhand von Beispielfällen erstellt wurden. Sie dürfen diese Schreiben natürlich nicht unverändert übernehmen, sondern müssen sie Ihrem speziellen Fall anpassen.

Musterbrief: Abmahnung wegen vertragswidrigen Gebrauchs

```
(Absender: Name des Vermieters)

(Adresse: Name des Mieters)



                                      (Ort), den (Datum)


   Mietverhältnis (Adresse)


   Sehr geehrter (Mieter),

   wie ich erfahren habe, üben Sie in der von Ihnen zu Wohnzwecken ange-
   mieteten Wohnung eine Tätigkeit als so genannte Tagesmutter aus.
   Hierbei werden neben Ihren eigenen drei Kindern bis zu drei weitere
   Kleinkinder von Ihnen betreut. Die Kinderwagen der von Ihnen betreuten
   Kinder werden im Hausflur abgestellt. Durch das Bringen und Abholen der
   Kinder tritt ein erheblicher Publikumsverkehr auf, der zu Störungen und
   Belästigungen von Mitmietern führt. Der Lärm und der Dreck, den die
   Kinder ständig machen, zehrt an den Nerven Ihrer Nachbarn. Sie haben
   damit den vertragsgemäßen Gebrauch der von Ihnen zu Wohnzwecken gemie-
   teten Räume bei weitem überschritten.

   Ich fordere Sie auf das vertragswidrige Verhalten unverzüglich zu
   unterlassen. Sollten Sie das gerügte Verhalten gleichwohl fortsetzen,
   müssen Sie damit rechnen, dass ich dies zum Anlass für eine fristlose
   Kündigung des Mietverhältnisses nehme.

   Mit freundlichen Grüßen

   (Unterschrift des Vermieters)
```

Musterbrief: Abmahnung wegen unbefugter Untervermietung

```
(Absender: Name des Vermieters)

(Adresse: Name des Mieters)


                                    (Ort), den (Datum)


Mietverhältnis (Adresse)


Sehr geehrter (Mieter),

ich habe durch Zufall festgestellt, dass Sie die von mir gemietete
Wohnung ohne mein Einverständnis einer Person zum Gebrauch überlassen
haben, die ich nicht kenne. In die Wohnung ist ein junger Mann eingezo-
gen, der sich mir kürzlich namentlich vorstellte. Er berichtete mir,
Sie seien ausgezogen und würden sich aus privaten Gründen auf unbe-
stimmte Dauer in X-Stadt aufhalten.

Ich bin mit dieser unbefugten Gebrauchsüberlassung nicht einverstanden.
Ein Rechtsanspruch auf Zustimmung zur Untervermietung des gesamten
Mietobjekts besteht in keinem Falle. Ich stelle Ihnen anheim das Miet-
verhältnis fristgemäß zu kündigen.

Gleichzeitig habe ich Sie aufzufordern die unerlaubte Gebrauchsüberlas-
sung/Untervermietung bis spätestens zum (Fristsetzung z.B. zwei Wochen)
einzustellen.

Sollten Sie die unbefugte Gebrauchsüberlassung auch nach der gesetzli-
chen Frist fortsetzen, müssen Sie nicht nur mit einer gerichtlichen
Inanspruchnahme auf Unterlassung, sondern auch mit einer fristlosen,
hilfsweise fristgemäßen Kündigung des Mietvertrages wegen vertragswid-
rigen Gebrauchs rechnen.


Mit freundlichen Grüßen

(Unterschrift des Vermieters)
```

Achtung: Bei z.B. Wohngemeinschaften gehört das Auswechseln von Mitgliedern unter Umständen zum Vertrag und berechtigt dann nicht zur Kündigung (BVerfG WoM 1993, 104, LG Karlsruhe WoM 1985, 83). Mehr dazu ab Seite 270.

Wenn aber ein Mieter seinen Sohn und dessen Familie in die gemietete Wohnung aufnimmt und dann selbst auszieht, kann eine fristlose Kündigung berechtigt sein, da praktisch ein Mieterwechsel ohne Wissen des Vermieters vorliegt (OLG Frankfurt RE WoM 19988, 395; LG Cottbus WoM 1995, 38).

Musterbrief: Abmahnung wegen unbefugter Tierhaltung

```
(Absender: Name des Vermieters)

(Adresse: Name des Mieters)


                                    (Ort), den (Datum)


Mietverhältnis (Adresse)


Sehr geehrter (Mieter),

ich habe festgestellt, dass Sie in den von mir an Sie vermieteten
Räumen in (Adresse) entgegen des ausdrücklichen vertraglichen Verbots
einen großen Hund halten. Ich habe Sie aufzufordern, diese Tierhaltung
zukünftig zu unterlassen und das Tier bis spätestens zum (Fristsetzung;
beispielsweise zwei Wochen) wieder abzugeben.

Für den Fall der Nichtbeachtung dieser Abmahnung müssen Sie damit
rechnen, gerichtlich auf Abschaffung des Tieres und Unterlassung
zukünftiger Tierhaltung von mir in Anspruch genommen zu werden.

Notfalls sehe ich mich gezwungen, das mit Ihnen bestehende Mietverhält-
nis fristlos, hilfsweise fristgemäß, insbesondere für den Fall zu kün-
digen, dass eine fortgesetzte Tierhaltung zu schwer wiegenden Störungen
und Beeinträchtigungen Dritter führt.


Mit freundlichen Grüßen

(Unterschrift des Vermieters)
```

Musterbrief: Abmahnung wegen Störung des Hausfriedens

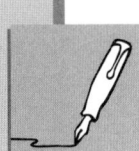

(Absender: Name des Vermieters)

(Adresse: Name des Mieters)

(Ort), den (Datum)

Mietverhältnis (Adresse)

Sehr geehrter (Mieter),

ich habe feststellen müssen, dass es in letzter Zeit aus Ihren Mieträumen heraus zu nicht hinnehmbaren Störungen des Hausfriedens gekommen
ist. So haben mir Mitbewohner des Hauses berichtet, dass es am (genaue
Daten angeben) wiederholt in Ihrer Wohnung zu lauten Auseinandersetzun-
gen zwischen Ihnen und Ihrer Ehefrau gekommen sei. Der Streit soll sich
zeitweise so angehört haben, als ob Sie die ganze Wohnungseinrichtung
zertrümmern würden. Wegen lauter Schreie Ihrer Frau sahen sich Mitbewohner veranlasst die Polizei um Hilfe zu rufen; erst nach deren Ein-
treffen kehrte wieder Ruhe ein.

Ich muss Sie dringend auffordern, sich zukünftig unter Beachtung der
Hausordnung und der allgemein üblichen Regeln des Zusammenlebens in
einer Gemeinschaft vertragsgemäß zu verhalten und insbesondere keinen
störenden Lärm zu verursachen.

Im Wiederholungsfalle müssen Sie nicht nur mit einer gerichtlichen
Inanspruchnahme auf Unterlassung, sondern auch mit einer fristlosen,
hilfsweise fristgemäßen Kündigung des Mietvertrages wegen vertragswidrigen Gebrauchs rechnen.

Mit freundlichen Grüßen

(Unterschrift des Vermieters)

Musterbrief: Abmahnung wegen unerlaubt gewerblicher Nutzung der Mietwohnung

(Absender: Name des Vermieters)

(Adresse: Name des Mieters)

(Ort), den (Datum)

Mietverhältnis (Adresse)

Sehr geehrter (Mieter),

ich habe feststellen müssen, dass Sie in meiner Wohnung eine Zahnarzt-
praxis eingerichtet haben. Diese Nutzung muss ich nicht dulden, da eine
unzumutbare Belästigung der anderen Mitmieter zu befürchten ist. Denn
der Besuch von Patienten stört die anderen Mitmieter erheblich. Der
Betrieb der Absaugpumpen verursacht darüber hinaus ständig einen erheblichen Lärm. So kommt es in der Wohnung unter der Ihren zu einer so
großen Lärmbelästigung, dass man dort sein eigenes Wort nicht mehr versteht.

Ich habe Sie daher aufzufordern, die von Ihnen jetzt betriebene gewerbliche Nutzung des Mietobjekts bis spätestens zum (Datum) einzustellen.
Sollten Sie dieser Aufforderung nicht nachkommen, müsste ich Sie in
jedem Falle gerichtlich auf Unterlassung in Anspruch nehmen, darüber
hinaus aber auch eine fristlose, hilfsweise fristgemäße Kündigung
des Mietvertrages wegen vertragswidrigen Gebrauchs der Mieträume in
Erwägung ziehen.

Mit freundlichen Grüßen

(Unterschrift des Vermieters)

Musterbrief: Abmahnung wegen Überbelegung der Mietwohnung

(Absender: Name des Vermieters)

(Adresse: Name des Mieters)

(Ort), den (Datum)

Mietverhältnis (Adresse)

Sehr geehrter (Mieter),

ich habe festgestellt, dass die Ihnen überlassene Wohnung von zu vielen Personen ständig genutzt wird und somit überbelegt ist. So halten sich in der nur 42 m² großen Wohnung gegenwärtig drei Erwachsene und vier Kinder auf. Bei Beginn des Mietverhältnisses wurden die Mieträume von einer erwachsenen Person und einem Kind genutzt. Im Hinblick auf die konkrete Gefahr einer überdurchschnittlichen Abnutzung des Mietobjekts und von Störungen durch Dritte bin ich nicht bereit, die gegenwärtige Belegung hinzunehmen. Ich muss Sie daher dringend auffordern bis spätestens zum (Datum) die Überbelegung des Mietobjektes zu beenden.

Sollte ich indes nach Ablauf der Frist feststellen, dass die Ihnen überlassenen Mieträume weiterhin überbelegt sind, sehe ich mich gehalten, das mit Ihnen bestehende Mietverhältnis fristlos, hilfsweise fristgemäß wegen vertragswidrigen Gebrauchs zu kündigen.

Mit freundlichen Grüßen

(Unterschrift des Vermieters)

Unterlassungsanspruch gegen den Mieter

Als Vermieter steht Ihnen unter bestimmten Voraussetzungen auch ein **Unterlassungsanspruch** gegen Ihren Mieter zu.

§ 550 BGB (Vertragswidriger Gebrauch)
Macht der Mieter von der gemieteten Sache einen vertragswidrigen Gebrauch und setzt er den Gebrauch ungeachtet einer Abmahnung des Vermieters fort, so kann der Vermieter auf Unterlassung klagen.

Diese Vorschrift kann Ihnen bei einem Streit mit Ihrem Mieter den gepflegten Rückzug ermöglichen, wenn sich herausstellen sollte, dass das Fehlverhalten des Mieters zwar keine Kündigung rechtfertigt, Sie aber dennoch dem Treiben des Mieters ein Ende bereiten möchten. Denn dank dieser Vorschrift können Sie notfalls mit einer **Unterlassungsklage** das unerwünschte Verhalten unterbinden.

Ein Gerichtsurteil nach erfolgreichem Verfahren ist jedoch aller Erfahrung nach nicht viel wert, weil meist der nächste Streit programmiert ist.

Die Kaution des Mieters

Der Mieter muss zahlen: Während des Mietverhältnisses den Mietzins und zu Beginn die als Mietsicherheit dienende **Kaution.** In diesem Kapitel zunächst Näheres zur Zahlung der Kaution, die im BGB gesetzlich geregelt ist.

Gesetzliche Höchstgrenzen

Die gesetzliche Regelung der Kaution schreibt unter anderem eine **Höchstgrenze** vor:

§ 550 b BGB (Mietkaution)

(1) Hat bei einem Mietverhältnis über Wohnraum der Mieter dem Vermieter für die Erfüllung seiner Verpflichtungen Sicherheit zu leisten, so darf diese das Dreifache des auf einen Monat entfallenden Mietzinses vorbehaltlich der Regelung in Absatz 2 Satz 3 nicht übersteigen. Betriebskosten, über die gesondert abzurechnen ist, bleiben unberücksichtigt. Ist eine Geldsumme bereitzustellen, so ist der Mieter zu drei gleichen monatlichen Teilleistungen berechtigt; die erste Teilleistung ist zu Beginn des Mietverhältnisses fällig.

(2) Ist bei einem Mietverhältnis über Wohnraum eine als Sicherheit bereitzustellende Geldsumme dem Vermieter zu überlassen, so hat er sie von seinem Vermögen getrennt bei einem Kreditinstitut zu dem für Spareinlagen mit dreimonatiger Kündigungsfrist üblichen Zinssatz anzulegen. Die Zinsen stehen dem Mieter zu. Sie erhöhen die Sicherheit.

(3) Eine zum Nachteil des Mieters abweichende Vereinbarung ist unwirksam.

(4) Bei Wohnraum, der Teil eines Studenten- oder Jugendwohnheims ist, besteht für den Vermieter keine Verpflichtung, die Sicherheitsleistung zu verzinsen.

Obergrenze der Kaution ist also das Dreifache des monatlichen Kaltmietzinses. Falls eine höhere Kaution vereinbart wird, dann ist diese Vereinbarung unwirksam.

Der Mieter soll die Kaution nach dem Willen des Gesetzgebers zu drei gleichen monatlichen Teilleistungen zahlen dürfen – wobei die erste Teilleistung erst zu Beginn des Mietverhältnisses fällig wird. Hierbei handelt es sich um eine echte Fehlleistung des Gesetzgebers: Kaum ein Vermieter wird einen Vertrag mit einem Mieter abschließen, der noch nicht einmal über genug Geld verfügt, um die Kaution schon bei Vertragsabschluss zu zahlen, sondern sie in Teilleistungen (Raten) erbringen will. Außerdem widerspricht es auch dem Sinn einer Kaution, wenn sie erst gezahlt wird, wenn der Mieter den Wohnraum bereits nutzt.

> **Tipp:**
>
> Es ist dringend empfehlenswert, Mietvertrag und Schlüssel erst nach Sicherstellung des Erhalts der gesamten Kaution herauszugeben. Dabei riskieren Sie allerdings Ärger, da der Gesetzgeber dem Mieter sehr weitgehende Rechte eingeräumt hat. Sie können die gesetzliche Regelung auch nicht vertraglich abändern, da dies in § 550 b Abs. 3 BGB ausdrücklich ausgeschlossen wird.

Pflicht zur Verzinsung der Kaution

Gemäß § 550b Abs. 2 Satz 1 BGB hat jeder Mieter einen Anspruch darauf, dass seine Kaution **verzinst** wird. Die Zinsen erhöhen den Wert der Sicherheit und müssen nach Beendigung des Mietverhältnisses vollständig zurückbezahlt werden, wenn keine Gegenansprüche bestehen.

Sie haben verschiedene Möglichkeiten Ihrer gesetzlichen Pflicht zur Anlage der Kaution zu genügen:

- Es wird ein Kautionssparbuch auf den Namen des Mieters angelegt, das danach an Sie als Vermieter verpfändet und bei Ihnen hinterlegt wird. Bei dieser Alternative dürfte es manchem Vermieter unwohl sein, weil die Sicherheit auf den Namen des Mieters angelegt ist. Es müsste zuerst gegen den Mieter geklagt werden. Daher ist der Weg, bevor die Sicherheit verwertet werden darf, relativ steinig. Nicht zuletzt deshalb wird diese Möglichkeit relativ selten gewählt.

- Manchmal findet sich auch die Variante eines Kautionskontos, über das Vermieter und Mieter nur gemeinsam verfügen können. Sie als Vermieter können bei diesem Konto aber erst auf den Kautionsbetrag zugreifen, wenn Ihr Mieter sein Einverständnis erklärt hat. Auch in diesem Fall müssten Sie also notfalls vor Gericht ziehen, um die Erteilung der Zustimmung Ihres

Mieters einzuklagen, bevor Sie die Anlagebeträge verwerten könnten. Daher ist auch von dieser Variante dringend abzuraten.

- Zu empfehlen ist die folgende Vorgehensweise: Der Vermieter eröffnet für jeden Mieter ein eigenes Sparbuch, das auf den Namen des Vermieters lautet, jedoch den Vermerk „Kaution (Name des Mieters)" erhält. Es ist ratsam, dieses Konto bei der Eröffnung gegenüber der Bank als „Kautionskonto" zu bezeichnen. So wird das Konto zum Treuhandkonto und vor dem Zugriff von Gläubigern des Vermieters geschützt. Bei Beendigung des Mietverhältnisses wird das Kautionssparbuch aufgelöst und dem Mieter mit den von der Bank ordnungsgemäß jährlich gebuchten Zinsen vorgelegt und über die Kaution abgerechnet. Dies ist die häufigste Alternative.

- Für Vermieter mit vielen Mietern ist folgende Variante geeignet: Der Vermieter erhält die Kaution in bar und legt sie zusammen mit den Kautionen anderer Mieter auf eigenen Namen auf einem Konto an. Durch den erhöhten Anlagebetrag können höhere Zinsen mit der Bank ausgehandelt werden. Vorteil für den Vermieter: Nach Ansicht zumindest einiger Gerichte kann er die Zinsen behalten, soweit sie die Zinsen für Spareinlagen mit dreimonatiger Kündigungsfrist überschreiten. Nachteil: Der Vermieter muss rechnen. Die Rechnung wird auch noch einmal komplizierter, da die Zinsen jährlich der Kaution zugeschlagen werden müssen und so den jeweiligen Kautionsbetrag erhöhen und dann im Folgejahr mitverzinst werden. Hinzu kommt, dass sich der Zinssatz für Spareinlagen mit gesetzlicher Kündigungsfrist oft mehrmals im Jahr ändert. Auch diese Alternative findet man eher selten.

Wichtig:

Auch wenn dies von Teilen der Rechtsprechung anders gesehen wird, so besteht doch wahrscheinlich eine Pflicht des Vermieters, auch eine höhere Verzinsung als die üblichen drei Prozent an die Mieter auszubezahlen. Dies gilt zumindest dann, wenn nichts anderes vertraglich vereinbart wurde und der Vermieter durch die gegenüber den Zinsen für Spareinlagen mit dreimonatiger Kündigungsfrist höhere Rendite nicht gleichzeitig auch ein höheres Risiko eingegangen ist. Das Amtsgericht Duisburg stellt sich zumindest bei der Geldanlage in Bundesschatzbriefen auf den Standpunkt, dass in diesem Fall auch die höheren Zinsen zur Rückzahlung geschuldet seien, weil kein erhöhtes Risiko bestanden habe (AG Duisburg, WoM 1996, 763).

Rückzahlung bei unproblematischem Mietverhältnis

Wenn sich nach Beendigung des Mietverhältnisses herausstellt, dass die Wohnung in ordnungsgemäßem Zustand zurückgegeben wurde und auch keine Nachzahlungsbeträge aus der Betriebskostenabrechnung übrig geblieben sind, dann ist die Abrechnung über die Kaution unproblematisch. Ratsam ist ein Schreiben nach folgendem Muster:

```
(Absender: Name des Vermieters)

(Adresse: Name des Mieters)


                                        (Ort), den (Datum)


Mietverhältnis (Adresse)


Sehr geehrter (Mieter),

nach Beendigung des Mietverhältnisses rechne ich über die von Ihnen
geleistete Kaution wie folgt ab. Ich habe am (Datum) einen Betrag in
Höhe von (...) DM erhalten. Der Kautionsbetrag beläuft sich mittler-
weile inklusive Zinsen gemäß anliegender Zinsberechnung für die Zeit
von (Datum) bis (Datum) auf einen Gesamtbetrag von (...) DM.

Den Gesamtbetrag werde ich in den nächsten Tagen auf Ihr Konto, Konto-
Nr. (...) bei (Bankinstitut), BLZ (...) überweisen.
(alternativ):
Über den Gesamtbetrag füge ich diesem Schreiben einen Verrechnungs-
scheck bei.


Mit freundlichen Grüßen

(Unterschrift Vermieter)
```

Achtung: *Zum Thema Rückzahlung der Kaution bei problematischen Mietverhältnissen erfahren Sie mehr ab Seite 254 im Zusammenhang mit Ratschlägen zur Behandlung von Schadenersatzansprüchen. Dort finden Sie auch einen Musterbrief für den Fall, dass dem Kautionsrückzahlungsanspruch des Mieters Gegenansprüche des Vermieters auf Mietzins, Nebenkosten oder Schadenersatzansprüche gegenüberstehen.*

Das Zahlen der Miete

Der Gesetzgeber ist in folgendem Punkt unmissverständlich: Der Mieter muss seine **Miete** zahlen, selbst wenn er z. B. wegen eines Krankenhausaufenthaltes die Mietwohnung für längere Zeit gar nicht nutzen kann.

§ 552 BGB (Persönliche Verhinderung)
Der Mieter wird von der Entrichtung des Mietzinses nicht dadurch befreit, dass er durch einen in seiner Person liegenden Grund an der Ausübung des ihm zustehenden Gebrauchsrechts verhindert wird. (...)

Der Mieter muss nach der gesetzlichen Vorschrift des § 551 Abs. 1 BGB die Miete nachträglich für den abgelaufenen Monat zahlen. Allerdings wird üblicherweise durch eine Klausel im Mietvertrag der Zeitpunkt der Fälligkeit der Miete auf den Monatsanfang im Voraus geändert. (Lesen Sie mehr dazu auf Seite 53.)
Meistens findet sich in den Mustermietverträgen eine Formulierung wie die folgende:

> Die Miete ist spätestens am dritten Werktag eines Monats im Voraus zu entrichten.

Diese Klausel bedeutet nicht, dass die Miete tatsächlich erst am dritten Werktag gezahlt werden muss. Sie ist vielmehr so zu verstehen, dass die Miete vom Beginn des ersten Werktages des Mietmonats an fällig ist. Mit dem Ablauf des dritten Werktages des Mietmonats gerät der Mieter bei Nichtzahlung **in Verzug** (LG München, WoM 1995, 103) und muss danach für den **Verzugsschaden** einstehen. Das bedeutet, dass Sie bereits am vierten Werktag einen Anwalt damit beauftragen können, den Mieter anzumahnen. Ihr Mieter muss Ihnen die Kosten des Anwalts als Verzugsschaden ersetzen. Als weiterer Verzugsschaden wären auch Zinsen zu ersetzen, die wegen der verspäteten Zahlung vom Vermieter an seine Bank bezahlt werden müssen. Falls Sie als Vermieter keinen Bankkredit in Anspruch nehmen, können Sie einen entgangenen Anlagegewinn für den Verzugszeitraum und berechnet für den rückständigen Betrag geltend machen.

Mieterhöhungen durchsetzen

Staffelmiete: Vorteile für den Vermieter

Die umständliche Prozedur der Mieterhöhung gegen den Willen des Mieters kann vermieden werden, wenn gleich bei Abschluss des Mietvertrages eine **Staffelmiete** vereinbart wird. Das Gesetz erlaubt die Vereinbarung einer Staffelmiete ausdrücklich.

> **§ 10 MGH (Abweichende Vereinbarungen; Anwendungsbereich)**
> (Abs. 2) (…) der Mietzins (kann) für bestimmte Zeiträume in unterschiedlicher Höhe schriftlich vereinbart werden. Die Vereinbarung eines gestaffelten Mietzinses darf nur einen Zeitraum bis zu jeweils zehn Jahren umfassen. Während dieser Zeit ist eine Erhöhung des Mietzinses nach den §§ 2, 3 und 5 (MHG) ausgeschlossen. Der Mietzins muss jeweils mindestens ein Jahr unverändert bleiben. Der jeweilige Mietzins oder die jeweilige Erhöhung muss betragsmäßig ausgewiesen sein. Eine Beschränkung des Kündigungsrechts des Mieters ist unwirksam, soweit sie sich auf einen Zeitraum von mehr als vier Jahren seit Abschluss der Vereinbarung erstreckt. (…)

Der Vermieter kann also in den Mietvertrag aufnehmen, in welchem Umfang die Miete künftig steigen wird. Eine solche Vereinbarung kann folgendermaßen aussehen:

Staffelmietvereinbarung

Es wird folgende Staffelmietvereinbarung für die Kaltmiete getroffen:
Die Kaltmiete erhöht sich von 830 DM
- ab 01.01.1999 auf   900 DM,
- ab 01.01.2000 auf   970 DM,
- ab 01.01.2001 auf 1 030 DM,
- ab 01.01.2002 auf 1 080 DM, (…)

Wichtig: Sie dürfen eine Staffelmietvereinbarung höchstens für zehn Jahre vereinbaren, sonst ist sie unwirksam.

Die häufigsten Fehler bei der Staffelmiete

Achtung: Wenn Sie für einen bestimmten Zeitraum eine **Staffelmiete** vereinbaren, dann ist wegen § 10 MHG während dieses Zeitraums eine Mieterhöhung gemäß § 2 MHG (Erhöhung der ortsüblichen Vergleichsmiete), § 3 MHG (nach baulichen Änderungen) und 5 MHG (Erhöhung der Kapitalkosten) ausgeschlossen! Betriebskostenerhöhungen dürfen allerdings erfolgen. Sie haben bei der Gestaltung der Staffelmiete allerdings auch einige Freiheiten. Doch es gilt einige typische Fehlerquellen zu vermeiden:

- Sie dürfen auf gar keinen Fall eine Staffelmietvereinbarung für einen längeren Zeitraum als höchstens zehn Jahre in den Mietvertrag aufnehmen. Denn bei einer zeitlich unbegrenzten Staffelmietvereinbarung wird die Regelung insgesamt und nicht etwa erst für die Zeit nach Ablauf von zehn Jahren unwirksam (LG Gießen, WoM 1994, 693).
- Zwischen den Staffeln muss mindestens ein Jahr liegen – sonst ist die gesamte Vereinbarung unwirksam.
- Sie müssen im Mietvertrag die jeweils zu zahlende Monatsmiete ausdrücklich nennen (OLG Braunschweig RE, WoM 1985, 213) oder den jeweiligen Erhöhungsbetrag angeben. Eine Vereinbarung nach der z. B. die Miete jedes Jahr um 5 % steigt, ist unwirksam.

> **Wichtig:**
>
> Wenn ein Staffelmietvertrag auf bestimmte Zeit (z. B. für zehn Jahre) abgeschlossen wird, dann steht dem Mieter ein Sonderkündigungsrecht zu. Der Mieter kann nach einer Vierjahresfrist unter Einhaltung der gesetzlichen Kündigungsfristen kündigen (OLG Hamm RE, WoM 1989, 485).

Mietanpassung an die Inflation

Der Gesetzgeber hat erkannt, dass das bisherige System der Mieterhöhung über Vergleichsmieten einen hohen Konfliktstoff in sich birgt. Mit der Schaffung der Möglichkeit einer **Mietanpassung** an die Steigerung der Lebenshaltungskosten bzw. an die allgemeine Geldentwertung wollte er dafür sorgen, dass es zukünftig weniger Streitigkeiten um die Miethöhe gibt.

Dabei handelt es sich um eine Klausel im Mietvertrag, die eine Mietanpassung zulässt, wenn der Lebenshaltungsindex sich verändert hat. Von Erhöhungen nach §§ 3 und 4 MHG abgesehen, muss der Mietzins jeweils mindestens ein Jahr unverändert bleiben. Damit dieses System nicht missbraucht werden kann, wurden vom Gesetzgeber Sicherungsmechanismen eingebaut. Die

Grundlage für eine Mietanpassungsvereinbarung auf Basis eines Lebenshaltungsindex findet sich wieder im Gesetz zur Regelung der Miethöhe:

§ 10a MHG (Mietanpassungsvereinbarung)

(1) Abweichend von § 10 Abs. 1 kann schriftlich vereinbart werden, dass die weitere Entwicklung des Mietzinses durch den Preis von anderen Gütern oder Leistungen bestimmt werden soll (Mietanpassungsvereinbarung). Die Vereinbarung ist nur wirksam, wenn die Genehmigung nach § 3 des Währungsgesetzes oder entsprechenden währungsrechtlichen Vorschriften erteilt wird.

(2) Während der Geltungsdauer einer Mietanpassungsvereinbarung muss der Mietzins, von Erhöhungen nach den §§ 3 und 4 abgesehen, jeweils mindestens ein Jahr unverändert bleiben. Eine Erhöhung des Mietzinses nach § 3 kann nur verlangt werden, soweit der Vermieter bauliche Änderungen aufgrund von Umständen durchgeführt hat, die er nicht zu vertreten hat. Eine Erhöhung des Mietzinses nach den §§ 2 und 5 ist ausgeschlossen.

(3) Eine Änderung des Mietzinses aufgrund einer Vereinbarung nach Absatz 1 muss durch schriftliche Erklärung geltend gemacht werden, die auch die Änderung der nach der Mietanpassungsvereinbarung maßgebenden Preise nennt. Der geänderte Mietzins ist vom Beginn des auf die Erklärung folgenden übernächsten Monats an zu zahlen.

Der wichtigste Sicherungsmechanismus ist die in Abs. 1 genannte Genehmigung nach § 3 des *Währungsgesetzes.* Dahinter versteckt sich die Voraussetzung, dass die **Wertsicherungsklausel** im Mietvertrag von der Landeszentralbank schriftlich genehmigt wurde.

Eine Wertsicherungsklausel in einem Mietvertrag kann wie das Muster auf Seite 133 lauten (Beispiel für das Bundesland Baden-Würtemberg).

Achtung: Diese Mietvertragsklausel ist erst wirksam, wenn sie von der Landeszentralbank schriftlich genehmigt wurde. Das bedeutet, dass Sie den Mietvertrag der für Ihr Bundesland zuständigen Landeszentralbank zur Genehmigung vorlegen müssen.

Während der Geltungsdauer der Wertsicherungsklausel sind andere Mieterhöhungen ausgeschlossen. Lediglich aufgrund baulicher Veränderungen, die der Vermieter nicht zu vertreten hat, z. B. bei behördlichen Auflagen, ist ein Modernisierungsaufschlag nach § 3 MHG möglich.

Mietanpassungsvereinbarung

Zwischen (Name des Vermieters) und (Name des Mieters) wird in Ergänzung des Mietvertrags vom (Datum) über (genaue Bezeichnung der Wohnung) folgende Wertsicherungsklausel festgelegt: Ändert sich der Lebenshaltungskostenindex für die mittlere Verbrauchergruppe (Vier-Personen-Arbeitnehmerhaushalt, festgestellt vom Statistischen Landesamt Baden-Württemberg) um mehr als zehn Punkte, kann jeder Vertragspartner durch schriftliche Erklärung eine Anpassung der Miete um den entsprechenden Prozentsatz verlangen, sofern der Mietzins jeweils mindestens ein Jahr unverändert bestand (abgesehen von Erhöhungen nach §§ 3 und 4 MGH). Die neue Miete ist vom Beginn des auf die Erklärung folgenden übernächsten Monats an zu bezahlen.

(Datum, Unterschrift Vermieter)

(Datum, Unterschrift Mieter)

Wirksamkeit der Mieterhöhung

Früher konnte der Vermieter seinen Mieter beinahe dazu zwingen, einer **Mieterhöhung** zuzustimmen. So hatte der Vermieter bis Anfang der 70er Jahre die gesetzlich abgesicherte Möglichkeit der Änderungskündigung. Er kündigte den Vertrag und bot dem Mieter an das Vertragsverhältnis zu geänderten Konditionen – also mit einem höheren Mietzins – fortzusetzen.
Der Gesetzgeber hat durch die Einführung des MHG die Kündigung zum Zwecke der Mieterhöhung ausgeschlossen. Der Mieter kann sich seitdem gegen derartige Kündigungen zur Wehr setzen. Vermieterkündigungen sind nur noch wirksam, wenn der Vermieter sie mit einem **berechtigten Interesse** begründen kann. Allerdings besteht jetzt auch eine gesetzliche Regelung zur Mieterhöhung. So darf der Vermieter auch ohne Zustimmung des Mieters die Miete bis zur Grenze der **ortsüblichen Vergleichsmiete** erhöhen.

Mieterhöhung ohne Zustimmung des Mieters

Das Gesetz stellt hohe Anforderungen, bevor es eine Mieterhöhung gegen den Willen des Mieters erlaubt. Die zentrale Vorschrift ist § 2 MHG:

2 MHG (Anspruch auf Mieterhöhung zur Anpassung an den ortsüblichen Mietzins
(1) Der Vermieter kann die Zustimmung zu einer Erhöhung des Mietzinses verlangen, wenn
1. der Mietzins, von Erhöhungen nach den §§ 3 bis 5 abgesehen, seit einem Jahr unverändert ist,
2. der verlangte Mietzins die üblichen Entgelte nicht übersteigt, die in der Gemeinde oder in vergleichbaren Gemeinden für nicht preisgebundenen Wohnraum vergleichbarer Art, Größe, Ausstattung, Beschaffenheit und Lage in den letzten vier Jahren vereinbart oder von Erhöhungen nach § 4 abgesehen, geändert worden sind. (…)
(2) Der Anspruch nach Absatz 1 ist dem Mieter gegenüber schriftlich geltend zu machen und zu begründen. Dabei kann insbesondere Bezug genommen werden auf eine Übersicht über die üblichen Entgelte nach Absatz 1 Satz 1 Nr. 2 in der Gemeinde oder in einer vergleichbaren Gemeinde, soweit die Übersicht von der Gemeinde oder von Interessenvertretern der Vermieter und der Mieter gemeinsam erstellt oder anerkannt worden ist (Mietspiegel); enthält die Übersicht Mietzinsspannen, so genügt es, wenn der verlangte Mietzins innerhalb der Spanne liegt. Ferner kann auf ein mit Gründen versehenes Gutachten eines öffentlich bestellten oder vereidigten Sachverständigen verwiesen werden. Begründet der Vermieter sein Erhöhungsverlangen mit dem Hinweis auf entprechende Entgelte für einzelne vergleichbare Wohnungen, so genügt die Benennung von drei Wohnungen.
(3) Stimmt der Mieter dem Erhöhungsverlangen nicht bis zum Ablauf des zweiten Kalendermonats zu, der auf den Zugang des Verlangens folgt, so kann der Vermieter bis zum Ablauf von weiteren zwei Monaten auf Erteilung der Zustimmung klagen. Ist die Klage erhoben worden, jedoch kein wirksames Erhöhungsverlangen vorausgegangen, so kann der Vermieter das Erhöhungsverlangen im Rechtsstreit nachholen; dem Mieter steht auch in diesem Fall die Zustimmungsfrist nach Satz 1 zu.
(4) Ist die Zustimmung erteilt, so schuldet der Mieter den erhöhten Mietzins von dem Beginn des dritten Kalendermonats ab, der auf den Zugang des Erhöhungsverlangens folgt. (…)

Diese etwas unübersichtliche Vorschrift schreibt zunächst vor, dass der Mietzins seit mindestens einem Jahr unverändert geblieben sein muss. Durch diese

Regelung will der Gesetzgeber kurz aufeinander folgende Mieterhöhungen ausschließen.

Achtung: Ausgenommen sind allerdings Mieterhöhungen wegen (bestimmter) Baumaßnahmen, wegen Erhöhung der Betriebskosten oder der Kapitalkosten (§§ 3–5 MHG), die bei der Berechnung der Jahresfrist außer Acht gelassen werden.

Gleichzeitig darf der neu vereinbarte Mietzins die so genannte ortsübliche **Vergleichsmiete** nicht übersteigen.

Wie wird die ortsübliche Vergleichsmiete ermittelt?

Unter dem Begriff **ortsübliche Vergleichsmiete** versteht man die Mieten, die in der Gemeinde oder in vergleichbaren Gemeinden für nicht preisgebundenen Wohnraum vergleichbarer Art, Größe, Ausstattung, Beschaffenheit oder Lage in den letzten vier Jahren neu vereinbart oder (von Erhöhungen nach § 4 MHG, der die Betriebskosten betrifft, abgesehen) geändert worden sind. Es ist schwierig die Höhe der ortsüblichen Vergleichsmiete verbindlich zu ermitteln. Das Gesetz gibt in § 2 MHG eine Hilfestellung durch eine beispielhafte, aber nicht abschließende Aufzählung. Von den Möglichkeiten, die das Gesetz aufführt, ist die Berufung auf den **Mietspiegel** die häufigste Form der Feststellung der ortsüblichen Vergleichsmiete.

Was ist ein Mietspiegel?

Der **Mietspiegel** wird von den Gemeinden aufgestellt. Allerdings nimmt nicht jede Gemeindeverwaltung die Mühe auf sich einen Mietspiegel zu ermitteln. Ein Mietspiegel unterscheidet in der Regel für die Einordnung der Wohnung nach verschiedenen Kriterien wie Baualter des Hauses, Lage, Ausstattung. Wenn man im Mietwertspiegel die „richtige" Spalte gefunden hat, stößt man dort oft auf eine Preisspanne. In der Regel helfen dann die Erläuterungen zum Mietwertspiegel bei der Einordnung einer Wohnung in diese Spanne weiter.

> **Beispiel:**
> Alter der Renovierungen bzw. Modernisierungen: Wenn der Vermieter also z. B. gerade eine neue Gastherme eingebaut hat, ist der obere Bereich der Spanne anzuwenden. Abschläge und Zuschläge auf die angegebenen Quadratmeterpreise sind vorgesehen, für Isolierglasfenster bspw. oder für Wohnungen, die größer oder kleiner als eine bestimmte, im Mietwertspiegel angegebene Größe sind.

Wer unsicher ist, könnte sich anderweitig behelfen: Das Gesetz sieht nämlich auch ein **Sachverständigengutachten** als Möglichkeit zur Begründung einer Mieterhöhung vor.

Sachverständigengutachten zur Begründung der Mieterhöhung

Von dieser Möglichkeit ist Ihnen abzuraten. Denn zum einen muss der Mieter, der natürlich weiß, dass auf den Besuch des Gutachters eine Mieterhöhung folgen wird, den Gutachter gar nicht in seine Wohnung lassen, wenn das nicht mietvertraglich ausdrücklich vereinbart ist. Zum anderen kostet das Gutachten Geld, das Sie selbst dann nicht vom Mieter zurückverlagen können, wenn der Mieter die im Gutachten genannte Miete akzeptiert. Und zum Dritten ist auch das Gutachten eines „öffentlich bestellten oder vereidigten Sachverständigen" in einem etwaigen Mieterhöhungsprozess nur Parteivortrag des Vermieters, das heißt kein Beweismittel. Der Richter ist also nicht an die Feststellungen des Gutachtens gebunden!

Wichtig:

Die Miete für Sozialwohnungen (Kostenmiete) stellt übrigens gegen Ende der 90er Jahre keine Orientierungshilfe mehr dar bei der Ermittlung der ortsüblichen Vergleichsmiete. Denn die Kostenmiete ist vielerorts höher als die ortsübliche Vergleichsmiete. Wenn in manchen Gemeinden die ortsübliche Vergleichsmiete für Wohnungen einer bestimmten Qualitätsstufe pro Quadratmeter z. B. bei 10 DM liegt, dann liegt die Kostenmiete für vergleichbare Wohnungen oft bei 12 bis 13 DM.

Begründung der Mieterhöhung mit Vergleichsmieten

Wenn Sie die Mieterhöhung mit **Vergleichsmieten** begründen wollen, dann müssen Sie Wohnungen finden, die nach Alter, Ausstattung, Lage, Größe usw. mit derjenigen Wohnung, für die Sie die Miete erhöhen möchten, vergleichbar sind.

Hier werden von den Gerichten keine zu hohen Anforderungen gestellt, denn das Gesetz fordert nur *Vergleichbarkeit*, keine *Identität in allen wesentlichen Eigenschaften*. Die Wohnungen dürfen auch in anderen Häusern desselben Vermieters liegen, sogar in demselben Haus, in dem er die Miete für eine andere Wohnung erhöhen will.

Gegen eine Wohnung, die gerade erst vermietet worden ist, kann in einem Prozess vonseiten des Mieters, dessen Miete erhöht werden soll, der so genannte **Neuvermietungseinwand** vorgebracht werden, da die Vergleichsmiete möglicherweise wegen Neuvermietung höher liegt als bei anderen vergleichbaren Wohnungen. Wenn jedoch auch der Mieter, der vorher in der Wohnung gewohnt hat, eine Miete gezahlt hat, die als Vergleichsmiete hätte herangezogen werden können, dann kann der Neuvermietungseinwand nicht erhoben werden. Auf einen solchen Umstand sollten Sie im Mieterhöhungs-schreiben zweckmäßigerweise gleich hinweisen.

Die Wohnungen müssen so benannt werden, dass der Mieter sie identifizieren kann. Welche Anforderungen an die Benennung zu stellen sind, ist umstritten. Wenn die Wohnungen nach Lage und Stockwerk usw. genau identifiziert werden können, so ist z. B. der Name der Mieter entbehrlich. Ausreichend wäre eine Benennung wie folgt:

> (Adresse), Obergeschoss links, 65 qm, Kaltmiete ohne alle Betriebs-kosten 11,20 DM pro Quadratmeter. Das Mietshaus hat das Baujahr (Jahreszahl), liegt im selben Viertel wie Ihre Wohnung. Die Wohnung hat außerdem, wie Ihre Wohnung, drei Zimmer, Küche, Diele, Bad, Zentralheizung, Parkett. Vergleichbarkeit ist daher gegeben.

> **Tipp:**
>
> Obwohl das Gesetz nur drei Vergleichsmieten verlangt, sollten Sie als Vermieter nach Möglichkeit eine höhere Anzahl benennen, und zwar vorsorglich bereits im Mieterhöhungsschreiben. Denn dann hat man eine Reserve, wenn das Gericht eine der angegebenen Wohnungen nicht als vergleichbar ansieht. Zum anderen könnte der Richter einem Mietspiegel mit niedrigeren Werten größere Beachtung schenken als den Vergleichswohnungen mit höheren Werten. Wenn aber mehr als nur drei Vergleichswohnungen bekannt sind, dann spricht das dafür, dass möglicherweise der Mietspiegel veraltet ist.

Übersicht: ortsübliche Vergleichsmieten 1998

Mieten sind keine konstante Größe, sondern verändern sich ständig. Ein für Vermieter bedauerlicher Umstand ist die Tatsache, dass Mieten nicht nur steigen, sondern gelegentlich auch fallen. Das kann bedeuten, dass die Kalkulation in einem solchen Fall z. B. bei der Anschaffung eines Mietshauses neu überdacht werden muss. Zwar bleibt eine einmal vertraglich vereinbarte Miete bestehen. Es gibt im frei finanzierten Wohnungsmarkt keine gesetzliche Regelung, nach der Sie verpflichtet wären, die Miete einer sinkenden ortsüblichen Vergleichsmiete anzupassen. Aber bei einem relativ hohen Mietniveau in einem Mietshaus wird sich die übliche Mieterfluktuation auf diese Weise noch verstärken.

Die ortsüblichen Vergleichsmieten können im Bundesgebiet sehr verschieden sein. Um Ihnen einen Überblick zu geben, hier eine Aufstellung der ortsüblichen Vergleichsmieten aus dem Jahre 1998, die der *Ring Deutscher Makler* angefertigt hat.

Kaltmiete in DM/m²

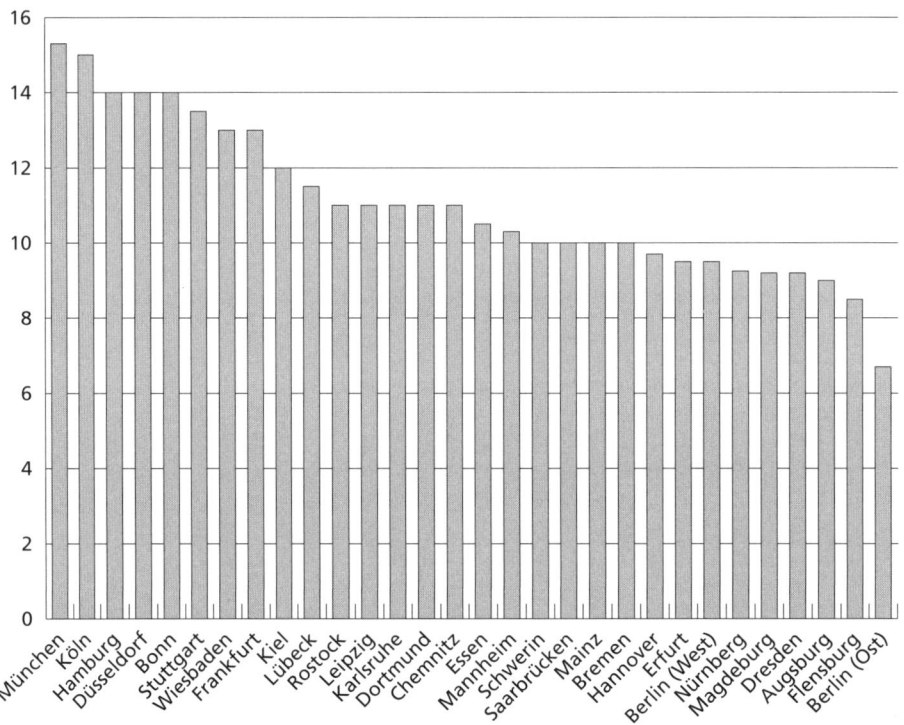

Quelle: Ring Deutscher Makler, Süddeutsche Zeitung vom 15.04.1998
Dieser Aufstellung liegen Kaltmieten zugrunde, die im Frühjahr 1998 bei Neubezug einer nach 1948 fertig gestellten Drei-Zimmer-Wohnung mit mittlerem Wohnwert und etwa 70 Quadratmetern Größe anfielen.

Kappungsgrenze

Die Mieterhöhung ist nur wirksam, wenn der Mietzins innerhalb eines Zeitraums von drei Jahren um maximal 30 % erhöht wurde. Das bedeutet, dass alle drei Jahre eine Mieterhöhung um 30 % möglich wäre, solange sich die Erhöhung in den Grenzen der ortsüblichen Vergleichsmiete hält. Eine Erhöhung um 30 % setzt natürlich voraus, dass die ortsübliche Vergleichsmiete im Vergleichszeitraum ebenfalls in diesem Maße gestiegen ist.

Musterbrief: Mieterhöhung

(Absender: Name des Vermieters)

(Adresse: Name des Mieters)

                        (Ort), den (Datum)

Mietverhältnis ... (Adresse)

Sehr geehrter (Mieter),

ich bin nach dem Gesetz berechtigt, eine Mieterhöhung zu verlangen, wenn für vergleichbare Wohnungen üblicherweise ein höherer Mietzins gezahlt wird und der Mietzins seit einem Jahr unverändert geblieben ist.

Ich mache von dieser gesetzlichen Möglichkeit Gebrauch. Der von Ihnen gezahlte Kaltmietzins beträgt derzeit (...) DM. Aus der anrechenbaren Wohnfläche für Ihre Wohnung von (Zahl) Quadratmetern ergibt sich ein bisheriger Quadratmeterpreis von (...) DM.

Ihre Miete ist seit (Datum; länger als ein Jahr) nicht mehr erhöht worden. Die von Ihnen angemietete Wohnung ist im Jahre (Datum) bezugsfertig geworden; sie verfügt über folgende Ausstattung: (genaue Beschreibung) und befindet sich in guter/mittlerer/einfacher Wohnlage.

Damit fällt sie in Ausstattungsklasse (...) und Lageklasse (...) sowie Altersklasse (....) des Mietspiegels. Das ergibt eine Miete von (...) bis (...) DM.

Aufgrund der besonders verkehrsgünstigen Lage/des guten Wohnungszuschnitts (usw.) ist Ihre Wohnung mit (...) DM pro Quadratmeter im unteren/mittleren/oberen Feld der vorgenannten Bandbreite einzuordnen.

Es ergibt sich folgende Berechnung: neue Kaltmiete pro Quadratmeter x Quadratmeter = neue monatliche Kaltmiete.

Die neue monatliche Kaltmiete beträgt also (...) DM, zuzüglich (...) DM Betriebskostenvorauszahlung, insgesamt also (...) DM, zahlbar erstmalig ab dem (Datum).

Die geforderte Erhöhung hält sich innerhalb der Kappungsgrenze des § 2 Abs. 1 Ziff. 3 MHG, wonach die Miete innerhalb von drei Jahren um nicht mehr als 30% erhöht werden darf.

Mit freundlichen Grüßen

(Unterschrift des Vermieters)

Klage auf Zustimmung des Mieters

Der Mieter hat die Möglichkeit der Erhöhung ausdrücklich zu widersprechen. Es reicht jedoch aus, wenn er gar nicht reagiert. Schweigen gilt in diesem Falle als Verweigerung der Zustimmung.

> **Wichtig:**
>
> Wenn Sie als Vermieter in Ihr Erhöhungsschreiben folgende Formulierung aufnehmen: „Wenn ich nichts Gegenteiliges von Ihnen höre, gehe ich von Ihrer Zustimmung aus", so führt das leider nicht zu einer wirksamen Mieterhöhung, denn der Vermieter darf dem Schweigen des Mieters nicht einseitig einen von ihm bestimmten Erklärungswert unterstellen.

Stimmt der Mieter dem Erhöhungsverlangen nicht bis zum Ablauf des zweiten Kalendermonats zu, der auf den Zugang des Schreibens folgt, so kann der Vermieter bis zum Ablauf von weiteren zwei Monaten auf Erteilung der Zustimmung klagen.

Ist die Klage erhoben worden, jedoch kein wirksames Erhöhungsverlangen vorausgegangen, so vermag der Vermieter das Erhöhungsverlangen im Rechtsstreit nachzuholen; dem Mieter steht auch in diesem Fall die Zustimmungsfrist nach Satz 1 zu.

> **Beispiel:**
>
> Das Mieterhöhungsschreiben geht dem Mieter am 14. Januar zu. Das heißt, der Monat des Zugangs ist der Januar. Der Vermieter muss dann bis zum Ablauf des zweiten Monats, der auf den Monat des Zugangs folgt, warten, ob der Mieter zustimmt: Das ist hier der 31. März. Wenn der Mieter nicht zustimmt, kann der Vermieter nun auf Erteilung der Zustimmung vor Gericht klagen. Er muss sich aber jetzt beeilen. Er hat nur Zeit bis zum Ablauf von weiteren zwei Monaten, also in unserem Beispiel bis zum 30. Mai. Lässt er die Sache länger liegen, kann er keine Klage mehr erheben und damit sein Mieterhöhungsverlangen nicht mehr durchsetzen. Er muss gegebenenfalls mit dem soeben beschriebenen Mieterhöhungsverfahren von Neuem beginnen.

Wenn er rechtzeitig Klage erhoben hat und sich im Prozess herausstellt, dass das Erhöhungsverlangen nicht wirksam war (Beispiel: Eine von drei benannten Vergleichsmieten stellt sich als nicht vergleichbar heraus), dann kann der Vermieter nachbessern (siehe Gesetzestext), allerdings beginnt die Zustimmungsfrist für den Mieter ab da neu zu laufen; auch wird das Mieterhöhungsverlangen erst entsprechend später wirksam.

Wenn der Mieter die Zustimmung freiwillig erklärt

Wenn der Mieter die begehrte Zustimmung erteilt, dann schuldet er den erhöhten Mietzins von Beginn des dritten Kalendermonats an, der auf den Zugang des Erhöhungsverlangens folgt.

Die Zustimmung kann auch mündlich erklärt werden oder einfach durch vorbehaltlose Überweisung der neuen Miete zum Ausdruck gebracht werden. Der Vermieter, der im Beispiel oben vom 1. April bis 30. Mai Zeit hat, Klage zu erheben, kann deshalb auch die Aprilmiete erst einmal abwarten und dann gegebenenfalls nochmals eine Frist mit dem Hinweis setzen, dass er nach Fristablauf Klage erheben werde.

Wohnungsmängel als Einwand gegen Mieterhöhung

Oft erhalten Vermieter auf ihr Mieterhöhungsverlangen als Reaktion ein langes Mängelschreiben des Mieters mit dem Hinweis, dass wegen der **Mängel** die Mieterhöhung nicht akzeptiert wird. Auch wenn es sich dabei nicht um ein „Manöver" des Mieters handelt, sondern die Mängel tatsächlich vorliegen (und der Mieter sie z. B. bei der niedrigen Miete in Kauf genommen hat, bei einer höheren Miete aber nicht mehr tolerieren will), können Mängel im Sinne des § 537 BGB einer Mieterhöhung nicht entgegengehalten werden. Wenn die Mieterhöhung ansonsten nach den oben genannten Kriterien wirksam wäre, muss der Mieter zustimmen. Er kann dann aber gemäß § 537 BGB wegen der Mängel eine **prozentuale Mietminderung** vornehmen, und zwar selbstverständlich gerechnet auf die neue höhere Miete.

Fristen des Vermieters bei der Mieterhöhung

Zuerst einmal besteht eine einjährige Wartefrist nach der letzten Erhöhung der Miete, bevor der Vermieter das nächste Mal wieder die Miete erhöhen kann.

Nach Zugang des Erhöhungsverlangens beginnt die Frist des § 3 Abs. 4 MHG zu laufen, nach deren Ablauf der Mieter die erhöhte Miete schuldet (von Beginn des dritten Kalendermonats an nach Zugang), wenn er die höhere Miete akzeptiert hat.

Widerspricht der Mieter jedoch oder reagiert der Mieter nicht auf das Mieterhöhungsverlangen des Vermieters, dann gilt die Zustimmung als verweigert. Der Mieter hat jedoch eine Überlegungsfrist bis zum Ablauf des zweiten Kalendermonats, der auf den Zugang des Erhöhungsverlangens folgt (§ 2 Abs. 3 MHG).

Nach Ablauf der Überlegungsfrist des Mieters muss der Vermieter innerhalb von weiteren zwei Monaten vor Gericht gehen und auf Erteilung der Zustimmung klagen (dies geht ebenfalls aus § 2 Abs. 3 MHG hervor).

> **Wichtig:**
>
> Wird die Klagefrist auf Zustimmung zur Mieterhöhung vom Vermieter versäumt, dann muss der Vermieter noch einmal von vorn beginnen: mit einem neuen Mieterhöhungsschreiben.

Mieterhöhung nach Modernisierungsmaßnahmen

Modernisierungsmaßnahmen kommen in erster Linie dem Mieter zugute. Aus diesem Grunde sieht das Gesetz in § 3 MHG vor, dass der Vermieter die Mieter in engen Grenzen an den Kosten baulicher Maßnahmen beteiligen kann.

Voraussetzung für das Umlegen der Kosten gemäß § 3 MHG ist, dass es sich bei den Modernisierungsmaßnahmen um solche handelt,

- die den Gebrauchswert der Mietsache nachhaltig erhöhen oder
- die allgemeinen Wohnverhältnisse auf Dauer verbessern oder
- die nachhaltig Einsparungen von Heizenergie oder -wasser bewirken oder
- die aufgrund von Umständen durchgeführt werden, die der Vermieter nicht zu vertreten hat.

Von besonderer Bedeutung sind die Wörter „nachhaltig" und „auf Dauer". Denn der Gesetzgeber will verhindern, dass z.B. Luxusmodernisierungen durchgeführt werden zum alleinigen Zweck, die Miete unverhältnismäßig nach oben zu treiben.

Zulässige Modernisierungsmaßnahmen sind:

- Einbau eines Fahrstuhls in einem mehrstöckigen Mietshaus,
- Einbau einer Toilette in der Wohnung statt im Flur,
- Einbau von isolierverglasten Kunststofffenstern,
- Einbau einer Zentralheizung statt Etagenölheizung.

Als Vermieter können Sie 11 % der Modernisierungskosten pro Jahr auf die Miete aufschlagen. Dabei müssen die Kosten je nach Art der Maßnahmen entweder angemessen auf alle Parteien verteilt werden oder aber den „Hauptnutznießern" zugeschlagen werden. Es bietet sich z.B. bei einer Fassadendämmung an, die Kosten entsprechend der Wohnfläche der einzelnen Wohnungen auf alle Mieter aufzuteilen. Andere Maßnahmen, wie z.B. der Einbau von Fenstern, können anhand der Rechnung einer bestimmten Mietwohnung zugeordnet werden.

Sie dürfen übrigens nicht sämtliche Kosten überwälzen, sondern müssen Kosteneinsparungen berücksichtigen. Das bedeutet bspw. beim Einbau einer neuen Zentralheizung, dass Sie die Reparaturkosten, die für die alte und defekte Heizung ohnehin angefallen wären, von den Kosten der neuen Heizung abzuziehen haben. Oder: Beim Einbau neuer Fenster (Wärmedämmung oder Schallschutz) müssen die Kosten für die Reparatur defekter Fenster in voller Höhe von der Summe der Handwerkerrechnungen abgezogen werden, um den Modernisierungsaufwand ermitteln zu können.

Wichtig:

Es ist gängige Rechtsprechung, dass bei einer durch die Modernisierung bewirkten nachhaltigen Einsparung von Heizenergie eine Mieterhöhung nur bis zum Betrag von 200 % der dadurch vom Mieter tatsächlich erlangten Vorteile möglich ist.
Beispiel: Wenn die neue Wärmedämmung der Außenwände für einen Mieter eine Einsparung an Heizkosten von 50 DM im Monat bringt, der Anteil von 11 % an der teuren Wärmedämmung allerdings beim gleichen Mieter zu einer monatlichen Mieterhöhung von 200 DM führen würde, dann können Sie als Vermieter nur 100 DM verlangen.

Hinsichtlich der Durchführung der Modernisierungsmaßnahmen bestimmt § 541b BGB eine **Duldungspflicht** des Mieters. Dabei handelt es sich um eine Bestimmung, die nur auf den ersten Blick kompliziert aussieht:

§ 541b BGB (Maßnahmen zur Verbesserung)
(1) Maßnahmen zur Verbesserung der gemieteten Räume oder sonstiger Teile des Gebäudes, zur Einsparung von Heizenergie oder Wasser oder zur Schaffung neuen Wohnraums hat der Mieter zu dulden, es sei denn, dass die Maßnahme für ihn oder seine Familie eine Härte bedeuten würde, die auch unter Würdigung der berechtigten Interessen des Vermieters und anderer Mieter in dem Gebäude nicht zu rechtfertigen ist. Dabei sind insbesondere die vorzunehmenden Arbeiten, die baulichen Folgen, vorausgegangene Verwendungen des Mieters und die zu erwartende Erhöhung des Mietzinses zu berücksichtigen. Die Erhöhung des Mietzinses bleibt außer Betracht, wenn die gemieteten Räume oder sonstigen Teile des Gebäudes lediglich in einen Zustand versetzt werden, wie er allgemein üblich ist.

(2) Der Vermieter hat dem Mieter zwei Monate vor dem Beginn der Maßnahme deren Art, Umfang, Beginn und voraussichtliche Dauer sowie die zu erwartende Erhöhung des Mietzinses schriftlich mitzuteilen.

Der Mieter ist berechtigt, bis zum Ablauf des Monats, der auf den Zugang der Mitteilung folgt, für den Ablauf des nächsten Monats zu kündigen.

Hat der Mieter gekündigt, ist die Maßnahme bis zum Ablauf der Mietzeit zu unterlassen.

Diese Vorschriften gelten nicht bei Maßnahmen, die mit keiner oder nur mit einer unerheblichen Einwirkung auf die vermieteten Räume verbunden sind und zu keiner oder nur zu einer unerheblichen Erhöhung des Mietzinses führen.

(3) Aufwendungen, die der Mieter infolge der Maßnahme machen musste, hat der Vermieter in einem den Umständen nach angemessenen Umfang zu ersetzen; auf Verlangen hat der Vermieter Vorschuss zu leisten.

(4) Bei einem Mietverhältnis über Wohnraum ist eine zum Nachteil des Mieters abweichende Vereinbarung unwirksam.

Diese Vorschrift stellt also auch für den Vermieter Regeln auf, die unbedingt eingehalten werden müssen. Von entscheidender Bedeutung ist insoweit die **rechtzeitige und vollständige Ankündigung** der Maßnahmen.

Ankündigung von Maßnahmen, Kosten und voraussichtlicher Mieterhöhung

Damit die Mieterhöhung wegen Renovierungsmaßnahmen wirksam ist, muss der Vermieter sich in zwei Schritten an den Mieter wenden:

1. Er hat zunächst rechtzeitig vor Beginn der Modernisierungsmaßnahmen (zwei Monate) dem Mieter die beabsichtigten Maßnahmen, die anfallenden Kosten und die auf ihn zukommende voraussichtliche Mieterhöhung mitzuteilen.
2. Nach Ende der Maßnahmen muss der Vermieter dem Mieter schriftlich die Erhöhung mitteilen, sobald ihm die genauen Kosten bekannt sind. Der Vermieter ist verpflichtet, dem Mieter den Erhöhungsbetrag vorzurechnen und zu erläutern.

Der Erhöhungsbetrag wird vom Mieter dann ab dem Ersten des auf die Erhöhung folgenden übernächsten Monats geschuldet.

Wenn der Vermieter die voraussichtliche Mieterhöhung nicht vorher mitgeteilt hat oder wenn die endgültige Mieterhöhung mehr als 10 % über der vorher mitgeteilten liegt, so verlängern sich die genannten Fristen um sechs Monate.

Musterbrief: Ankündigung der Maßnahmen etc.

(Absender: Name des Vermieters)

(Adresse: Name des Mieters)

                        (Ort), den (Datum)

Mietverhältnis (Adresse)

Sehr geehrter (Mieter),

ich werde in der Zeit vom (Datum) bis (Datum) im Haus (Adresse) Modernisierungsmaßnahmen durchführen, die auch den Wohnwert Ihrer Wohnung steigern werden.

Ich beabsichtige in Ihrer Wohnung/im Haus folgende bauliche Maßnahmen vorzunehmen: (Beispiele)
■ Die einfach verglasten Fenster werden durch neue isolierverglaste Fenster einschließlich neuer Fensterrahmen ausgewechselt.
■ Die Beheizung der Wohnung mit Einzelölöfen wird durch Installation einer Gaszentralheizung ersetzt.
■ Die gesamten Außenwände des Hauses werden wärmegedämmt. Diese Maßnahme wird zu einer nachhaltigen Einsparung von Heizenergie führen.
■ Im Treppenhaus wird ein Fahrstuhl installiert.
■ Ihre Wohnung erhält einen Anschluss an das Breitbandkabelnetz der Telekom, über den dann ein Fernsehempfang möglich ist.

Dies ist auch für Sie von Vorteil, denn (...).

Nach § 3 des Gesetzes zur Regelung der Miethöhe sind wir berechtigt die aufgewendeten Baukosten durch eine Erhöhung der Grundmiete umzulegen. Danach kann die Jahresmiete um 11% der für Ihre Wohnung aufgewendeten Kosten erhöht werden.
Die Baukosten werden voraussichtlich (...) DM betragen, wie Sie dem anliegenden Kostenvoranschlag entnehmen können. Davon entfallen auf Ihre Wohnung voraussichtlich (...) DM.
Im Einzelnen berechnet sich die auf Ihre Wohnung entfallene Erhöhung wie folgt:
1. Voraussichtliche Baukosten (...) DM
2. Das Verhältnis der Wohnfläche Ihrer Wohnung zur Gesamtwohnfläche des Hauses beträgt (...) %. Daher entfällt auf Ihre Wohnung ein Anteil von (...) DM an den Renovierungskosten.
3. Der jährliche Erhöhungsbetrag von diesem Kostenanteil beträgt 11% = (...) DM.
4. Somit erhöht sich Ihre Monatsmiete voraussichtlich um (...) DM auf (...) DM.

Den genauen Erhöhungsbetrag werde ich Ihnen mitteilen, wenn die endgültigen Kosten bekannt sind.

- Seite 2 -

Der voraussichtliche Baubeginn wird am (Datum) sein.
Die Arbeiten sollen ca. (...) dauern, wobei ich schon jetzt darauf hinweise, dass sich dieser Zeitraum durch Unvorhergesehenes verlängern
kann.

Bitte teilen Sie uns innerhalb von zwei Monaten mit, ob Sie mit der
Modernisierungsmaßnahme einverstanden sind oder ob und gegebenenfalls
welche Einwendungen Sie gegen diese Maßnahme geltend machen wollen.

Nur der guten Ordnung halber weise ich Sie auf das Ihnen gesetzlich
eingeräumte Sonderkündigungsrecht hin. Gemäß § 541b Abs. 2 S. 2 BGB
sind Sie berechtigt, bis zum Ablauf des Monats, der auf den Zugang
dieses Schreibens folgt, für den Ablauf des nächsten Monats zu kündigen. Sollten Sie kündigen, müsste die Modernisierungsmaßnahme bis zum
Ablauf der Mietzeit zurückgestellt werden.

Falls Sie nicht fristgerecht die Zustimmung erklären sollten, wäre ich
nach Gesetzeslage leider gezwungen, Sie auf Duldung der Modernisierungsmaßnahmen gerichtlich in Anspruch zu nehmen. Ich erlaube mir,
darauf hinzuweisen, dass die Anwalts- und Gerichtskosten in diesem Fall
von Ihnen zu bezahlen wären.

Ich bitte mir Ihre Zustimmung auf dem beigefügten Doppel zu bestätigen.

Mit freundlichen Grüßen

(Unterschrift Vermieter)

Ich bin mit den angekündigten Modernisierungsmaßnahmen einverstanden.

_____   _____
(Ort, den ...)   (Unterschrift Mieter)

Musterbrief: Endaufstellung der Maßnahmen und Kosten

(Absender: Name des Vermieters)

(Adresse: Name des Mieters)

(Ort), den (Datum)

Mietverhältnis (Adresse)

Sehr geehrter (Mieter),

ich habe mit Ihrer Zustimmung in Ihrer Wohnung folgende Modernisie-
rungsmaßnahmen durchgeführt: (Beispiele:)
- Die einfach verglasten Fenster wurden durch neue isolierverglaste
  Fenster einschließlich neuer Fensterrahmen ausgewechselt.
- Die Beheizung der Wohnung mit Einzelölöfen wurde durch Installation
  einer Gaszentralheizung ersetzt.
- Die gesamten Außenwände des Hauses wurden wärmegedämmt. Diese Maß-
  nahme wurde zu einer nachhaltigen Einsparung von Heizenergie führen.
- Im Treppenhaus wurde ein Fahrstuhl installiert.
- Ihre Wohnung erhielt einen Anschluss an das Breitbandkabelnetz der
  Telekom, über den ein Fernsehempfang möglich ist.

Durch mein Schreiben vom (Datum) wurden Sie auf die Durchführung der
Baumaßnahmen, deren voraussichtliche Kosten und die sich daraus erge-
bende Mieterhöhung hingewiesen. Die tatsächlich entstandenen Kosten und
die sich daraus für Sie ergebenden Erhöhungsbeträge entsprechen mit
geringen Abweichungen den früheren Angaben.

Nach § 3 des Gesetzes zur Regelung der Miethöhe bin ich berechtigt die
aufgewendeten Baukosten durch eine Erhöhung der Grundmiete umzulegen.
Danach kann die Jahresmiete um 11% der für Ihre Wohnung aufgewendeten
Kosten erhöht werden. Im Einzelnen berechnet sich die auf Ihre Wohnung
entfallene Erhöhung wie folgt:
1. Baukosten (...) DM
2. Das Verhältnis der Wohnfläche Ihrer Wohnung zur Gesamtwohnfläche des
   Hauses beträgt (...) %. Daher entfällt auf Ihre Wohnung ein Anteil
   von (...) DM an den Renovierungskosten.
3. Der jährliche Erhöhungsbetrag von diesem Kostenanteil beträgt 11% =
   (...) DM.
4. Somit erhöht sich Ihre Monatsmiete um (...) DM auf (...) DM.

Ab (Datum) bitte ich Sie die neue Miete zuzüglich der vereinbarten
Vorauszahlung für Betriebskosten auf das Ihnen bekannte Mietkonto zu
überweisen.

Mit freundlichen Grüßen

(Unterschrift)

Tipp:

Die Mieterhöhung nach § 3 MHG kann unabhängig von anderen Mieterhöhungen erfolgen. Das bedeutet z.B., dass sie auch vor oder neben einer Mieterhöhung nach § 2 MHG (wegen Erhöhung der ortsüblichen Vergleichsmiete) möglich ist. Wenn die von Ihnen vermietete Wohnung vergleichsweise preiswert ist, dann empfiehlt es sich, zunächst die Kosten der Modernisierung aufzuschlagen, bevor Sie eine Mieterhöhung gemäß § 2 MHG durchführen. Damit können Sie Probleme mit der Kappungsgrenze vermeiden, da Sie ja innerhalb von drei Jahren höchstens 30 % gemäß § 2 MHG erhöhen dürfen. Wenn Sie allerdings vorher die Miete gemäß § 3 MHG erhöhen, dann wird der erzielbare Kaltmietzins höher.

Also noch einmal: Sie als Vermieter müssen Ihren Mieter *zwei* Briefe schreiben: einen *vor* (siehe Seite 145/146) und einen *nach* (siehe Seite 147) den Maßnahmen.

Mieterhöhung bei Erhöhung der Betriebskosten

Dieses Thema wird weiter hinten (ab Seite 206) im Zusammenhang mit den **Betriebskosten** behandelt, denen wegen ihrer großen Bedeutung ein eigenes Kapitel gewidmet ist.

Mieterhöhung bei Kapitalkostenerhöhung

Die **Kapitalkosten** gehören zu den Betriebskosten und in den meisten Mietverträgen verpflichtet sich der Mieter die auf ihn entfallenden Kapitalkosten zu tragen. Wenn die Kapitalkosten steigen, dann kann der Vermieter unter bestimmten Voraussetzungen die Miete erhöhen. Es greift der § 5 MHG:

§ 5 MHG (Erhöhung oder Ermäßigung der Kapitalkosten)
(1) Der Vermieter ist berechtigt, Erhöhungen der Kapitalkosten, die nach Inkrafttreten dieses Gesetzes infolge einer Erhöhung des Zinssatzes aus einem dinglich gesicherten Darlehen fällig werden, durch schriftliche Erklärung anteilig auf den Mieter umzulegen, wenn
   1. der Zinssatz sich
      a) bei Mietverhältnissen, die vor dem 1. Januar 1973 begründet worden sind, gegenüber dem am 1. Januar 1973 maßgebenden Zinssatz,

     b) bei Mietverhältnissen, die nach dem 31. Dezember 1972 begründet worden sind, gegenüber dem bei Begründung maßgebenden Zinssatz erhöht hat,

  2. die Erhöhung auf Umständen beruht, die der Vermieter nicht zu vertreten hat,

  3. das Darlehen der Finanzierung des Neubaues, des Wiederaufbaues, der Wiederherstellung, des Ausbaues, der Erweiterung oder des Erwerbs des Gebäudes oder des Wohnraumes oder von baulichen Maßnahmen im Sinne des § 3 Abs. 1 gedient hat.

(2) § 4 Abs. 2 Satz 2 und Absatz 3 Satz 1 gilt entsprechend.

(3) Ermäßigt sich der Zinssatz nach einer Erhöhung des Mietzinses nach Absatz 1, so ist der Mietzins vom Zeitpunkt der Ermäßigung ab entsprechend, höchstens aber um die Erhöhung nach Absatz 1, herabzusetzen. Ist das Darlehen getilgt, so ist der Mietzins um den Erhöhungsbetrag herabzusetzen. Die Herabsetzung ist dem Mieter unverzüglich mitzuteilen.

(4) Das Recht nach Absatz 1 steht dem Vermieter nicht zu, wenn er die Höhe der dinglich gesicherten Darlehen, für die sich der Zinssatz erhöhen kann, auf eine Anfrage des Mieters nicht offen gelegt hat.

(5) Geht das Eigentum an dem vermieteten Wohnraum von dem Vermieter auf einen Dritten über und tritt dieser anstelle des Vermieters in das Mietverhältnis ein, so darf der Mieter durch die Ausübung des Rechts nach Absatz 1 nicht höher belastet werden, als dies ohne den Eigentumsübergang möglich gewesen wäre.

Die Regelung des MHG ist kompliziert und für juristische Laien sehr unübersichtlich. Es empfiehlt sich dringend, kompetente Hilfe in Anspruch zu nehmen, wenn Sie mit diesem Thema als Mieter oder als Vermieter konfrontiert werden.

Interessant ist vielleicht eine besonders häufige Fallkonstellation: Wenn ein vermietetes Haus verkauft wird, dann kann der Erwerber (also der neue Eigentümer bzw. Vermieter) die aus der Finanzierung des Kaufpreises resultierenden Kreditkosten nicht einfach auf die alten Mieter abwälzen. Der jetzige Vermieter darf auf die alten Mieter nur diejenigen Zinserhöhungen abwälzen, die auch der frühere Vermieter auf die Mieter hätte umlegen können. Anders wäre das, wenn die alten Mieter mit einer Änderung des Mietvertrages einverstanden wären.

Musterbrief: Mieterhöhung bei Kapitalkostenerhöhung

(Absender: Name des Vermieters)

(Adresse: Name des Mieters)

(Ort), den (Datum)

Mietverhältnis (Adresse)

Sehr geehrter (Mieter),

beim Erwerb des Hauses (genaue Bezeichnung) musste ich zur Finanzierung ein durch Grundpfandrecht gesichertes Darlehen in Höhe von 200 000 DM aufnehmen. Zwischenzeitlich haben sich aufgrund der vertraglichen Bedingungen des Darlehensvertrages der Zinssatz und damit die jährlichen Kapitalkosten erhöht. Ich bin daher gezwungen, von meinem Recht, die Erhöhung der Kapitalkosten anteilig auf die Mieter des Hauses umzulegen, gemäß § 5 MHG Gebrauch zu machen.

Gegenüber dem Ausgangssatz des Darlehens bei Begründung des Mietverhältnisses am (Datum) in Höhe von (...) beträgt der heutige Zinssatz für das Darlehen gemäß Anforderungsschreiben der XY-Bank vom (Datum) (...)% jährlich, also (...)% mehr. Die auf die von Ihnen angemietete Wohnung entfallende Mieterhöhung von (...) DM errechnet sich demnach wie folgt:

- Jährliche Kapitalkosten zum jetzigen Zeitpunkt   (...) DM
- Jährliche Kapitalkosten zum Ausgangszeitpunkt   (...) DM
- Differenz hieraus = Kapitalkostenerhöhung   (...) DM
- Auf Ihre Wohnung entfallender Anteil (berechnet aus Wohnfläche Ihrer Wohnung im Verhältnis zur Gesamtwohnfläche des Hauses)   (...) DM
- $1/12$ hiervon = monatliche Mietsteigerung   (...) DM

Es ergibt sich somit eine neue monatliche Nettokaltmiete (bisherige Nettokaltmiete zuzüglich Kapitalkosten-Erhöhungsbetrag) von   (...) DM
zuzüglich monatlicher Vorauszahlung auf Heizungskosten von   (...) DM
zuzüglich monatlicher Betriebskostenvorauszahlung   (...) DM

neue monatliche Gesamtmiete   **(...) DM**

Die erhöhte Miete ist mit Wirkung ab folgendem Monat zu entrichten. Sofern Ihnen diese Erklärung nach dem 15. des Monats zugeht, ist der erhöhte Mietzins vom 1. des übernächsten Monats an zu zahlen.

Mit freundlichen Grüßen

(Unterschrift Vermieter)

Vermeiden Sie Mietwucher!

Nur für die „stinkenden Blechkisten auf vier Rädern" gibt „der Deutsche" nach Erkenntnisstand der Statistiker im Laufe seines Lebens vergleichbar viel Geld aus, wie für das Dach über seinem Kopf. Entweder zahlt er sich über Jahrzehnte „dumm und dusselig" für ein eigenes Haus oder eine Eigentumswohnung. Oder er zahlt permanent Miete, die sich auch noch erhöht …

Grundsätzlich wird die **Höhe der Miete** zwischen Vermieter und Mieter frei vereinbart, ohne dass der Staat dabei ein Wörtchen mitzureden hätte. Man spricht auch von **Vertragsautonomie** (= Vertragsfreiheit).

Hinter der Vertragsautonomie steckt eine sehr marktwirtschaftliche bzw. kapitalistische Weltanschauung: Der Preis eines Wirtschaftsgutes wird durch Angebot und Nachfrage gebildet. Die Parteien können bei der Vertragsverhandlung über die Höhe des Mietzinses verhandeln. Und der Mieter hat die Freiheit, auf eine Wohnung zu verzichten, wenn sie ihm zu teuer ist. Da aber bekanntlich eine hohe Nachfrage die Preise nach oben treibt und Wohnungen auch heute noch ein knappes Gut darstellen, wird ein Mieter nur sehr selten die Möglichkeit haben, mit dem Vermieter einen Mietzins nach seinen Vorstellungen auszuhandeln.

Damit die Wohnungsnot nicht ausgenutzt werden kann, ist der Gesetzgeber auch im Bereich der Miethöhe tätig geworden. Heute hat die Miethöhe ihre Grenzen. Hintergrund sind Vorschriften, die den **Mietwucher** als Ordnungswidrigkeit oder sogar als Straftat ahnden:

Mietwucher als „bloße" Ordnungswidrigkeit

In den meisten Fällen wird eine zu hohe Miete nach § 5 *Wirtschaftsstrafgesetz (WiStG)* als so genannte **Mietpreisüberhöhung** eine **Ordnungswidrigkeit** darstellen. Die Folge kann eine Geldbuße bis zur Höhe von 100 000 DM sein.

Das Gesetz bestimmt, dass Überschreitungen der ortsüblichen Vergleichsmiete um mehr als 20 % als Ordnungswidrigkeit geahndet werden können. Sowohl beim Mietwucher, der eine Straftat darstellt, als auch bei der Ordnungswidrigkeit der Mietpreisüberhöhung nach § 5 WiStG steht der Begriff der ortsüblichen Vergleichsmiete im Mittelpunkt. Denn nur, wenn ein zuverlässiger Vergleich möglich ist, kann entschieden werden, ob eine Wohnung tatsächlich deutlich überteuert vermietet wurde. (Zum Thema ortsübliche Vergleichsmiete mehr auf Seite 135.)

Strafbarer Mietwucher

Die Überhöhung der Miete kann nach den Vorschriften des *Strafgesetzbuches (StGB)* sogar eine **Straftat** darstellen.

§ 302a StGB (Wucher)
(1) Wer die Zwangslage, die Unerfahrenheit, den Mangel an Urteilsvermögen oder die erhebliche Willensschwäche eines anderen dadurch ausbeutet, dass er sich oder einem Dritten für die Vermietung von Räumen zum Wohnen oder damit verbundene Nebenleistungen (…) Vermögensvorteile versprechen oder gewähren lässt, die in einem auffälligen Missverhältnis zu der Leistung oder deren Vermittlung stehen, wird mit Freiheitsstrafe bis zu drei Jahren oder mit Geldstrafe bestraft.
(2) In besonders schweren Fällen ist die Strafe Freiheitsstrafe von sechs Monaten bis zu zehn Jahren. Ein besonders schwerer Fall liegt in der Regel vor, wenn der Täter durch die Tat den anderen in wirtschaftliche Not bringt, die Tat gewerbsmäßig begeht (…)

Während die bloße Ordnungswidrigkeit bei Überhöhungen von 20 % über der ortsüblichen Vergleichsmiete liegt, wird eine Strafbarkeit bei mehr als 50 % angenommen.

Rückforderungsanspruch des Mieters
Der Mieter kann zu viel gezahlten Mietzins zurückfordern.
Dabei ist zu berücksichtigen, dass er beim Vorliegen einer Ordnungswidrigkeit (mehr als 20 %) nur den Teil der Miete zurückverlangen kann, der über der Grenze von 120 % der ortsüblichen Vergleichsmiete liegt.
Beim Vorliegen einer Strafbarkeit tendiert die Rechtsprechung dazu, den gesamten zu viel gezahlten Mietzins bis zur ortsüblichen Vergleichsmiete vom Vermieter zurückzufordern.

Mietrückstände einfordern

Mahnungen: Der Ton macht die Musik

Wenn ein Mieter seine Miete zu spät zahlt, kann das verschiedene Gründe haben. Manchmal liegt ein schlichtes Versehen vor. In einem solchen Fall wäre es völlig unangebracht sofort mit einer Kündigung zu drohen. Im Interesse eines guten Verhältnisses zwischen Vermieter und Mieter sollte vielmehr zuerst eine freundliche **Zahlungserinnerung** gewählt werden. Erst wenn diese erfolglos bleibt, müssen deutlichere Worte gesprochen werden.
Im Folgenden finden Sie Musterschreiben, die von der freundlichen Zahlungserinnerung bis zur fristlosen Kündigung wegen Zahlungsverzug reichen.

Freundliche Zahlungserinnerung (1. Mahnung)

Bevor mit Kanonen auf Spatzen geschossen wird, reicht vielleicht ein freundliches Wort, um einen säumigen Mieter an die Mietzahlung zu erinnern:

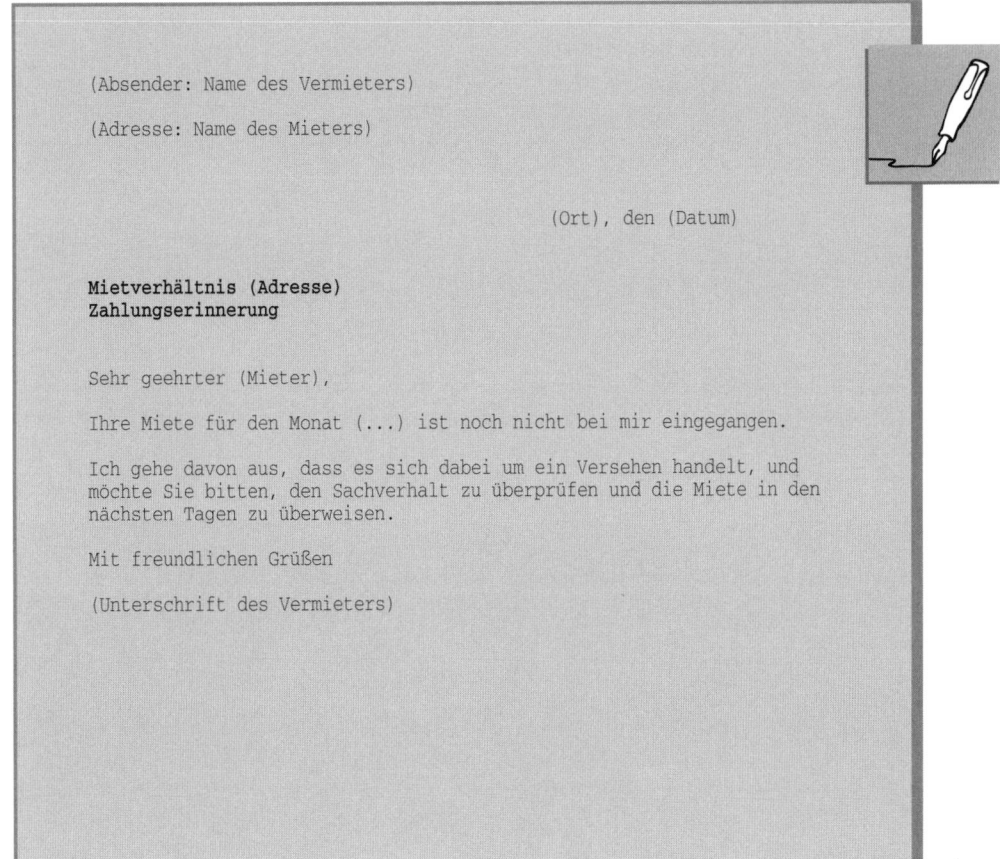

```
(Absender: Name des Vermieters)

(Adresse: Name des Mieters)


                              (Ort), den (Datum)


    Mietverhältnis (Adresse)
    Zahlungserinnerung


    Sehr geehrter (Mieter),

    Ihre Miete für den Monat (...) ist noch nicht bei mir eingegangen.

    Ich gehe davon aus, dass es sich dabei um ein Versehen handelt, und
    möchte Sie bitten, den Sachverhalt zu überprüfen und die Miete in den
    nächsten Tagen zu überweisen.

    Mit freundlichen Grüßen

    (Unterschrift des Vermieters)
```

Übrigens: Eine solche Zahlungserinnerung stellt bereits im Sinne des Gesetzes eine Mahnung dar. Eine Mahnung muss nämlich nicht als solche bezeichnet werden. Es reicht, wenn aus dem Schreiben hervorgeht, dass der Gläubiger vom Schuldner einer fälligen Forderung erwartet, dass der Rückstand beglichen wird.

Die wichtigste rechtliche Wirkung einer Mahnung ist in den meisten Fällen das Herstellen der so genannten **Verzugslage**. Denn vom Moment des Verzugs an haftet der Schuldner für den **Verzugsschaden,** also z. B. für anfallende Zinsen. Unter Umständen können Sie auch Mahnkosten als Verzugsschaden geltend machen. (Mehr zu den Mahnkosten auf Seite 157.)

Deutlichere Worte (2. Mahnung)

Wenn auf obige freundliche „Zahlungserinnerung" keinerlei Reaktion erfolgt, dann wird es nach etwa zwei Wochen Zeit für ein etwas weniger freundlich gefasstes Schreiben, das nun auch ruhig als „Mahnung" bezeichnet werden kann.

Hier ein Beispiel für ein sehr kurz und sachlich gefasstes Mahnschreiben:

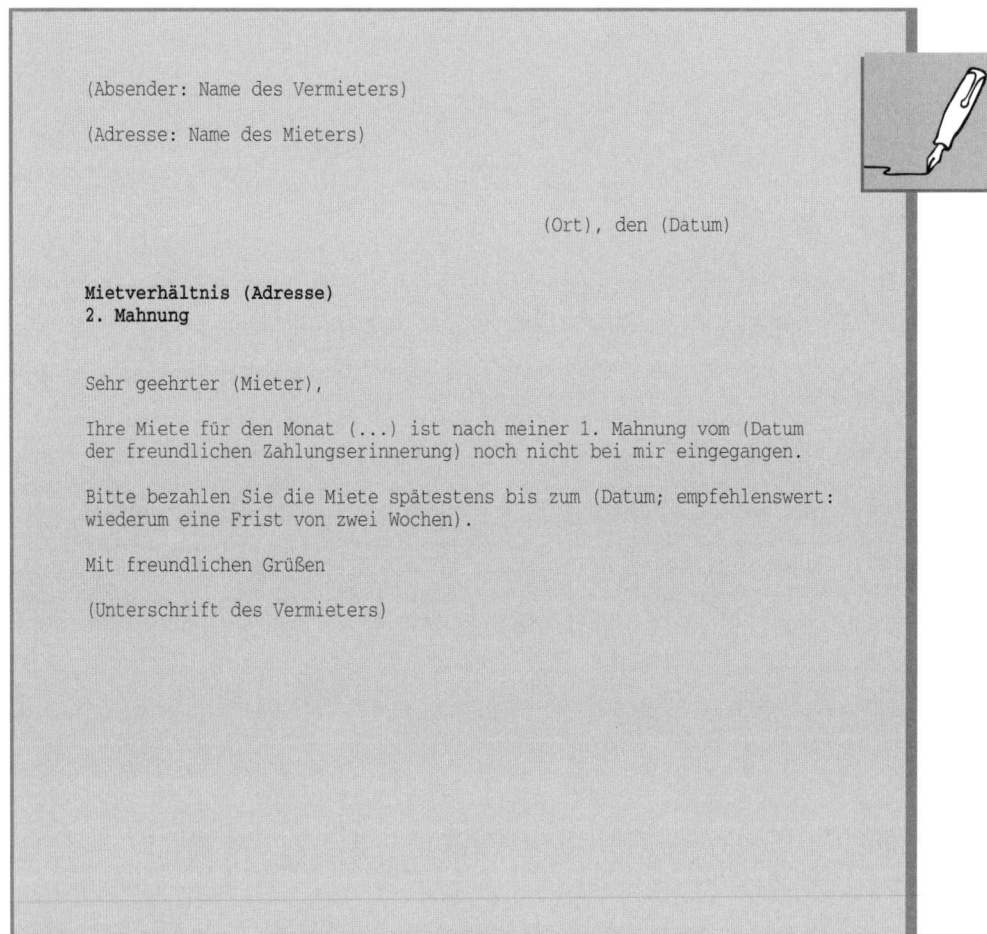

```
(Absender: Name des Vermieters)

(Adresse: Name des Mieters)


                                       (Ort), den (Datum)


Mietverhältnis (Adresse)
2. Mahnung


Sehr geehrter (Mieter),

Ihre Miete für den Monat (...) ist nach meiner 1. Mahnung vom (Datum
der freundlichen Zahlungserinnerung) noch nicht bei mir eingegangen.

Bitte bezahlen Sie die Miete spätestens bis zum (Datum; empfehlenswert:
wiederum eine Frist von zwei Wochen).

Mit freundlichen Grüßen

(Unterschrift des Vermieters)
```

Androhung der fristlosen Kündigung (letzte Mahnung)

Vor einer **fristlosen Kündigung** sollte dem Schuldner der Ernst der Lage mit einer „letzten Mahnung" klar vor Augen geführt werden. Außerdem sollte die fristlose Kündigung für den Fall angekündigt werden, dass der Mieter weiterhin säumig bleibt.

Bei **Zahlungsverzug** steht dem Vermieter das Recht zur fristlosen Kündigung zu, wenn der Mieter

■ entweder für zwei aufeinander folgende Termine mit der Entrichtung des Mietzinses oder eines nicht unerheblichen Teils des Mietzinses im Verzuge ist,

■ oder innerhalb eines Zeitraums, der sich über mehr als zwei Termine erstreckt, mit der Entrichtung des Mietzinses in Höhe eines Betrages in Verzug gekommen ist, der den Mietzins für zwei Monate erreicht.

(Mehr zum Thema fristlose Kündigung wegen Zahlungsverzuges finden Sie ab Seite 159 und auf Seite 229.)
Und hier nun ein Beispiel für die „letzten harten Worte":

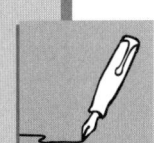

```
(Absender: Name des Vermieters)

(Adresse: Name des Mieters)



                                    (Ort), den (Datum)


     Mietverhältnis (Adresse)
     Letzte Mahnung


     Sehr geehrter (Mieter),

     Ihre Miete für die Monate (...) ist noch immer nicht bei mir eingegan-
     gen. Der Rückstand beträgt mittlerweile (...) DM. Falls Sie bis zum
     (eine Woche Frist) nicht zahlen sollten, werde ich den Mietvertrag
     gemäß den gesetzlichen Vorschriften fristlos kündigen und vor Gericht
     die Zwangsräumung Ihrer Wohnung durchsetzen. Außerdem werde ich die
     rückständigen Mietforderungen gerichtlich gegen Sie geltend machen.

     Sie erhalten mit dieser Mahnung die letzte Gelegenheit diese Schritte
     abzuwenden.

     Mit freundlichen Grüßen

     (Unterschrift des Vermieters)
```

Freundliche Zahlungserinnerung bei Verabredung einer Staffelmiete

Regelmäßig wird der Zeitpunkt, zu dem nach der Vereinbarung der Staffelmiete (siehe hierzu Seite 130 bis 131) die höhere Mietzahlung fällig wird, vom Mieter schlicht und einfach vergessen. Da hinter diesem Versäumnis nur sehr selten eine böse Absicht steckt, Sie als Vermieter aber dennoch zu Ihrem Recht kommen sollen, muss der Mieter in einem freundlichen Schreiben an die Erhöhung der Mieter sowie an seine Zahlungspflichten erinnert werden. Da dieser Brief etwas diplomatisches Geschick verlangt, hier ein geeignetes Muster:

```
(Absender: Name des Vermieters)

(Adresse: Name des Mieters)


                                    (Ort), den (Datum)


Mietverhältnis (Adresse)


Sehr geehrter (Mieter),

wir haben im Mietvertrag eine Staffelmiete vereinbart. Das bedeutet,
dass die Miete sich in bestimmten Zeiträumen um die vereinbarten
Beträge erhöht.

Seit (Datum) beträgt die monatliche Kaltmiete nunmehr (...) DM. Die
Betriebskostenvorauszahlung ist von dieser Vereinbarung nicht betroffen
und beträgt weiterhin (...) DM.

Sie haben versehentlich noch die alte Miete überwiesen. Bitte über-
weisen Sie noch (...) DM und ändern Sie bitte auch Ihren Dauerauftrag.

Mit freundlichen Grüßen

(Unterschrift des Vermieters)
```

Ersatz der Mahnkosten

Als Vermieter steht Ihnen der Ersatz der Unkosten zu, die durch den Zahlungsverzug angefallen sind. Dieser Anspruch stellt rechtlich einen **Schadenersatzanspruch** dar, der auf Ersatz des so genannten **Verzugsschadens** gerichtet ist. Die Voraussetzungen für den Anspruch auf Ersatz von Verzugsschaden sind:

- Die Forderung (hier die Mietzahlung) muss fällig sein.
- Des Weiteren muss entweder ein genau bestimmter Zeitpunkt für die Bezahlung vereinbart worden sein oder der Gläubiger (der Vermieter) muss die Zahlung angemahnt haben. Da bei der Miete der Zeitpunkt der Zahlung in aller Regel entsprechend der Vereinbarung im Mietvertrag feststeht (bis zum dritten Werktag eines Monats), ist die Verzugslage bei einer verspäteten Zahlung immer gegeben.
- Außerdem muss der Schuldner (der Mieter) schuldhaft nicht bezahlt haben.
- Durch die nicht rechtzeitige Zahlung muss dem Gläubiger ein Schaden entstanden sein.

Der Vermieter kann die Unkosten als Verzugsschaden ersetzt verlangen, die ihm aufgrund des Zahlungsverzugs entstanden sind. Es gilt zwar der Grundsatz: Kein Verzug ohne Verschulden (§ 285 BGB). Der Schuldner hat die Nichtzahlung aber praktisch immer zu vertreten, da er auch bei mangelnder finanzieller Leistungsfähigkeit für die Verzögerung der Leistung verantwortlich ist (BGHZ 36, 345).

Der Anspruch richtet sich allerdings nur auf Ersatz der tatsächlichen Auslagen und darf daher nicht über die Kosten für Porto, Briefumschlag, Briefpapier usw. hinausgehen.

Verjährung der Ansprüche auf Miete und Betriebskosten

Die **Verjährungsfristen** für rückständigen Mietzins und noch nicht beglichene Betriebskosten beträgt gemäß § 197 BGB bei nichtgewerblichen Vermietern vier Jahre.

> **Wichtig:**
>
> Die Verjährungsfrist beginnt gemäß § 201 BGB am Schluss des Jahres zu laufen, in dem die Ansprüche entstanden sind. Beispiel: Wenn Sie Ihrem Mieter die Betriebskostenabrechnung für das Jahr 1998 am 15.01.1999 übergeben haben, dann beginnt die Verjährungsfrist erst am 31.12.1999 um 24.00 Uhr zu laufen und endet vier Jahre später mit dem Ablauf des 31.12.2003, ebenfalls um 24.00 Uhr.

Was das Vermieterpfandrecht wert ist

Als Vermieter steht Ihnen an dem Eigentum des Mieters gemäß § 559 BGB ein gesetzliches **Pfandrecht** zu.

Obwohl das Vermieterpfandrecht scheinbar nur dem Vermieter von Grundstücken zusteht, ist der Vermieter einer Wohnung selbstverständlich ebenfalls berechtigt.

Bereits vor Beendigung des Mietverhältnisses kann der Vermieter von seinem Pfandrecht Gebrauch machen.

Das Vermieterpfandrecht umfasst nur die „eingebrachten Sachen des Mieters". Dazu gehören unter anderem die Möbel des Mieters. Dabei erfasst das Pfandrecht aber nur solche Sachen, die im Alleineigentum oder im Miteigentum des Mieters stehen. Es erstreckt sich nicht auf die der Pfändung nicht unterworfenen Sachen. Das sind z. B. ein einfacher Fernseher, eine Waschmaschine oder ein Kühlschrank.

Das Pfandrecht erlischt, sobald die dem Pfandrecht unterliegenden Gegenstände vom Grundstück oder aus der Mietwohnung entfernt werden. **Ausnahme:** Die Gegenstände wurden ohne Wissen oder unter Widerspruch des Vermieters vom Grundstück entfernt.

> **§ 560 BGB (Erlöschen des Pfandrechts)**
> Das Pfandrecht des Vermieters erlischt mit der Entfernung der Sachen von dem Grundstück, es sei denn, dass die Entfernung ohne Wissen oder unter Widerspruch des Vermieters erfolgt. Der Vermieter kann der Entfernung nicht widersprechen, wenn sie im regelmäßigen Betriebe des Geschäfts des Mieters oder den gewöhnlichen Lebensverhältnissen entsprechend erfolgt oder wenn die zurückbleibenden Sachen zur Sicherung des Vermieters offenbar ausreichen.

Der Vermieter hat nach dieser Vorschrift das Recht, die Zurückschaffung auf das Grundstück zu verlangen.

> **Wichtig:**
>
> Wenn Sie als Vermieter Ihr Vermieterpfandrecht geltend machen, dann hat Ihr Mieter die Möglichkeit, beim zuständigen Amtsgericht eine Sicherheitsleistung in Höhe der vom Vermieter geltend gemachten Forderung zu hinterlegen.

Gemäß § 561 Abs. 2 Satz 2 BGB erlischt das Pfandrecht mit dem Ablauf eines Monats, nachdem der Vermieter von der Entfernung der Pfandsache von seinem Grundstück Kenntnis erlangt hat. Das bedeutet, dass Sie vor Ablauf eines Monats die Herausgabe der Pfandsache gerichtlich geltend machen müssen, sonst geht Ihr Herausgabeanspruch verloren.

> **Tipp:**
>
> Das Pfandrecht wird auch strafrechtlich geschützt. Falls Ihr Mieter oder eine andere Person die Sachen des Mieters „in rechtswidriger Absicht" aus der Wohnung entfernt, können Sie ihn wegen Pfandkehr (§ 289 StGB) anzeigen.
> Für eine Bestrafung des Täters ist allerdings erforderlich, dass dieser um die Tatsache wusste, mit seiner Handlung das Pfandrecht des Vermieters verletzt zu haben.

Fristlose Kündigung wegen Mietrückstands gemäß § 554 BGB

Der Gesetzgeber erlaubt die *fristlose Kündigung* des Mietverhältnisses, wenn der Mieter mit der Miete im Rückstand ist. Dies ist in § 554 BGB geregelt:

§ 554 BGB (Fristlose Kündigung bei Zahlungsverzug)
(1) Der Vermieter kann das Mietverhältnis ohne Einhaltung einer Kündigungsfrist kündigen, wenn der Mieter
1. für zwei aufeinander folgende Termine mit der Entrichtung des Mietzinses oder eines nicht unerheblichen Teils des Mietzinses im Verzuge ist, oder
2. in einem Zeitraum, der sich über mehr als zwei Termine erstreckt, mit der Entrichtung des Mietzinses in Höhe eines Betrages in Verzug gekommen ist, der den Mietzins für zwei Monate erreicht. Die Kündigung ist ausgeschlossen, wenn der Vermieter vorher befriedigt wird. Sie wird unwirksam, wenn sich der Mieter von seiner Schuld durch Aufrechnung befreien konnte und unverzüglich nach der Kündigung die Aufrechnung erklärt.

(2) Ist Wohnraum vermietet, so gelten ergänzend die folgenden Vorschriften:
1. Im Falle des Absatzes 1 Satz 1 Nr. 1 ist der rückständige Teil des Mietzinses nur dann als nicht unerheblich anzusehen, wenn er den Mietzins für einen Monat übersteigt; dies gilt jedoch nicht, wenn der Wohnraum zu nur vorübergehendem Gebrauch vermietet ist.

Musterbrief: Kündigung wegen Zahlungsverzugs

```
(Absender: Name des Vermieters)

(Adresse: Name des Mieters)


                                    (Ort), den (Datum)


Mietverhältnis (Adresse)
Fristlose Kündigung wegen Zahlungsrückstands


Sehr geehrter (Mieter),

Sie sind trotz mehrerer Mahnungen mit insgesamt (Anzahl) Mieten, und
zwar für die Monate (Aufzählung) im Rückstand. Der Mietrückstand
beträgt (...) DM.

Daher kündige ich Ihnen das Mietverhältnis fristlos gemäß § 554 BGB mit
sofortiger Wirkung.

Hilfsweise, das heißt insbesondere für den Fall, dass Sie die Miete
noch bis spätestens zum Ablauf eines Monats nach Eintritt der Rechts-
hängigkeit des Räumungsanspruchs bezahlen, kündige ich hiermit ordent-
lich.

Ich fordere Sie auf, die Wohnung binnen drei Tagen, also bis zum
(Datum) zu räumen und die Schlüssel herauszugeben. Andernfalls würde
ich sofort gerichtliche Hilfe in Anspruch nehmen, wodurch weitere
Kosten auf Sie zukämen.

Ich widerspreche hiermit auch der Fortsetzung des Mietverhältnisses
durch Fortgebrauch der Mietsache gemäß § 568 BGB.


Mit freundlichen Grüßen

(Unterschrift des Vermieters)
```

Für die Miete über Wohnraum bedeutet das, dass Sie laut § 554 BGB in zwei Fällen kündigen können:
1. Wenn der Mieter zweimal hintereinander nicht die volle Miete bezahlt und insgesamt mehr als eine Monatsmiete schuldig bleibt.

> **Beispiel:**
> Wenn der Mieter im September nichts und im Oktober nur einen Teil der Miete zahlt, dann können Sie fristlos kündigen. Sie können dagegen nicht kündigen, wenn der Mieter im September die Hälfte und im Oktober wieder die Hälfte bezahlt, weil er dann zwar zweimal Restbeträge schuldig geblieben ist, jedoch insgesamt nicht mehr als eine Miete aussteht.

2. Wenn insgesamt zwei Monatsmieten ausstehen, weil der Mieter über mehrere Monate nur Teilbeträge überwiesen hat.

> **Beispiel:**
> Der Mieter hat laut Mietvertrag eine Miete von 500 DM zu bezahlen. Nach unregelmäßigen Zahlungen, die über sechs Monate verteilt waren, schuldet er insgesamt 1 100 DM Miete.

Mit „Mietzins" ist hier übrigens immer die Miete inklusive Betriebskostenvorauszahlung gemeint.

Mieter zahlt: Kündigung kann unwirksam werden

Auch eine ursprünglich wirksame fristlose Kündigung, die Sie wegen Zahlungsverzugs ausgesprochen haben, kann unter bestimmten Voraussetzungen wieder **unwirksam** werden.

> **§ 554 BGB (Fristlose Kündigung bei Zahlungsverzug)**
> (…) (2) (…) 2. Die Kündigung wird auch dann unwirksam, wenn bis zum Ablauf eines Monats nach Eintritt der Rechtshängigkeit des Räumungsanspruchs hinsichtlich des fälligen Mietzinses und der fälligen Entschädigung nach § 557 Abs. 1 Satz 1 der Vermieter befriedigt wird oder eine öffentliche Stelle sich zur Befriedigung verpflichtet.

Diese Vorschrift bedeutet, dass der Mieter noch nach **Räumungsklage** des Vermieters bis zum Ablauf eines Monats nach Klageerhebung die Kündigung dadurch wieder unwirksam werden lassen kann, dass er den rückständigen Mietzins bezahlt. Als öffentliche Stellen kommen insbesondere die Träger der Sozialhilfe infrage. Doch Achtung: Dieser Notanker hat seine Grenzen, wie der weitere Wortlaut des § 554 BGB verrät:

§ 554 BGB
(…) (2) (…) Dies gilt nicht, wenn der Kündigung vor nicht länger als zwei Jahren bereits eine nach Satz 1 unwirksame Kündigung vorausgegangen ist.

Das bedeutet, dass sich ein Mieter eine fristlose Kündigung wegen Zahlungsverzugs nur alle zwei Jahre erlauben darf, wenn er seine Wohnung nicht trotz Nachzahlung verlieren will.

Ist die Zeitspanne zwischen zwei Kündigungen kürzer, dann ist die zweite Kündigung selbst dann wirksam, wenn der Mietrückstand ein zweites Mal nachträglich bezahlt wird.

In der Praxis wird es allerdings selten zu diesem Fall kommen, da die meisten Vermieter eine fristlose Kündigung wegen Zahlungsverzugs mit einer hilfsweise ordentlichen (fristgemäßen) Kündigung verbinden und deshalb ein Mietverhältnis auch für den Fall der Nachzahlung nach Ablauf der Kündigungsfristen, das heißt allerspätestens nach einem Jahr beendet wird.

Mieter zieht nach der fristlosen Kündigung aus

Falls Sie Ihrem Mieter wegen Zahlungsverzugs die fristlose Kündigung erklärt haben und der Mieter sofort ausgezogen ist, dann können Sie für die Zeit nach dem Auszug den vertraglich vereinbarten Mietzins *nicht* als Schadenersatz verlangen (LG Marburg, WoM 1995, 536).

Wer zahlt die Verfahrenskosten des Räumungsprozesses, wenn die Kündigung unwirksam wurde?

Grundsätzlich zahlt vor Gericht der Unterlegene die gesamten Verfahrenskosten, das heißt die Kosten des Gerichts, die Kosten des eigenen Anwalts und die Kosten des gegnerischen Anwalts. Bei einem Räumungsprozess können da schnell einige tausend DM zusammenkommen.

Wird eine Kündigung unwirksam durch eine Zahlung des ausstehenden Mietzinses nach Rechtshängigkeit des Räumungsprozesses, stellt sich also die Frage, ob der Vermieter zahlen muss, weil er den Prozess – wegen unwirksamer Kündigung – verlieren würde.

Hier schützt glücklicherweise die Zivilprozessordnung. Sie dürfen als Vermieter allerdings keinen Fehler machen! Läuft alles gut, wird prozessual in solch einem Fall – auf entsprechende Anträge der Parteien hin, die das Gericht meistens anregt – der Rechtsstreit für erledigt erklärt. Die Folge ist, dass die gesamten Kosten dem Mieter auferlegt werden. Diese müssen dann gegebenenfalls auch von der öffentlichen Stelle übernommen werden, da die Räumungsklage im Zeitpunkt ihrer Einreichung begründet war und erst nachträglich unbegründet wurde.

Tipp:

Es empfiehlt sich für den Vermieter nicht, die verbleibende prozessuale Alternative zu wählen und die Klagerücknahme zu erklären. Denn dann bekommt er zunächst vom Gericht die Verfahrenskosten auferlegt und muss sie dem Mieter in Rechnung stellen. Zahlt dieser nicht, muss der Vermieter in einem neuen Prozess gegen den Mieter auf Erstattung der Kosten klagen.

Darf der Zahlungsmoral nachgeholfen werden?

Um Geld einzutreiben oder den Mieter aus der Wohnung herauszubekommen brauchen Sie ein vollstreckbares Gerichtsurteil und einen Gerichtsvollzieher. Das kostet Zeit und leicht auch Geld. Manche Vermieter suchen deshalb nach anderen Möglichkeiten. Seit 1996 steht allerdings fest, dass Sie der Zahlungsmoral Ihres Mieters nicht auf die Sprünge helfen dürfen, indem Sie ihm einfach Strom und Wasser abdrehen. Falls Sie das tun, müssen Sie damit rechnen, dass Ihr Mieter sich mit einer einstweiligen Verfügung gerichtlich zur Wehr setzt. Das AG Melsungen hat allerdings einen anderen Weg für gangbar erklärt:

Beispiel:
In diesem Fall war das Mietverhältnis durch eine fristlose Kündigung wegen Zahlungsverzugs im Juni 1996 beendet worden. Der Vermieter war in der Folgezeit gezwungen, ein gerichtliches Räumungsverfahren zu betreiben, da der Mieter nicht freiwillig auszog. Der Mieter wurde erst im Oktober zur Räumung verurteilt. Bereits im Juli baute der Vermieter in die Frischwasserleitung der Wohnung eine Wasseruhr ein, die die Leitung nur freigab, wenn eine spezielle Wertmarke eingeworfen wurde, mit der dann jeweils ein Kubikmeter Wasser bezogen werden konnte. Der Vermieter verkaufte diese Wertmarke zunächst für 15 DM, einige Zeit später dann für 500 DM, um auf seine Kosten zu kommen. Das AG Melsungen bestätigte, dass der Einbau der Wasseruhr und der Preis der Marke mit 15 DM berechtigt war.
Es argumentierte, das der Vermieter zumindest bei einem gekündigten Mietverhältnis die Versorgung mit Frischwasser von einer angemessenen Gegenleistung abhängig machen dürfe, wobei der Betrag von 15 DM angesichts der Abwassergebühren auch als kostendeckend anzusehen sei. Nicht akzeptabel sei jedoch ein Preis von 500 DM für jede Wertmarke, da der Vermieter die Wohnung nicht durch faktischen Wassermangel selbst räumen dürfe (AG Melsungen, WoM 1997, 114).

Extra: Wenn kein Kündigungsgrund vorliegt

Wenn Sie als Vermieter – aus welchen Gründen auch immer – eine Wohnung zurückhaben möchten, ohne dass Sie einen Kündigungsgrund vorweisen können, haben Sie nur noch die Möglichkeit, den Mieter „herauszukaufen". Gegen Zahlung einer Geldsumme oder im Gegenzug für den Erlass der restlichen Mieten bis zum Auszug können Sie Ihren Mieter zur **einvernehmlichen Aufhebung des Mietvertrages** bewegen.

Dafür hier ein Musterbrief:

```
(Absender: Name des Vermieters)

(Adresse: Name des Mieters)


                                     (Ort), den (Datum)


Mietverhältnis (Adresse)


Sehr geehrter (Mieter),

wie wir schon besprochen hatten, möchte ich die an Sie vermietete
Wohnung in nächster Zeit verkaufen. Sie haben für den Fall einer Kündi-
gung mit einem Rechtsanwalt gedroht und auf Ihre Rechtsschutzversiche-
rung und Ihre Mitgliedschaft im Mieterbund verwiesen.

Da ich es nicht unbedingt auf eine Auseinandersetzung ankommen lassen
will, möchte ich Ihnen folgendes Angebot machen. Falls Sie die Kündi-
gung akzeptieren und bis zum (Datum; z.B. Ablauf der Kündigungsfrist)
ausziehen, dann würde ich Ihnen von heute an, das heißt für die Monate
(Aufzählung) die Kaltmiete vollständig erlassen. Sie bräuchten dann nur
noch die Betriebskostenpauschale zu zahlen.

Bitte äußern Sie sich zu meinem Vorschlag bis zum (Datum; z.B. zwei
Wochen).

Mit freundlichen Grüßen

(Unterschrift des Vermieters)
```

Mietminderung –
aber bitte korrekt!

Das Gesetz ist eindeutig: Die wichtigste Pflicht des Mieters ist die pünktliche und vollständige Zahlung des vereinbarten Mietzinses. Es eröffnet dem Mieter allerdings auch Ausnahmen von dieser wesentlichen Vertragspflicht. Denn unter bestimmten Voraussetzungen braucht der Mieter die Miete gar nicht oder nur zum Teil zu bezahlen.

Wann der Mieter mindern darf

Die Miete darf gemindert werden, wenn die Mietsache fehlerhaft ist. Das Gesetz formuliert diesen Grundsatz folgendermaßen:

§ 537 BGB (Mängel der Mietsache)
(1) Ist die vermietete Sache zur Zeit der Überlassung an den Mieter mit einem Fehler behaftet, der ihre Tauglichkeit zu dem vertragsmäßigen Gebrauch aufhebt oder mindert, oder entsteht im Laufe der Miete ein solcher Fehler, so ist der Mieter für die Zeit, während deren die Tauglichkeit aufgehoben ist, von der Entrichtung des Mietzinses befreit, für die Zeit, während deren die Tauglichkeit gemindert ist, nur zur Entrichtung eines (… geminderten …) Mietzinses verpflichtet. (…)

Jede **Mietminderung** ist für Sie als Vermieter höchst ärgerlich. Denn wer verzichtet schon gerne auf Geld, mit dem er fest gerechnet hat? Deshalb stellt sich für Sie im Einzelfall die Frage, ob ein Fehler vorliegt, der „Tauglichkeit zu dem vertragsgemäßen Gebrauch aufhebt". Bei einer Mietwohnung ist der vertragsgemäße Gebrauch eindeutig. Die Wohnung muss bewohnbar sein. Wenn sie nur eingeschränkt oder gar nicht bewohnbar ist, dann „ist der Mieter für die Zeit, während deren die Tauglichkeit aufgehoben ist, von der Entrichtung des Mietzinses befreit, für die Zeit, während deren die Tauglichkeit gemindert ist, nur zur Entrichtung eines (… geminderten …) Mietzinses verpflichtet".
Dieser Zusammenhang ist hier so ausführlich erläutert, weil der Gesetzgeber eine recht ungewöhnliche Konstruktion gewählt hat. Denn die Miete wird nicht erst durch eine Erklärung des Mieters gemindert – sie ist ohne sein Zutun

quasi automatisch gemindert. Das bedeutet auch, dass eine Miete vom Mieter auch dann zurückgefordert werden kann, wenn sich erst später herausstellt, dass eine Wohnung nicht zum Bewohnen geeignet war. Dieses Problem stellt sich z. B. bei stark mit Holzschutzmitteln oder mit Ungeziefer (wie Taubenzecken) verseuchten Wohnungen.

Da viele Menschen unterschiedliche Ansprüche an eine Wohnung stellen und eine einfache Unterkunft mit Sicherheit nicht höchste Ansprüche an die Wohnqualität befriedigen kann, stellt sich im Einzelfall die Frage, ob die Miete gemindert werden darf oder ob der Mieter vollständig zahlen muss.

Ein Gericht, das diese Frage beantworten soll, prüft, ob der Zustand der Mietsache von dem vertraglich vereinbarten Zustand (dem so genannten Soll-Zustand) abweicht. Ob ein **Mangel** vorliegt, ist also nicht Ansichtssache. Es wird darauf abgestellt, was vertraglich vereinbart war. Die einfache Ausstattung einer Wohnung ist niemals ein Mangel, der zur Minderung berechtigt, weil der Mieter die Wohnung vor Einzug ja kannte und deshalb wusste, was er mietet.

Als Mängel, die den vertraglich vereinbarten Gebrauchswert jeder Wohnung beeinträchtigen und daher auch die Miete mindern, werden z. B. folgende Eigenschaften anerkannt:

- Wasserschäden nach Rohrbrüchen oder Defekten an Wasch- oder Spülmaschinen;
- eine nicht wirtschaftliche oder ungenügende Heizung;
- Stockflecken an den Wänden infolge Pilzbefalls durch hohe Luftfeuchtigkeit (aber nur, wenn die Feuchtigkeit nicht durch falsches Lüften bedingt ist);
- eine überdimensionierte Lüftungsanlage (mit Zugerscheinungen);
- Ausfall des Aufzugs für Räume in oberen Stockwerken.

Wichtig:

Entscheidend für die Frage, ob die Miete gemindert werden kann, ist immer das Maß der Einschränkung der Benutzbarkeit. Völlig unerhebliche Mängel wie z. B. eine defekte Glühbirne im Keller reichen natürlich nicht aus, um eine Mietminderung zu rechtfertigen, weil sie keinen Einfluss auf die Benutzbarkeit haben. Ist die Sache überhaupt nicht mehr benutzbar, dann reduziert sich der Mietzins auf Null.

Der Mieter darf eine Mietminderung erst vornehmen, wenn Sie als Vermieter auf eine Aufforderung hin keine Maßnahmen ergriffen haben, um den Mangel abzustellen.

Obhuts- und Mitteilungspflicht des Mieters

Des Weiteren ist der Mieter verpflichtet *unverzüglich* etwa entstehende Mängel und ihre Ursachen dem Vermieter mitzuteilen.

Keine Mietminderung bei selbst verschuldeten Mängeln!

Der Mieter hat selbstverständlich *keine* Minderungsrechte, wenn er den Mangel an der Wohnung selbst verschuldet hat. Beispiel: Ein defektes Fenster kann den Wohnwert einer Wohnung stark beeinträchtigen. Der Mieter darf jedoch nur mindern, wenn ihn an diesem Mangel keine Schuld trifft.
Die Mietminderung ist ein relativ stumpfes Schwert. Denn für manchen Vermieter könnte es wirtschaftlich auf den ersten Blick lohnender sein, z. B. eine defekte Heizungsanlage nicht zu reparieren und dafür auf 30 % Miete zu verzichten. In einem solchen Fall kann der Mieter jedoch mit **Ersatzvornahme** drohen und den Mangel auf Kosten des Vermieter selbst beheben oder beheben lassen. (Mehr zum Thema Ersatzvornahme auf Seite 176.)

Wann das Gesetz Mietminderung verbietet

Das Gesetz verbietet in § 539 BGB dem Mieter in einigen Fällen seine Miete zu mindern: Er darf sich nicht darauf berufen, dass er wegen eines solchen Mangels die Miete mindern möchte, den er schon vor Vertragsabschluss, also bei Besichtigung der Wohnung, erkannt und akzeptiert hatte.

> **Beispiel:**
> Wenn der Mieter bei Abschluss des Mietvertrags bereits wusste, dass der Grundstücksnachbar ein Haus bauen wollte, dann darf er die Miete nicht mindern.

Deshalb der Rat: Nehmen Sie in einem solchen Fall in den Mietvertrag *handschriftlich* folgende Formulierung auf:

> **Dem Mieter ist bekannt, dass der Nachbar auf dem Grundstück X-Straße 123 eine Baustelle errichten wird.**

Durch diesen Zusatz wird Ihr Mieter große Schwierigkeiten haben seine Mietminderung durchzubekommen. Es empfiehlt sich den Mieter offen und vollständig über mögliche Beeinträchtigungen zu informieren.

Ihr Recht bei unberechtigter Mietminderung

Eine unberechtigte Mietminderung brauchen Sie sich nicht gefallen zu lassen. Denn der Mieter entzieht sich in diesem Fall seiner vertraglichen Hauptleistungspflicht. Es empfiehlt sich zunächst, im Gespräch mit einem Mietrechtfachmann die Frage zuverlässig zu klären, ob eine Mietminderung unter irgendeinem Gesichtspunkt gerechtfertigt sein kann. Denn eine Mietminderung ist auch dann berechtigt, wenn der Mieter den Umstand, weswegen gemindert wurde, noch gar nicht kennt. Sie müssen in einem solchen Fall mit einer Rückforderung für bereits gezahlte Miete rechnen.

Erst wenn die Berechtigung der Mietminderung für Sie zuverlässig ausgeschlossen wurde, sollten Sie in die Offensive gehen. Erster Schritt: Sie weisen die Mietminderung des Mieters schriftlich zurück (Muster Seite 169).

Falls der Mieter die Miete bereits gemindert hat, sollten Sie Ihrem Schreiben eine Aufstellung beilegen, damit er weiß, wann und bis wann er Ihnen den Differenzbetrag zwischen vertraglich vereinbarter Schuld und gezahltem Betrag zurückzahlen muss. Eine solche Aufstellung könnte folgendermaßen aussehen:

```
(...) Sie haben statt der vertraglich geschuldeten Miete von 1000 DM
zuzüglich 180 DM Betriebskostenvorauszahlung (zusammen 1180 DM) für die
Monate November und Dezember 1998 nur einen Betrag von jeweils 800 DM
zuzüglich 180 DM Betriebskostenvorauszahlung (zusammen 980 DM) bezahlt.
Ich fordere Sie auf den sich für die beiden Monate ergebenden Diffe-
renzbetrag von 400 DM an mich bis zum

                   (Datum; z.B. eine Woche Frist)

zu bezahlen. Nach Ablauf dieser Frist müssen Sie damit rechnen, dass
ich meinen Rechtsanwalt mit der gerichtlichen Forderungsbeitreibung
beauftrage. (...)
```

Diese Schreiben stellen selbstverständlich nur Beispiele dar. Sie müssen Ihre Schreiben natürlich dem Einzelfall anpassen.

Übrigens: Auch Feuchtigkeit kann verschiedene Ursachen haben. Fallbeispiel: Durch Installation einer Zentralheizung im Keller eines Mietshauses, die die bisherigen Öletagenheizungen in jeder Wohnung ersetzte, trat plötzlich in den Mietwohnungen Schimmel auf. Die Ölheizung hatte sich im Winter den für den Betrieb erforderlichen Sauerstoff aus den Wohnungen geholt und die feuchte Luft durch den Schornstein nach außen transportiert. Die durch die Türritzen nachfließende trockene Luft sorgte für einen guten Luftaustausch. Dieser war nach dem Einbau der Zentralheizung unterbrochen.

Musterbrief: Zurückweisung der Mietminderung
(Beispiel: Feuchtigkeit durch falsches Lüften)

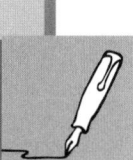

(Absender: Name des Vermieters)

(Adresse: Name des Mieters)

(Ort), den (Datum)

Mietverhältnis (Adresse)
Ihr Mietminderungsschreiben vom (Datum)

Sehr geehrter (Mieter),

Sie haben in Ihrem oben genannten Schreiben die vertraglich vereinbarte Miete um 20% gemindert. Ihre Mietminderung ist unberechtigt, denn es liegt kein Mangel der Mietsache vor. Davon konnte ich mich bei meinem Besuch am (Datum) selbst überzeugen. Dies hat mir im Übrigen auch der von mir beauftragte Bausachverständige mitgeteilt, der Ihre Wohnung am (Datum) besichtigt hat.

Sie sind der Auffassung, dass die Außenwand des Hauses teilweise Wasser durchlässt, weil sich in den Zimmerecken im Schlafzimmer schwarzer Schimmel gebildet hat. Tatsächlich ist es aber so, dass ich auf Ihren ausdrücklichen Wunsch hin im letzten Jahr neue Schallschutzfenster eingebaut habe. Während die alten Holzfenster nur eine Einfachverglasung hatten, die wegen ihrer bauartbedingten Undichtigkeit von sich aus immer einen gewissen Luftaustausch in der Wohnung gewährleisteten, sind die neuen Fenster absolut luftdicht.

Offenbar haben Sie nach Einbau der Fenster Ihr Lüftungsverhalten nicht geändert, obwohl ich Ihnen genaue Instruktionen gegeben hatte. Dieselben Informationen standen auch in dem Merkblatt, das ich Ihnen nach Einbau der neuen Fenster gegeben hatte.

Wenn man nicht genug lüftet, schlägt sich in feuchten und kalten Räumen, typischerweise im Schlafzimmer, an manchen Stellen - meistens in den Zimmerecken - Feuchtigkeit nieder. Dort können sich dann in der Raumluft befindliche Schimmelpilzsporen ansiedeln. Dies ist ein mittlerweile vielfach aufgetretenes und auch gerichtsbekanntes Phänomen beim Einbau schalldämmender Fenster.

Sie selbst können auf ganz einfache Art Abhilfe schaffen: regelmäßig und mehr lüften und bei Bedarf höher heizen. Ich würde Ihnen dringend empfehlen, aus gesundheitlichen Gründen die pilzbefallenen Stellen abzuwaschen und mit einem geeigneten Mittel zu überstreichen. Pilzsporen sind gesundheitsschädlich.

Sollten Sie die Mietminderung tatsächlich vornehmen, müsste ich Zahlungsklage gegen Sie erheben. Bitte berücksichtigen Sie auch, dass ich bei einem gewissen Mietrückstand zur fristlosen Kündigung berechtigt bin.

Mit freundlichen Grüßen

(Unterschrift des Vermieters)

Rechtsprechung im Überblick: Mietminderung

Mietminderung in %	Ursache der Mietminderung	Fundstelle der Gerichtsentscheidung
100	Wohnung in unbewohnbarem Zustand	LG Wiesbaden, WoM 1980, 17
100	Vollständiger Ausfall der Elektrik für Licht, Warmwasser, Kochmöglichkeiten	AG Neukölln, WoM 1988, 151
100	Ständig feuchte Außenwände in Kinderzimmer, Toilette, Küche sowie Ratten im Flur- und Hofbereich	AG Potsdam, Az. 26 C 533/93
100	Ausfall der Heizung über den ganzen Winter	LG Hamburg, WoM 1976, 10
80	Einzige Toilette nicht benutzbar	LG Berlin, WoM 88, 213
80	Feuchtigkeit in der Wohnung nach Überschwemmung; Sand und starker Gestank	AG Friedberg, WoM 1984, 198
60	Lärm durch Bauarbeiten	AG Hamburg, Az. 44 C 1605/86
50	Durchfeuchtung des Teppichbodens und Bildung von Tropfwasser an der Zimmerdecke	AG Leverkusen, Az. 23 C 471/76 oder WoM 1980, 163
50	Alle Fenster undicht	AG Leverkusen, WoM 1981, 79
50	Starke Lärmbelästigungen und Nichtbenutzbarkeit von Waschküche und Trockenraum	AG Weißwasser, 3 C 0701/93
50	Von der Decke tropft Wasser	AG Leverkusen, WoM 80, 235
38	Abflussstau durch übel riechende Abwässer im Badezimmer	AG Groß-Gerau, Az. 21 C 1336/78
30	Heizungsleistung unzureichend, Temperatur ständig nur 15 Grad Celsius	LG München, Az. 120 S 3739/84

Mietminderung in %	Ursache der Mietminderung	Fundstelle der Gerichtsentscheidung
30	Abwasser aus der höher gelegenen Wohnung in der eigenen Toilette	AG Berlin-Neukölln, Az. 8 C 473/81
25	Baulärm durch den Bau eines angrenzenden Hochhauses	LG Darmstadt, Az. 17 S 284/82, WoM 1984, 245
22	Sechs Monate Arbeiten am und im Haus des Mieters	LG Hannover, WoM 1986, 311
20	Badewanne nicht benutzbar	AG Goslar, WoM 1974, 54
20	Heizungsleistung unzureichend: 16–18°C im Winter	AG Köln, Az. 152 C 1249/74
20	Silberfischchen im Haus	AG Lahnstein, Az. 2 C 675/87
20	Feuchtigkeitsschäden in Wohnzimmer, Bad und Schlafzimmer	LG Osnabrück, Az. 11 S 277/88
20	Lärmstörungen durch Billard-Café im Nachbarhaus	AG Köln, Az. 201 C 581/88
20	Lärm- und Schmutzbelästigungen durch Bauarbeiten an Nachbarhaus	AG Regensburg, Az. 4 C 275/91
17	Heizung klopft	LG Darmstadt, Az. 7 S 131/78
16–17	Nicht funktionsfähige Dusche	AG Köln, WoM 1987, 271
15	Unzureichende Toilettenspülung	AG Münster, Az. 49 C 133/92
15	Störende Gerüche aus Pizzabäckerei	AG Köln, Az. 208 C 246/89
15	Eingeschränkte Benutzung einer Terrasse	AG Eschweiler, Az. 5 C 114/94
15	Belästigungen durch langwierige Bauarbeiten in Wohnungsnähe	LG Siegen, Az. 3 S 87/89
10	Nicht ausreichende bzw. fehlende Beheizbarkeit in Schlaf- und Kinderzimmer, Küche und Bad	AG Potsdam, Az. 26 C 281/93

Mietminde-rung in %	Ursache der Mietminderung	Fundstelle der Gerichtsentscheidung
10	Mäuse im Haus	AG Rendsburg, Az. 3 C 551/87
10	Schlechter Fernsehempfang	AG Schönberg, WoM 88, 361
10	Rostiges Leitungswasser	AG Köln, Az. 154 C 3195
10	Diskreter Betrieb eines Bordells im Erdgeschoss des Hauses (in der Großstadt), keine persönliche Belästigung durch die Freier	LG Berlin, NJW-RR 1996, 264
10	Entfernung der Fensterläden	AG Friedberg, WoM 1977, 139
7,5	Ausfall eines Aufzugs bei einer Wohnung im 5. Stock	AG Bremen, AZ. 10 C 300/86
5–7	Keine Gartenbenutzung	AG Bergisch-Gladbach, Az. 60 C 602/88
5	Kamin außer im Sommer nicht funktionsfähig	LG Karlsruhe, WoM 1987, 382
5	Gegensprechanlage defekt	AG Aachen, Az. 80 C 220/89, WoM 1989, 509
5	Feuchtigkeit im Keller	AG Düren, WoM 1983, 30
5	Ungepflegter Zustand einer Hochhausanlage wegen mangelhafter Reinigung	AG Kiel, Az. 7 C 56/90
3	Badewanne unzumutbar aufgeraut	LG Stuttgart, WoM 1988, 108
2,5	Trockenboden nicht benutzbar	LG Hamburg, ZMR 1977, 193
2	Geringfügiger Durchfeuchtungsschaden nach bereits behobener Dachundichtigkeit	LG Hannover, WoM 1994, 463

Mietminde-rung in %	Ursache der Mietminderung	Fundstelle der Gerichtsentscheidung
1,5	Trübung der Isolierglasscheiben in mehreren Räumen	AG Miesbach, WoM 1985, 260
100 (der Garagen-miete)	Bei vermieteter Garage: Garage nicht benutzbar wegen nicht befahrbarer Einfahrt	AG Burgsteinfurt, WoM 1967, 75

Hinweise zur Tabelle

■ Die Fundstellen, die mit „WoM" gekennzeichnet sind, beziehen sich auf die Zeitschrift „Wohnungswirtschaft und Mietrecht".

■ Wenn ein Aktenzeichen (Az.) angegeben ist, können Sie eine Abschrift des betreffenden Urteils folgendermaßen erhalten: Sie ermitteln über die Telefonauskunft die Telefonnummer des betreffenden Gerichts, erfragen dort telefonisch die Postadresse und schreiben einen Brief wie folgt:

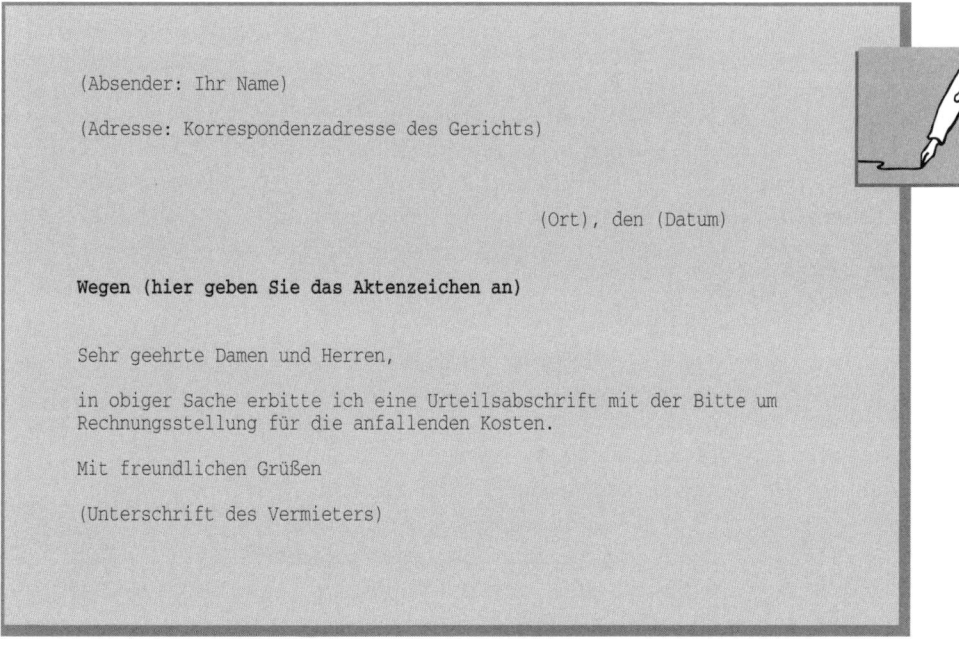

```
(Absender: Ihr Name)

(Adresse: Korrespondenzadresse des Gerichts)


                              (Ort), den (Datum)


Wegen (hier geben Sie das Aktenzeichen an)


Sehr geehrte Damen und Herren,

in obiger Sache erbitte ich eine Urteilsabschrift mit der Bitte um
Rechnungsstellung für die anfallenden Kosten.

Mit freundlichen Grüßen

(Unterschrift des Vermieters)
```

Sie müssen erfahrungsgemäß mit Kopier- und Versandkosten von etwa 5 bis 10 DM rechnen. Zur Sicherheit sollten Sie sich bei der telefonischen Anfrage gleich nach den Kosten erkundigen.

Wann der Mieter aufrechnen oder die Miete zurückbehalten darf

Eine **Aufrechnung** bedeutet, dass jemand die Forderung eines anderen dadurch „erfüllt", dass er ihm seine eigene Forderung entgegenhält und dadurch beide zum Erlöschen bringt.

Beispiel:
A hat bei der Firma X-Autohaus ein Auto gekauft und Ratenzahlung vereinbart. Er hat versehentlich einen zu hohen Geldbetrag für den Monat Dezember 1998 überwiesen. Statt 1 200 DM hat er 2 100 DM bezahlt. Im Januar zahlt er nur 300 DM. Gegenüber der restlichen Forderung des Autohauses erklärt er die Aufrechnung mit seinem Rückforderungsanspruch in Höhe von 900 DM.

Unter einem **Zurückbehaltungsrecht** versteht der Jurist, dass jemand die von ihm geschuldete Leistung zurückbehalten darf, bis die fällige Gegenleistung bewirkt ist.

Beispiel:
A hat den Installateur X mit verschiedenen Arbeiten an seinem Haus beauftragt. X hat bereits vereinbarungsgemäß in der Küche eine Wasserleitung verlegt. Leider erledigt er den Rest seiner Arbeiten nicht. Deshalb erklärt A dem X, dass er dessen Rechnung für die Arbeiten in der Küche zunächst nicht bezahlen werde, bis die anderen Arbeiten erledigt seien.

Aufrechnungs- und Zurückbehaltungsrecht des Mieters

Das Gesetz gibt dem Mieter unter bestimmten Voraussetzungen ein **Aufrechnungs-** bzw. ein **Zurückbehaltungsrecht**.
Hier der Wortlaut des entsprechenden Paragrafen:

§ 552a BGB (Aufrechnungs- und Zurückbehaltungsrecht)
Der Mieter von Wohnraum kann entgegen einer vertraglichen Bestimmung gegen eine Mietzinsforderung mit einer Forderung aufgrund des § 538 aufrechnen oder wegen einer solchen Forderung ein Zurückbehaltungsrecht ausüben, wenn er seine Absicht dem Vermieter mindestens einen Monat vor der Fälligkeit des Mietzinses schriftlich angezeigt hat.

Musterbrief: Zurückweisung der Aufrechnung und des geltend gemachten Zurückbehaltungsrechts

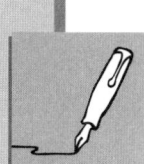

(Absender: Name des Vermieters)

(Adresse: Name des Mieters)

(Ort), den (Datum)

Mietverhältnis (Adresse)
Ihr Aufrechnungs- und Zurückbehaltungsschreiben vom (Datum)

Sehr geehrter (Mieter),

Sie haben in Ihrem oben genannten Schreiben mitgeteilt, dass ein Loch im Dach des Mietshauses entstanden und Ihnen durch eindringendes Regenwasser ein Sachschaden entstanden sei. Sie haben daher kundgetan, dass Sie ab sofort und bis auf weiteres keine Miete mehr zahlen wollen, da Sie aufrechnen bzw. ein Zurückbehaltungsrecht geltend machen wollen.

Ich möchte Sie davon in Kenntnis setzen, dass ich den Wasserschaden, der Ihnen entstanden ist, sehr bedauere. Er ist allerdings nicht durch einen Defekt im Dach, sondern durch einen Defekt an der Waschmaschine von Familie XY verursacht worden. Außerdem habe ich erfahren, dass bei Ihnen lediglich eine Fachzeitschrift feucht geworden ist und sich der Schaden deshalb in engen Grenzen hält.

Da kein von mir zu vertretender Mangel für Ihre Schäden ursächlich war, können Sie natürlich nicht aufrechnen oder die Miete zurückbehalten. Ich empfehle Ihnen sich direkt mit Familie XY in Verbindung zu setzen.

Unabhängig davon wären Sie verpflichtet gewesen, mir gemäß § 552a BGB mindestens einen Monat vor der Fälligkeit des Mietzinses schriftlich Ihre Absicht anzuzeigen, gegen meinen Mietzinsanspruch aufrechnen oder die Miete zurückbehalten zu wollen. Sie hätten also Ihre Miete in vollem Umfang weiter zahlen müssen. Ich habe Sie aufzufordern den Mietrückstand in Höhe von (...) bis spätestens (Frist: eine Woche) auszugleichen. Sollten Sie nicht rechtzeitig zahlen oder weiterhin aufrechnen oder die Miete zurückbehalten, müsste ich Zahlungsklage gegen Sie erheben. Bitte berücksichtigen Sie auch, dass ich bei einem gewissen Mietrückstand zur fristlosen Kündigung berechtigt bin.

Mit freundlichen Grüßen

(Unterschrift des Vermieters)

Der Mieter kann also aufrechnen bzw. seine Miete zurückbehalten, wenn ihm ein Anspruch gemäß § 538 BGB zusteht. In § 538 BGB ist geregelt, dass der Mieter **Schadenersatz** fordern kann, wenn ihm direkt oder indirekt durch einen Mangel an der Mietsache Vermögensschäden entstehen.

> **Beispiel:**
> Wenn das Dach des Mietshauses undicht und dadurch Eigentum des Mieters beschädigt wird, dann kann der Mieter vom Vermieter Schadenersatz verlangen.

Achtung: Mieter muss Wartefrist einhalten!

Sehr wichtig ist allerdings, dass der Mieter nicht sofort, nachdem ihm der Schaden entstanden ist, die Miete mindern oder Zurückbehaltungsrecht geltend machen kann: Unbedingt erforderlich ist, dass der Mieter die Absicht der Aufrechnung bzw. der Zurückbehaltung der Miete „mindestens einen Monat vor der Fälligkeit des Mietzinses schriftlich angezeigt hat" (552a BGB). Der Mieter ist nicht berechtigt ohne vorherige Ankündigung sofort zu reagieren.

Im obigen Beispiel muss der Mieter also erst einmal einen Brief an Sie als Vermieter richten und seine Absicht, aufzurechnen oder ein Zurückbehaltungsrecht geltend zu machen, ankündigen. Dies hat unter anderem den Zweck Sie als Vermieter vorzuwarnen. Sie sollen mit der Miete rechnen können und gleichzeitig eindringlich vom Mangel der Mietsache Kenntnis erhalten.

Wann der Mieter mit Ersatzvornahme drohen kann

Wenn ein Mangel der Mietsache vorliegt, dann ist der Mieter nicht wehrlos. Er kann die Miete mindern, wenn durch den Mangel die Nutzung der Wohnung eingeschränkt ist. Unter bestimmten Voraussetzungen kann der Mieter laut § 538 II BGB sogar damit drohen einen eigenen Handwerker mit der Reparatur der Mietsache zu beauftragen.

Und er kann Sie in **Verzug** setzen, wenn er Sie auffordert, den Mangel bis zu einem bestimmten Datum zu beheben. Falls Sie vom Mieter wirksam in Verzug gesetzt worden sind oder gar die Behebung eines Mangels endgültig ablehnen, dann steht dem Mieter ein Recht auf Mangelbeseitigung auf Kosten des Vermieters zu.

Tipp:

Falls der Mieter Sie nicht in Verzug gesetzt hat und Sie die Reparatur des Mangels auch nicht endgültig abgelehnt haben (und natürlich dann, wenn gar kein Mangel im Sinne von § 538 BGB vorliegt), besteht für Sie als Vermieter keine Haftung für die Handwerkerrechnungen des Mieters.

Schadenersatzansprüche des Mieters wegen Folgeschäden

Wenn Sie als Vermieter einen Mangel, den Ihnen der Mieter angezeigt hat, nicht schnellstmöglich beheben, dann können Sie für weiter gehende Schäden haften.

Beispiel:
Durch den Wasserschaden werden Möbel oder andere Einrichtungsgegenstände des Mieters beschädigt.

Entscheidend ist allerdings, dass der Mieter Ihnen den Mangel rechtzeitig angezeigt hat, der für den Folgeschaden ursächlich war. Hat der Mieter erst einmal einige Zeit verstreichen lassen, bevor er z. B. den Wasserschaden gemeldet hat, wäre zu prüfen, ob die Verzögerung durch den Vermieter überhaupt für den Schaden noch ursächlich war. Vielleicht waren die Gegenstände längst beschädigt und vielleicht wäre es bei schnellerer Anzeige durch den Mieter nicht zu den Schäden gekommen. Möglicherweise läge in einer verzögerten Anzeige durch den Mieter auch ein Mitverschulden. Das würde zu einer Anspruchsminderung führen. Der Mieter müsste sich dann bei der Berechnung des Schadenersatzanspruchs seine eigene Verzögerung anrechnen lassen.

Fehler vermeiden bei der Betriebskostenabrechnung

Das Gesetz definiert **Betriebskosten** so: „Betriebskosten sind alle Kosten, die dem Eigentümer durch das Eigentum am Grundstück oder den bestimmungsgemäßen Gebrauch des Gebäudes, des Grundstücks oder Anlage des Grundstücks laufend entstehen" (Anlage 3 zu § 27 Abs. 1 der II. Berechnungsverordnung).

In den meisten Mietverträgen ist vorgesehen, dass der Vermieter regelmäßig einmal im Jahr eine Abrechnung über die Betriebskosten macht und darin die auf die einzelnen Mieter entfallenen Betriebskosten mit den Vorauszahlungen vergleicht.

Die **Betriebskostenabrechnung** stellt für manchen Mieter eine böse Überraschung dar. Denn oft ist zu diesem Zeitpunkt längst vergessen, dass die Dusche während des Abrechnungszeitraums besonders intensiv genutzt und deshalb viel Warmwasser verbraucht wurde. Oder der harte Winter ist in Vergessenheit geraten. Und deshalb besteht vonseiten des Mieters wenig Verständnis für den hohen Heizölverbrauch. Oder die Preiserhöhungen der öffentlichen/privaten Versorgungsunternehmen (Müll, Strom, Wasser und Abwasser) werden als unverschämt angesehen.

Jedenfalls geschieht es häufig, dass die Betriebskostennachzahlungen, die vertragsgemäß auf den Mieter überwälzt werden sollen, nicht oder nur unter Protest bezahlt werden.

Gleichzeitig ist der Mieterprotest in vielen Fällen berechtigt oder zumindest gut verständlich. In der täglichen anwaltlichen Beratungspraxis gewinnt man schnell die Erkenntnis, dass fast jede Betriebskostenabrechnung fehlerhaft ist und sich vor Gericht angreifen lässt. Der Verdruss der Mieter kann sich also leider häufig auf Erfahrungswerte oder zumindest auf statistische Wahrscheinlichkeiten stützen.

Dieses Kapitel soll Ihnen helfen möglichst viele Fehlerquellen im Ansatz zu erkennen und auszuschalten. Denn gerade bei der Betriebskostenabrechnung kann mit etwas Sorgfalt von seiten des Vermieters vermieden werden, dass der Verdacht des Übervorteilens entsteht.

Übrigens: In Westdeutschland entfallen etwa 30 % der Gesamtmietbelastung auf die Betriebskosten, in Ostdeutschland weit über 40 %. Bei derartigen Verhältnissen kann man bereits von einer „zweiten Miete" sprechen.

Die häufigsten Fragen

Zunächst wird auf die häufigsten Vermieterfragen zum Thema **Betriebs-kostenabrechnung** eingegangen. Danach folgt ein Leitfaden, mit dessen Hilfe Sie in der Lage sein sollten, eine korrekte Betriebskostenabrechnung zu erstellen.

Wann besteht Pflicht zur Heizkostenabrechnung?

Diese Frage lässt sich einfach beantworten: fast immer. Da die **Heizkosten** meist den höchsten Anteil an den Betriebskosten ausmachen, hat der Gesetzgeber sein besonderes Augenmerk darauf gerichtet und 1976 ein Energieeinsparungsgesetz geschaffen, das als Rechtsgrundlage für die *Heizkostenverordnung* dient, die seit 1981 existiert.

Während Sie als Vermieter über die sonstigen Betriebskosten nur dann abrechnen müssen, wenn das mietvertraglich vereinbart wurde, sind Sie bei den Heizkosten gesetzlich gezwungen, Heizkostenerfassungsgeräte anzuschaffen und über die Heizkosten abzurechnen. Deshalb nimmt dieses Thema im Buch einen breiten Raum ein. (Lesen Sie dazu Näheres ab Seite 194.)

Wann werden Betriebskosten geschuldet?

Das Gesetz erscheint unmissverständlich:

> **§ 546 BGB (Lasten der Mietsache)**
> Die auf der vermieteten Sache ruhenden Lasten hat der Vermieter
> zu tragen.

Das bedeutet, dass Sie als Vermieter nach dem Willen des Gesetzgebers eigentlich auch die **Betriebskosten** zahlen müssten, da diese zu den „Lasten" gezählt werden. Glücklicherweise ist diese Regelung nicht zwingend, sondern kann durch eine vertragliche Vereinbarung teilweise umgekehrt werden. Wenn allerdings im Mietvertrag nichts zu den Betriebskosten oder Nebenkosten steht oder wenn die Klausel zu den Betriebskosten unwirksam sein sollte, dann braucht der Mieter diese dem Gesetz entsprechend auch nicht zu tragen Das gilt ebenso bei einem mündlichen Mietvertrag.

> **Wichtig:**
>
> Werden in einem käuflich erworbenen Mietvertragsformular versehentlich die für die Betriebskosten vorgesehenen Passagen gar nicht ausgefüllt, nehmen die Gerichte eine Pauschalmiete an (so LG Frankfurt, WoM 1986, 93, LG Stade, WoM 1985, 367, AG Freiburg, WoM 1990, 84). Das bedeutet: Sie dürfen keine Betriebskosten abrechnen.

Problematisch wird die Angelegenheit, wenn es im Mietvertrag eine Regelung zu den Betriebskosten gibt und diese z. B. missverständlich ist. Denn die Gerichte haben in aller Regel eine starke Tendenz im Interesse der Mieter zu entscheiden.

- So wird bspw. eine Klausel, nach der „Kosten für Wasser" umgelegt werden können, lediglich auf Frischwasser, nicht jedoch für Warmwasserzubereitung und Abwasser ausgelegt. Diese Kosten müssen dann vom Mieter nicht getragen werden (LG Köln, WoM 1988, 307, LG Stuttgart, WoM 1974, 256).
- Die Klausel „Der Mieter trägt die Nebenkosten" wird als zu ungenau angenommen. Folge: Der Mieter zahlt überhaupt nichts! (LG Aachen, WoM 1980, AG Ratingen, WoM 1971, 185)
- Die Klausel „Die üblichen anteiligen Hausabgaben und Nebenkosten kommen zur Miete hinzu" wird als zu ungenau angesehen. Dann muss der Mieter zumindest die Grundsteuer nicht bezahlen (OLG Celle, WoM 1983, 291).
- „Die üblichen Verbrauchsnebenkosten" umfassen, wenn das im Vertrag nicht noch genauer gesagt wird, nach Ansicht deutscher Gerichte zumindest nicht die Abwasserkosten. Argument: Diese werden durch einen Gebührenbescheid erhoben und sind öffentliche Abgaben und keine „Kosten" (OLG Köln, WoM 1991, 357).
- „Nebenabgaben, nämlich Kosten für Sammelheizung, Warmwasser, Fahrstuhl, Treppenreinigung usw. kommen zur Miete hinzu ..." ist nach richterlichem Verständnis unverständlich. Denn aus dem Wort „usw." kann nicht geschlossen werden, dass der Mieter alle Betriebskosten tragen muss (LG Braunschweig, WoM 1982, 300). In einem solchen Fall muss der Mieter nur die Betriebskosten bezahlen, die ausdrücklich aufgezählt wurden, also Sammelheizung, Warmwasser, Fahrstuhl und Treppenreinigung – mehr nicht.

Es gibt aus Vermietersicht jedoch keinen Anlass sich über die Strenge deutscher Gerichte zu beschweren. Denn sie akzeptieren folgende Formulierung:

Neben der Miete sind die Kosten für Betriebskosten gemäß der II. Berechnungsverordnung Anlage 3 zu § 27 Absatz 1 zu zahlen.

Tipp:

Die Lektüre der „Anlage 3" zu § 27 Absatz 1 der II. Berechnungsverordnung ist empfehlenswert, da dort neben den nachstehend genannten Überschriften zum Teil umfangreiche Erläuterungen stehen, was zu den Betriebskosten zählt: z. B. in Ziffer 10 „Die Kosten der Gartenpflege. Hierzu gehören die Kosten der Pflege gärtnerisch angelegter Flächen einschließlich der Erneuerung von Pflanzen und Gehölzen, der Pflege von Spielplätzen einschließlich der Erneuerung von Sand und Pflege von Plätzen, Zugängen und Zufahrten, die dem nicht öffentlichen Verkehr dienen."

Obwohl diese Formulierung nach den Erfahrungen des Autors für den juristischen Laien völlig unverständlich ist, soll sie dem Mieter bis zu 15 verschiedene Betriebskostenarten auferlegen (OLG Hamm, 30 RE-Miet, WoM 10/97). Die Richter des Oberlandesgerichts in Hamm argumentieren damit, dass ein durchschnittlicher Mieter wisse, was Betriebskosten seien. Deshalb müssten die verschiedenen Kosten nicht auch noch einzeln im Mietvertrag aufgeführt werden.

Wichtig:

Der Mieter kann unter bestimmten Voraussetzungen die Vorauszahlungen kürzen oder sogar zurückfordern! Wenn in Ihrem Mietvertrag einzelne Betriebskostenarten aufgenommen wurden, die nicht wirksam vereinbart werden können (z. B. Instandhaltungsrücklagen, Bankgebühren, Beiträge zur Rechtsschutzversicherung), dann kann der Mieter die monatliche Vorauszahlung auf die Betriebskosten anteilig kürzen.

Brutto- oder Nettomiete, Pauschale oder Vorauszahlung?

Man muss unterscheiden: Wenn alle Betriebskosten mit der Miete gezahlt werden, handelt es sich um eine **Brutto- oder Inklusivmiete**; wenn nicht, hat man es mit einer **Nettomiete** zu tun. Werden nur einige Betriebskosten von der Miete umfasst und müssen andere Betriebskosten vom Mieter getragen werden, spricht man von einer **Teil-Inklusivmiete.**

Zahlt der Mieter laut Vertrag seine monatliche Betriebskostenzahlung, ohne am Jahresende eine Abrechnung zu erhalten, dann heißt dieses Verfahren **Betriebskostenpauschale.** Mit seiner monatlichen Zahlung hat der Mieter alle Betriebskosten abgegolten. Das hat für den Vermieter den Vorteil, dass er – außer über die Heizkosten – keine Abrechnung machen muss. Es hat aber den Nachteil, dass Preissteigerungen bei den Betriebskosten nicht an die Mieter weitergegeben werden können.

Wenn hingegen eine **Betriebskostenvorauszahlung** vereinbart ist, dann müssen Sie ordnungsgemäß abrechnen.

Übrigens: Die Anfertigung der Abrechnung ist – falls eine Vorauszahlung vertraglich vereinbart ist – Vermieterpflicht und kann vom Mieter sogar eingeklagt werden. Es gilt der Grundsatz: spätestens ein Jahr nach Ablauf des Abrechnungszeitraumes muss die Abrechnung dem Mieter vorliegen.

Welche Variante Sie vereinbart haben, ergibt sich aus dem Mietvertrag. Ist dort von einer Pauschale die Rede, wird in der Regel keine Abrechnung mit Nachforderung oder Rückzahlung vom Vermieter geschuldet.

Achtung: Die **Verjährung** des Anspruches des Mieters auf Abrechnung bzw. Rückzahlung der zu viel gezahlten Betriebskosten erfolgt nach vier Jahren.

Welche Betriebskosten werden geschuldet?

Es gibt genau 15 verschiedene **Betriebskostenarten,** die nach dem Gesetz auf den Mieter überwälzt werden dürfen. Eine Abwälzung ist natürlich nur dann möglich, wenn diese wirksam im Mietvertrag vereinbart wurde. Nehmen Sie sicherheitshalber folgende Formulierung auf:

Neben der Miete sind die Kosten für Betriebskosten gemäß der II. Berechnungsverordnung Anlage 3 zu § 27 Absatz 1 zu zahlen.

Bei den Betriebskosten handelt es sich im Einzelnen um:

1. **Laufende öffentliche Lasten des Grundstücks** (vor allem **Grundsteuer**)

Achtung: Wird eine sehr hohe **Grundsteuer** bezahlt, weil das Grundstück auch gewerblich genutzt wird, dann muss der Vermieter die Grundsteuer, die auf das ganze Haus entfällt, aufteilen. Nur der Teil, der auf die Wohnräume entfällt, darf auf die Wohnraummieter umgelegt werden (LG Frankfurt, WoM 1986, 234).

2. Kosten der Wasserversorgung

Achtung: Es dürfen umgelegt werden: die laufenden Kosten wie Wassergeld, Kosten der Wasseruhr, Kosten für eine Wasseraufbereitungs- und Wasserhebeanlage; nicht aber: Reparaturen oder aber Kosten für Korrosionsschutzmaßnahmen der Wasserleitungen (AG Lörrach, WoM 1995, 593).

Manchmal gibt es Probleme bei der Verbrauchserfassung, weil die Wasseruhren in allen Mieteinheiten zusammen einen höheren Betrag ergeben als der Hauptwasserzähler. *Achtung:* In einem solchen Fall gilt der Hauptwasserzähler. Die Wasserkosten werden dann anteilig nach dem Verhältnis der Anzeigenwerte der Wohnungszähler auf die Mieter verteilt (AG Dortmund, DWW 1992, 180). Wenn der Hauptwasserzähler allerdings erheblich abweicht, wird nach der Summe der Wohnungszähler im Haus abgerechnet. Die Gerichte ziehen die Grenze bei etwa 20 % (AG Salzgitter, WoM 1996, 285).

3. Kosten der Entwässerung

Achtung: Dabei handelt es sich um städtische Kanalgebühren oder entsprechende Kosten für eine private Anlage, nicht aber um außerordentliche Kosten wie die Rechnung für die Beseitigung einer Abflussverstopfung.

4. Heizkosten und Kosten der zentralen Warmwasserzubereitung

Achtung: Diese Themen sind so umfangreich, dass auf sie später noch einmal ausführlich eingegangen wird (ab Seite 194 und ab Seite 199).

5. Fahrstuhlkosten

Achtung: Zu den Fahrstuhlkosten gehören die Kosten des Betriebsstroms, der Beaufsichtigung, Bedienung, Überwachung, Pflege der Anlage, regelmäßige Prüfung ihrer Betriebsbereitschaft und Betriebssicherheit (TÜV) einschließlich der Einstellung durch einen Fachmann, die Kosten der Reinigung der Anlage sowie einer Notrufbereitschaft. Nicht dazu gehören Reparaturkosten! Falls Sie als Vermieter einen Vollwartungsvertrag abgeschlossen haben, dann können Sie diese Kosten nur insoweit auf die Mieter umlegen, als hierin Reparaturkosten enthalten sind. Die Gerichte gehen in der Regel davon aus, dass 50 % der Kosten aus einem „Vollwartungsvertrag" auf die Mieter umgelegt werden dürfen – der Rest seien Reparaturkosten (AG München, WoM 1978, 87, LG Essen, WoM 1991, 702).

Manchmal gibt es Streit über die Frage, ob auch der Erdgeschossmieter an den Fahrstuhlkosten beteiligt werden darf. *Achtung:* Dieser kann allein deshalb schon an den Kosten beteiligt werden, weil er den Fahrstuhl für Besuche bei Mitbewohnern in höheren Stockwerken nutzen kann (LG Hannover, WoM 1990, 229). Grundsätzlich sind Fahrstuhlkosten deshalb immer auf den Erdgeschossmieter umlegbar, wenn dies per Vertrag nicht ausgeschlossen ist.

6. Kosten der Straßenreinigung und der Müllabfuhr

Achtung: Wenn die Müllgebühren über die Hauseigentümer abgerechnet und dem Vermieter deshalb für sein Haus insgesamt durch Abgabenbescheid in

Rechnung gestellt werden, dann können diese Kosten dem Mieter auferlegt werden. Nicht zu den umlegbaren Müllgebühren gehören die Kosten für einen Container, mit dem Bauschutt oder Gartenabfälle weggeschafft werden, wenn diese auf einzelne Verursacher entfallen (LG Berlin, WoM 1996, 327).

7. Kosten der Hausreinigung und der Ungezieferbekämpfung

Achtung: Die Kosten für die Säuberung der von den Bewohnern genutzten Gebäudeteile wie Flure, Treppenhaus, Keller, Waschküchen, Fahrstuhl usw. sind umlegbar.

Manchmal reinigt der Vermieter selbst. Er kann auch dafür Kosten in Rechnung stellen. *Achtung:* Er kann bei eigenhändiger Reinigung nur seinen tatsächlichen Aufwand ersetzt verlangen – die Kosten dürfen allerdings nicht höher sein als bei Einschaltung eines Dritten (AG Löbau, WoM 1994, 19).

Die Kosten einer Putzfrau können vollständig umgelegt werden. *Achtung:* Dazu gehören gegebenenfalls auch die Sozialversicherungsbeiträge und das Weihnachtsgeld. Der Mieter hat den Anspruch auf Vorlage des Arbeitsvertrages. Der Vermieter kann dies nicht mit Hinweis auf den Datenschutz verweigern.

8. Kosten der Gartenpflege

Achtung: Hierzu gehören die Kosten der Pflege gärtnerisch angelegter Flächen einschließlich der Erneuerung von Pflanzen und Gehölzen, der Pflege von Spielplätzen inklusive der Erneuerung von Sand und der Pflege von Plätzen, Zugängen und Zufahrten, die dem nicht öffentlichen Verkehr dienen. Nicht umlagefähig sind die Kosten für die Neuanlegung eines Gartens oder die Kosten für das Fällen kranker Bäume. Davon abgesehen können alle laufenden Pflege- und Erhaltungskosten umgelegt werden, soweit sie den von allen Mietern nutzbaren Garten betreffen. Dazu gehören natürlich nicht die Kosten für die Neuanschaffung von Gartengeräten. Allerdings sollen die Reparaturkosten für diese Geräte umlagefähig sein (LG Hamburg, WoM 1989, 640).

9. Kosten der Beleuchtung

Achtung: Die gesamten Stromkosten für Außenbeleuchtung und die Beleuchtung der von den Bewohnern gemeinsam genutzten Gebäudeteile wie Zugänge, Flure, Treppen, Keller, Bodenräume, Waschküche usw. sind umlegbar.

10. Kosten der Schornsteinreinigung

Achtung: Diese Betriebskosten können auch über die Heizkostenabrechnung abgerechnet und dürfen dann natürlich nicht doppelt berechnet werden.

11. Kosten der Sach- und Haftpflichtversicherung

Achtung: Die Rechtsschutzversicherung des Vermieters gehört nicht dazu – ansonsten können die vollständigen Kosten der Versicherung des Gebäudes gegen Feuer-, Sturm- und Wasserschäden, der Glasversicherung, der Haftpflichtversicherung für das Gebäude, den Öltank und den Aufzug abgewälzt werden. Außerordentliche Kosten sind jedoch vom Vermieter zu tragen.

Achtung: Wenn durch einen Rohrbruch die Prämien für die Leitungswasserversicherung steigen, ist die Differenz zu den bisherigen Prämien vom Vermieter zu tragen (AG Hamburg, WoM 1986, 346). Bei der Feuerversicherung wären besonders hohe Prämien wegen gefährlicher Gewerberäume zu berücksichtigen und auszugleichen.

12. Kosten für den Hausmeister oder Hauswart (nicht allerdings Verwaltungskosten und Instandhaltungsrücklagen)

Achtung: Bei der Berechnung der Kosten für den Hausmeister muss darauf geachtet werden, dass die Kosten nicht mehrfach vom Mieter bezahlt werden. Wenn der Hausmeister für die Betreuung der Wasserversorgung, der Heizung, der Warmwasserbereitung, der Entwässerung und des Aufzugs zuständig ist und wenn er das Treppenhaus reinigt, die Ungezieferbekämpfung und die Gartenpflege übernommen hat, dann dürfen diese Posten natürlich nicht mehr extra berechnet werden.

Ein häufiger Streitpunkt sind die Hausverwaltung und die Instandsetzungstätigkeiten. *Achtung:* Die Kosten des Hausmeisters dürfen nicht überwälzt werden, soweit sie die vom Hausmeister geleistete Hausverwaltung oder Instandsetzungs- oder Instandhaltungsarbeiten betreffen. Bei größeren Miethäusern können derartige Arbeiten leicht 30 bis sogar 70 % der Kosten des Hausmeisters ausmachen. Zur Orientierung: Ortsübliche Hausmeisterkosten sollen 1995 in München bei 44 Pfennig pro Quadratmeter Wohnfläche und Monat und in Köln 1994 bei 50 Pfennig gelegen haben.

13. Kosten der Gemeinschaftsantennenanlage bzw. des Breitbandkabelnetzes

Achtung: Umlagefähig sind der Betriebsstrom, die Miete der Anlage und die Kosten der regelmäßigen Prüfung ihrer Betriebsbereitschaft bzw. die Kosten eines Antennenwartungsvertrages. Nicht umlagefähig sind Reparaturkosten, z. B. nach Sturmschäden. Bei Kabel kommt die monatliche Grundgebühr an den Versorgungsbetrieb hinzu. Nicht dazu gehören die Anschlusskosten.

14. Kosten des Betriebs der maschinellen Wascheinrichtung

Achtung: Überwälzt werden können die Kosten des Betriebsstroms, die Überwachung, Pflege und Reinigung, die regelmäßige Prüfung ihrer Betriebsbereitschaft und Betriebssicherheit sowie die Kosten der Wasserversorgung.

15. Sonstige Betriebskosten (die allerdings im Mietvertrag genau aufgeführt werden müssen)

Achtung: Hier entstehen häufig Missverständnisse. Die „sonstigen Betriebskosten" sind kein Auffangnetz für andere Kosten, die bisher noch nicht erfasst wurden. Zunächst muss im Mietvertrag aufgeführt sein, was der Vermieter unter „sonstigen Betriebskosten" versteht. Ein pauschaler Hinweis, die sonstigen Betriebskosten trage der Mieter, reicht als „unausgefüllte Leerposition" nicht aus (OLG Oldenburg RE, WoM 1995, 430).

Welche Kosten sind nicht überwälzbar?

Folgende Kosten sind *keine* Betriebskosten und können deshalb auch nicht auf den Mieter überwälzt werden:

- Rechtsschutzversicherung des Vermieters, die dieser für Mietrechtsstreitigkeiten mit seinen Mietern abgeschlossen hat;
- Beiträge des Vermieters zu Grundeigentümervereinen;
- Bankgebühren für das Mietkonto;
- Portokosten und Kosten für die Erstellung der Abrechnung (LG Stuttgart, WoM 1989, 521);
- Wartungskosten für die Klingelsprechanlage (AG Hamburg, WoM 1988, 308);
- Verwaltungskosten und Instandsetzungsrücklagen (dagegen gehört der Hausmeister dazu, soweit er nicht für Instandhaltungs- und Instandsetzungsarbeiten eingesetzt wird);
- Zinsen für einen Kredit um Heizöl kaufen zu können (AG Siegburg, WoM 1985, 345);
- Zinsabschlagssteuer auf Instandhaltungsrücklagen;
- Kosten einer Reparaturkostenversicherung (AG Köln, WoM 1990, 556);
- Kosten der Wach- und Schließgesellschaft (OLG Düsseldorf, DWW 1991, 283, LG Hamburg, ZMR 1997, 358);
- Kosten einer Mietausfallversicherung;
- Kosten einer Umweltschädenversicherung (AG Köln, 222 C 329/94);
- Kosten der Dachrinnenreinigung (LG Berlin, GE 1994, 1381).

Welcher Abrechnungszeitraum ist zu wählen?

Grundsätzlich ist über das Jahr abzurechnen. Willkürlich gewählte **Abrechnungszeiträume** können nicht Grundlage von Betriebskostennachforderungen sein (AG Friedberg, WoM 1983, 239).

Es kann jedoch vertraglich vereinbart werden, dass der Abrechnungszeitraum durch das Datum der Rechnungslegung begrenzt werden soll.

Wenn ein Mieter mitten im Jahr ein- oder auszieht, dann wird dadurch der Abrechnungszeitraum abgegrenzt. Der Mieter darf in einem solchen Fall natürlich nur anteilig mit Betriebskosten belastet werden.

Kommt es zu Tarifwechseln während des Jahres, etwa durch Preissteigerungen bei den Versorgern, dann muss das Berücksichtigung finden.

Welcher Verteilerschlüssel soll gelten?

In welchem Verhältnis sollten den Mietern die Betriebskosten auferlegt werden, wenn in einem Mietshaus verschiedene Mietparteien mit unterschiedlicher Kopfstärke wohnen?
Den absolut gerechten Schlüssel gibt es nicht. Die meisten gebräuchlichen Schlüssel sind zulässig. Nur wenn ein **Abrechnungsschlüssel** willkürlich und nicht nachvollziehbar/nicht sachgerecht ist, kann der Mieter sich dagegen wehren. Wichtig: Alle Wohnungen innerhalb eines Hauses müssen nach demselben Schlüssel abgerechnet werden. Soll er geändert werden, so haben grundsätzlich alle Mieter zuzustimmen.
Abrechnen können Sie als Vermieter anhand folgender Varianten:
- nach dem tatsächlichen Verbrauch (pro Mieter separat erfasst);
- nach Wohneinheiten, das heißt jede Mietwohnung zählt gleich (problematischer Schlüssel, da er sehr ungerecht werden kann);
- nach Zimmern;
- nach Quadratmetern Wohnfläche;
- nach Kubikmetern umbauten Raumes;
- nach Köpfen, das heißt Personenzahl.

Es wären des Weiteren Mischschlüssel denkbar:
- pro Person ein Punkt;
- pro Zimmer (ohne Diele, Flure und Abstellkammern) ein Punkt;
- pro Badezimmer ein Punkt;
- die verbrauchsabhängigen Betriebskosten (Wasser, Abwasser, Müllabfuhr, Allgemeinstrom) nach Punkten oder nach Köpfen;
- die (eher) sachbezogenen Betriebskosten (Grundsteuer, Versicherung, Straßenreinigung, Schornsteinfegergebühren) nach Quadratmetern.

Diese Abrechnungstechniken können weiter verfeinert werden. Bei einer Abrechnung nach Personen bzw. nach Punkten kann z. B. für eine Waschmaschine oder eine Spülmaschine noch eine halbe Person bzw. ein halber Punkt hinzugerechnet werden.

> **Wichtig:**
>
> Sie als Vermieter müssen sich an die mietvertraglichen Vereinbarungen halten. Änderungen sind nur möglich, wenn Ihr Mieter zustimmt. Soll in einem Mietshaus zukünftig nach einem anderen Schlüssel umgelegt werden, dann müssen alle Mieter zustimmen.

Der Vermieter ist verpflichtet, einen möglichst gerechten, das heißt verbrauchsnahen Verteilerschlüssel zu verwenden. Ungerecht und damit unwirksam kann z. B. ein Verteilerschlüssel nach Personen für verbrauchsunabhängige Betriebskosten sein, wenn eine Mietpartei zu dritt in einem kleinen Appartment wohnt und eine andere Partei allein in einer sehr großen Wohnung. Für Grundsteuer, Haftpflicht und Versicherungen würde die Mietpartei in der kleinen Wohnung dann nämlich erheblich mehr zahlen als die in der größeren.

> **Wichtig:**
>
> Für Heizkosten ist ein bestimmter Verteilungsschlüssel vorgeschrieben. (Lesen Sie mehr dazu ab Seite 194.)

Betriebskosten bei leer stehenden Wohnungen?

Als Vermieter müssen Sie leer stehende Wohnungen berücksichtigen. Dazu haben Sie die darauf entfallenen Betriebskosten zu berechnen und selbst zu tragen. Sie können sie nicht den anderen Mietern im Haus auflasten (AG Hamburg, WoM 1980, 256, AG Coesfeld, WoM 1996, 155).

Wer trägt die Kosten der Vermieterwohnung?

Wenn Sie bei einem Mietshaus mit z. B. fünf Mietwohnungen mit zusammen 500 Quadratmetern Wohnfläche eine 100 Quadratmeter große Wohnung selbst nutzen, dann dürfen Sie bei der Betriebskostenabrechnung die Gesamtkosten des Hauses nicht lediglich durch 400 Quadratmeter teilen. Sonst würden Ihre Mieter ja Ihre Betriebskosten tragen. Sie müssen die Gesamtkosten durch die gesamte Wohnfläche teilen und den auf Ihre Wohnung entfallenen Anteil selbst tragen.

Was passiert mit zu Unrecht gezahlten Kosten?

Wenn bestimmte und bereits bezahlte Betriebskosten eigentlich umlagefähig wären, nur halt nicht im Mietvertrag aufgeführt sind, stellt sich die Frage, ob der Mieter zurückfordern kann. In der Vergangenheit gezahlte Beträge kann der Mieter für die letzten vier Jahre zurückfordern, da der Vermieter ungerechtfertigt bereichert ist (AG Frankfurt-Höchst, WoM 1985, 351). Danach tritt **Verjährung** ein (LG Siegen, WoM 1989, 583).
Ist es möglich, sich als Vermieter gegen eine derartige **Rückforderung** zur Wehr zu setzen? Sie könnten eine Rückzahlung verweigern, wenn eine Zusatz-

vereinbarung getroffen worden wäre. Vereinbarungen müssen dabei nicht unbedingt ausdrücklich, sondern können auch durch ein so genanntes **schlüssiges Verhalten** getroffen werden. Leider wird man insoweit aus dem Umstand der Zahlung wenig Honig saugen können. So wird durch die Zahlung meistens nicht von einer „Zusatzvereinbarung" auszugehen sein (OLG Hamburg, WoM 1988, 347). Schließlich könnte sich der Mieter ja einfach nur über seine Zahlungspflicht geirrt haben. Dann hätte die Zahlung eben nicht die Bedeutung eines Einverständnisses mit der Zahlungsverpflichtung. Anders wäre der Fall zu beurteilen, wenn der Mieter wusste, dass er zur Zahlung nicht verpflichtet war (LG Mannheim, WoM 1976, 115). Erst wenn dies (vom Vermieter) nachgewiesen werden kann, wäre von einer stillschweigenden Vertragsänderung auszugehen. Und nur dann könnte der Mieter die zu viel gezahlten Beträge nicht zurückfordern. Im Zweifelsfalle sollten Sie zunächst einen Anwalt zur Beratung aufsuchen.

Wie werden Vorauszahlungen korrekt abgezogen?

Am Ende der Betriebskostenabrechnung müssen Sie die **Vorauszahlungen** abziehen. Dabei dürfen Sie natürlich nicht einfach die Vorauszahlungen der Mieter den gesamten Betriebskosten gegenüberstellen.

> **Beispiel:**
> Falsche Berechnung:
> In einem Mehrfamilienhaus mit 500 Quadratmetern erstellt der Vermieter folgende Abrechnung:
> Gesamtkosten des Hauses   6 000 DM
> Gesamtvorauszahlungen   5 000 DM
> Differenz   1 000 DM
> Verteilt auf 500 Quadratmeter Wohnfläche ergibt sich nach dieser Berechnung ein Rest von 2 DM/Quadratmeter, die von den Mietern – je nach Wohnungsgröße – noch zu bezahlen sind. Diese Berechnung ist falsch, denn die Mieter, die wenig oder gar keine Vorauszahlungen geleistet haben, werden bevorteilt. Besonders krass würde es werden, wenn der Vermieter mit im Hause wohnen würde. Denn dieser hätte naheliegenderweise keine Vorauszahlungen geleistet. Seine Mieter würden ihm dann zum überwiegenden Teil die Betriebskosten für die eigene Wohnung zahlen.

Die korrekte Abrechnung sieht so aus: Sie als Vermieter müssen die Betriebskosten für jede Mietpartei vollständig ermitteln und dann den jeweils gezahlten Vorauszahlungen gegenüberstellen.

Sie haben sich zu Ihren Ungunsten verrechnet?

Wurde die Abrechnung vom Mieter akzeptiert (was meist der Fall sein dürfte, da er ja Kosten spart), dann ist die Angelegenheit erledigt. Ein Vermieter kann leider auch bei offensichtlichen Rechenfehlern nicht einfach eine neue und berichtigte Abrechnung vorlegen.

Wie kann die Betriebskostenvorauszahlung erhöht werden?

Einzelheiten zu dieser Thematik finden Sie ab Seite 208.

Was geschieht bei Eigentümerwechsel?

Wenn Sie ein Mietshaus während einer Abrechnungsperiode erwerben, müssen Sie auch über die Betriebskosten abrechnen. Dies gilt natürlich erst recht, wenn Sie alle Betriebskostenvorauszahlungen für den Abrechnungszeitraum erhalten haben (LG Lüneburg, WoM 1992, 380).

Was passiert, wenn die Gemeinde eine neue Gebühr erhebt?

Es gilt der Grundsatz: Enthält der Vertrag eine abschließende Aufzählung der umlagefähigen Betriebskosten, so können andere Betriebskosten nur dann mitumgelegt bzw. abgerechnet werden, wenn der Mieter insoweit einer Vertragsänderung zustimmt.

> **Beispiel:**
> In vielen älteren Mietverträgen sind als Betriebskosten die Grundsteuer und die Versicherung nicht genannt. Dann dürfen sie vom Mieter auch nicht gesondert verlangt werden.

Dies ist ohne weiteres einsichtig bei Betriebskostenarten, die bereits bei Vertragsschluss vorhanden waren und nach Willen der Parteien bei Vertragsschluss in der Miete enthalten sein sollten. Problematisch wird der Fall, wenn Betriebskosten neu geschaffen werden, z. B. wenn die Gemeinde eine neue Gebühr einführt. Folgende Klausel wäre nach Ansicht der Rechtsprechung wirksam:

> Der Vermieter ist berechtigt ohne sein Dafürkönnen neu entstandene Betriebskostenarten auf den Mieter anteilig umzulegen.

Wann darf der Mieter seine Betriebskostenzahlung kürzen?

Nach der *Heizkostenverordung* hat der Mieter das Recht, von seinem Anteil an den Heizkosten 15 % abzuziehen, wenn der Vermieter nicht verbrauchsabhängig abgerechnet hat. Das bedeutet, dass ein Kürzungsrecht besteht,

- wenn Räume oder einzelne Heizkörper nicht mit Erfassungsgeräten ausgerüstet sind;
- wenn die Erfassungsgeräte ausgefallen oder aus anderen Gründen mehr als 25 % der Wohnfläche des Hauses geschätzt werden müssen;
- wenn z. B. durch Heizkörperverkleidungen die Erfassungsgeräte die Wärmeabgabe der Heizkörper verfälscht aufgezeichnet haben oder dadurch die Funktion der Thermostatventile gestört war.

Wann muss der Mieter den Nachzahlungsbetrag aus der Betriebskostenabrechnung bezahlen?

Solange keine ordnungsgemäße Abrechnung vorliegt, kann der Mieter eine Nachzahlung verweigern. Er hat sogar die Möglichkeit den Vermieter mit seinem **Zurückbehaltungsrecht** unter Zeitdruck zu setzen. So kann er nach Ablauf eines Zeitraumes von etwa zwölf Monaten ohne Abrechnung die Vorauszahlung so lange zurückbehalten, bis der Vermieter die Betriebskostenabrechnung endlich erstellt. (Lesen Sie mehr zum Thema Zurückbehaltungsrecht ab Seite 174).

Die korrekte Betriebskostenabrechnung

Damit Sie bei Ihren Betriebskostenabrechnungen möglichst keine Fehler machen, im Folgenden wichtige Informationen zu dieser äußerst komplizierten Materie.

Erforderlicher Inhalt

Selbstverständlich dürfen Sie nur über Betriebskosten abrechnen, die der Mieter auch tatsächlich schuldet. In der Betriebskostenabrechnung müssen Sie als Vermieter:

- die Gesamtkosten zusammenstellen;
- erklären, wie Sie die Kosten verteilen;
- den Abrechnungszeitraum angeben;

- erhebliche Abweichungen gegenüber der Abrechnung für den vorherigen Abrechnungszeitraum erläutern;
- die vom Mieter im Ablesungsprotokoll unterschriebenen und damit als richtig anerkannten Ableseergebnisse (ohne Schreib- oder Tippfehler) beilegen;
- die monatlichen Vorauszahlungen des Mieters berücksichtigen und einen Saldo bilden (das heißt, vom Betrag der geschuldeten Betriebskostenzahlung muss der Vorauszahlungsbetrag abgezogen werden, um den Zahlbetrag zu errechnen).

Wichtig:

Jede ordentliche Betriebskostenabrechnung hat eine bestimmte Reihenfolge:
1. Aufstellung der Gesamtkosten des Mietshauses,
2. Verteilung der Gesamtkosten mit der Errechnung der auf den Mieter entfallenden Anteile,
3. Abrechnung unter Berücksichtigung der Vorauszahlungen des Mieters,
4. Endergebnis: Nachzahlungsbetrag oder Guthaben des Mieters.

Muster: Betriebskostenabrechnung mit Verweis auf die Heizkostenabrechnung

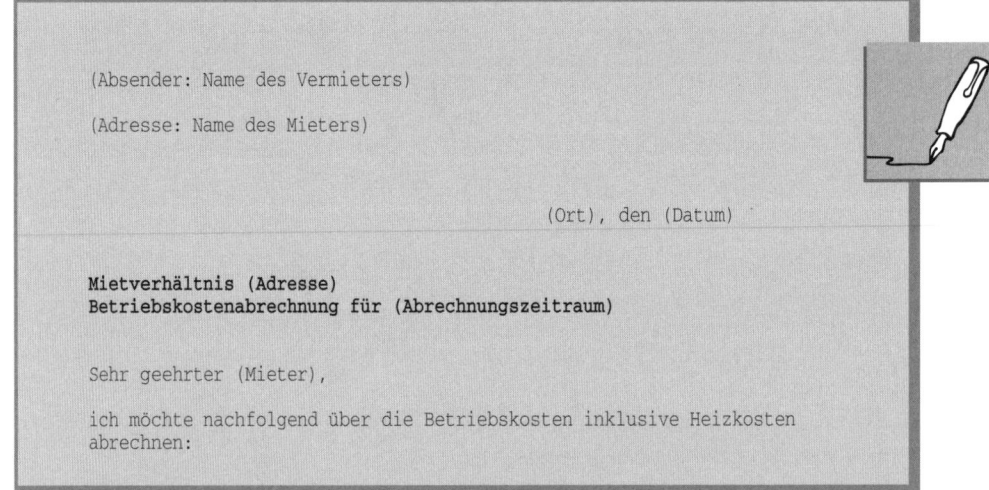

```
(Absender: Name des Vermieters)

(Adresse: Name des Mieters)


                                        (Ort), den (Datum)


    Mietverhältnis (Adresse)
    Betriebskostenabrechnung für (Abrechnungszeitraum)


    Sehr geehrter (Mieter),

    ich möchte nachfolgend über die Betriebskosten inklusive Heizkosten
    abrechnen:
```

Aufstellung der Gesamtkosten des Mietshauses

1. Kaltwasserverbrauch .... DM
2. Entwässerungskosten .... DM
3. Müllabfuhrgebühren .... DM
4. Gartenpflege .... DM
5. Gemeinschaftsantennenwartung .... DM
6. Hausreinigung, Straßenreinigung, Schnee- und
   Eisbeseitigung .... DM
7. Kosten der Beleuchtung des Treppenhauses, Kellers
   und der Allgemeinräume .... DM
8. Grundsteuer .... DM
9. Kosten der Sach- und Haftpflichtversicherung .... DM
10. Heiz- und Warmwasserkosten gemäß gesonderter
    Abrechnung der Firma XY .... DM

Summe .... DM

Verteilung der Gesamtkosten mit der Errechnung der auf den Mieter entfallenden Anteile

Hierauf entfällt auf die von Ihnen angemietete Wohnung nach dem Verhältnis der Wohnflächen ein Anteil von ...% (Hier ist selbstverständlich die Verteilung der Anteile anzusetzen, die sich aus der mietvertraglichen Vereinbarung ergibt).

Abrechnung unter Berücksichtigung der Vorauszahlungen des Mieters

Ihr Anteil an den Gesamtkosten beträgt ......,.. DM. Insgesamt belaufen sich die von Ihnen zu tragenden Betriebskosten somit auf ......,.. DM. So ergibt sich abzüglich der von Ihnen geleisteten Betriebskostenvorauszahlungen folgende Aufstellung:

Anteil an den Betriebskosten .... DM
Betriebskostenvorauszahlungen .... DM
Saldo zu meinen Gunsten von .... DM

Die Belege zum Nachweis der entstandenen Betriebskosten können Sie gerne einsehen. Den sich zu meinen Gunsten ergebenden Saldo bitte ich zusammen mit dem Mietzins des nächsten Monats auf das Ihnen bekannte Mietkonto zu überweisen.

Mit freundlichen Grüßen

(Unterschrift des Vermieters)

Achtung: Da die Höhe der Vorauszahlung „angemessen" sein muss, sind Sie als Vermieter gezwungen, bei einem Guthaben des Mieters die Vorauszahlungsforderung für das nächste Jahr zu senken, wenn nicht Kostensteigerungen zu erwarten sind.

Zwei weitere Tipps

■ Kontrollieren Sie am Schluss, ob bei der Zusammenrechnung der auf alle Mieter eines Mietshauses verteilten Beträge auch immer unterm Strich 100 % herauskommt, also nicht zu viel oder zu wenig Kosten umgelegt worden sind.

■ Es dürfen – selbstverständlich – nur die wirklich entstandenen bzw. entstehenden Betriebskosten abgerechnet werden. Wenn es z. B. keinen Fahrstuhl gibt, darf auch keine solche Position veranschlagt werden.

Was bei unrichtiger Abrechnung passieren kann

Falls die Betriebskostenabrechnung unrichtig ist, werden Sie z. B. vor Gericht schlechte Karten haben, wenn der Mieter den geforderten Nachzahlungsbetrag partout nicht zahlt. Denn dann wird das Gericht Ihre Klage als (derzeit) unbegründet abweisen. Das bedeutet unter anderem, dass Sie die Verfahrenskosten bezahlen müssen.

Die Heizkostenabrechnung nach der Heizkostenverordnung

Die **Heizkostenabrechnung** wird in den allermeisten Fällen von Wärmefirmen vorgenommen. Deren Aufgabe ist es, durch geeignete technische Maßnahmen die Verbrauchserfassung durchzuführen. Damit Sie die von der Wärmefirma erstellte Abrechnung nachvollziehen und gegebenenfalls auch Ihrem Mieter erläutern können, zunächst ein Überblick über die wichtigsten Aspekte der Heizkostenabrechnung. Danach folgt anhand eines Abrechnungsbeispiels die Umsetzung in die Praxis.

Wann muss nach der Heizkostenverordnung abgerechnet werden?

Die Heizkostenabrechnung entfällt oder wird sehr einfach, wenn für jede Mietwohnung eine eigene Heizungs- bzw. Warmwasserzubereitungsanlage vorhanden ist. Der gesamte Verbrauch einer so genannten **Etagenheizung** wird dann vom Mieter bezahlt. Meistens wird bei einer Etagenheizung der Mieter mit dem Gas- oder Energieversorger direkt einen **Versorgungsvertrag** abschließen. Sie sollten allerdings sicher gehen, dass dies auch im Mietvertrag festgehalten ist. Dafür bietet sich folgende Klausel an:

Gasetagenheizung

Die Wohnung ist mit einer Gasetagenheizung ausgerüstet, die die Versorgung der Wohnung mit Heizenergie und Warmwasser gewährleistet. Es ist Sache des Mieters, mit den zuständigen Versorgungsunternehmen einen Versorgungsvertrag abzuschließen. Die Abrechnung erfolgt direkt zwischen Mieter und Versorgungsunternehmen.

Schwieriger wird die Angelegenheit bei einer **Zentralheizung.** Wenn eine zentrale Heizung mehr als eine Wohnung mit Wärme versorgt, besteht die gesetzliche Pflicht, eine Abrechnung über die Heizkosten nach den Grundsätzen der *Heizkostenverordnung* vorzunehmen.

Die *Verordnung über die verbrauchsabhängige Abrechnung der Heiz- und Warmwasserkosten* (kurz *HeizkostenVO*) erging aufgrund § 3a *Energieeinsparungsgesetz* und gilt für die Verteilung der Kosten des Betriebs zentraler Heizungsanlagen und zentraler Warmwasserversorgungsanlagen und der Lieferung von Fernwärme und Fernwarmwasser durch den Gebäudeeigentümer und ihm gleichgestellte Personen auf die Nutzer der mit Wärme oder Warmwasser versorgten Räume.

Als Vermieter sind Sie gesetzlich verpflichtet alle Räume mit Erfassungsgeräten auszurüsten. Diesen Anspruch kann der Mieter notfalls gerichtlich durchsetzen.

Wichtig:

Warmmietverträge, bei denen die Miete die Heizkosten mitumfasst, sind unzulässig (BayObLG RE WoM 1988, 257). Auch Verträge, nach denen der Mieter jeden Monat einen bestimmten Betrag als Heizkostenpauschale bezahlt, über den dann nicht abgerechnet wird, sind unwirksam (OLG Schleswig RE, WoM 1986, 330, OLG Hamm RE, WoM 1986, 267). Der Mieter hat einen Anspruch darauf, dass nach der Heizkostenverordnung abgerechnet wird. Er kann notfalls sogar vor Gericht durchsetzen, dass entsprechend Erfassungsgeräte installiert werden.

Die Verpflichtung trifft Sie auch, wenn Sie eine Eigentumswohnung vermieten und zwischen den Eigentümern Absprachen getroffen worden sind (AG Düsseldorf, WoM 1988, 171).

Abrechnung nach Verbrauch oder verbrauchsunabhängig?

Nicht der gesamte Verbrauch wird nach den Ergebnissen der Erfassungsgeräte aufgeteilt. Die Verteilung erfolgt nur teilweise verbrauchs*abhängig* und zum verbleibenden Teil verbrauchs*unabhängig*. Das Gesetz sieht vor, dass mindestens 50%, höchstens 70% der Gesamtkosten nach Verbrauch abgerechnet werden. Der Rest wird nach einem festen Maßstab, meistens nach Wohnfläche, auf die Mietparteien verteilt.

> **Wichtig:**
>
> Diese Gesetzesvorschrift ist nicht bindend! Die Verteilung darf durch Vereinbarung im Mietvertrag so geändert werden, dass bis zu 100% nach Verbrauch verteilt werden.

Die Unterscheidung zwischen einem verbrauchsabhängigen und einem verbrauchsunabhängigen Anteil erscheint gerecht, da ein Teil der Heizkosten z.B. im Heizungskeller oder in den Leitungsrohren durch die Erwärmung des Mauerwerks (so genannte Rohrwärme) verschwindet und unabhängig vom individuellen Heizverhalten der Mieter anfällt. Der gebräuchlichste und gerechteste Aufteilungsmaßstab ist aus diesem Grunde 50:50.

Die Messung der Heizkosten erfolgt nach dem Verdunstungsprinzip. An jeden Heizkörper werden geeichte und versiegelte Glasröhrchen mit einer Flüssigkeit angebracht. Je nach Benutzung der Heizung verdunstet aus den Röhrchen ein größerer oder ein geringerer Teil der Flüssigkeit. Je nach Größe der Heizung und je nach Anzahl der Heizkörper pro Wohnung kann dann errechnet werden, in welchem Verhältnis der Verbrauch einer einzelnen Wohnung zum Gesamtverbrauch steht.

Welcher Aufteilungsmaßstab muss verwendet werden?

Der Vermieter entscheidet über den Aufteilungsmaßstab. Wenn dieser allerdings erst einmal feststeht, ist auch der Vermieter grundsätzlich daran gebunden. Geändert werden kann er nur, wenn alle Mietparteien zustimmen. Nur in folgenden Ausnahmefällen darf der Vermieter einseitig (und nur für die Zukunft) ändern:

- in den ersten drei Jahren nach Festlegung des Umlegungsmaßstabes;
- bei der Einführung einer Vorerfassung, z.B. weil der Verbrauch von Geschäfts- und von Mieträumen im Haus getrennt erfasst werden muss;
- wenn er bauliche Maßnahmen zur Energieeinsparung durchführt.

Welche Kosten können aufgenommen werden?

Folgende Kosten können Sie aufnehmen:
1. die Kosten der verbrauchten Brennstoffe;
2. die Kosten des Betriebsstroms;
3. die Kosten der Bedienung, Überwachung und Pflege der Heizungsanlage;
4. die Kosten der turnusmäßig auftretenden Prüfung der Betriebsbereitschaft und -sicherheit der Heizungsanlage einschließlich der Einstellung durch einen Fachmann;
5. die Kosten der Reinigung der Anlage und des Betriebsraums;
6. die Kosten der Messung nach dem *Bundesimmissionsschutzgesetz* und die Schornsteinfegerkosten;
7. die Mietkosten für die Verbrauchserfassungsgeräte;
8. die Kosten des „Wärmedienstes" und die Eichung von Wasserzählern.

Dazu im Folgenden nähere Einzelheiten:

1. Die Kosten der verbrauchten Brennstoffe

Der Vermieter ist übrigens angehalten die Brennstoffe wirtschaftlich einzukaufen. Wenn er den Winter über mehrere Male lediglich 500 Liter Heizöl kauft, obwohl der Heizöltank um ein Vielfaches größer ist, dann muss er es sich gefallen lassen, wenn der Mieter in der Abrechnung den Ölpreis auf den Preis reduziert, der gezahlt worden wäre, wenn nur ein- oder zweimal getankt worden wäre (LG Darmstadt, WoM 1977, 96).

Der Vermieter darf Brennstoffe auch nicht von seiner eigenen Firma beziehen, die wiederum von einem Dritten einkauft, wenn der unmittelbare Einkauf bei dem Dritten billiger gewesen wäre (LG Hannover, WoM 1996, 776).

Der Vermieter muss des Weiteren Rabatte weitergeben. Er darf an der Heizung nichts verdienen.

Nicht umlagefähig sind die Trinkgelder für die Öllieferung (LG Mannheim, WoM 1978, 209) oder Finanzierungskosten für den Kauf des Heizmaterials (AG Bruchsal, WoM 1988, 62).

Überzieht der Vermieter sein Konto, um die Ölrechnung zu bezahlen, muss er die Zinsen selbst tragen (AG Idar-Oberstein, WoM 1980, 10).

2. Die Kosten des Betriebsstroms

Die Warmwasser-Umwälzpumpe, die Ölpumpe im Brenner und die Regelungsanlage verursachen einen spürbaren Anteil an den Gesamtkosten.

3. Die Kosten der Bedienung, Überwachung und Pflege der Heizungsanlage

Diese Kosten fallen heute kaum noch an, da moderne Heizungen in der Regel vollautomatisch sind. Bedienungskosten für eine moderne Heizung werden von den Gerichten nicht anerkannt (LG Aachen, WoM 1976, 180). Diese Kosten werden vom Hausmeister abgedeckt. Bei Koks- oder Kohleheizungen, die es heute kaum noch gibt, fielen früher Kosten für den Heizer an. Diese Kosten waren – inklusive Sozialversicherungsabgaben – umzulegen (LG Berlin, Az. 61 S 201/62).

4. Die Kosten der turnusmäßig auftretenden Prüfung der Betriebsbereitschaft und -sicherheit der Heizungsanlage einschließlich der Einstellung durch einen Fachmann

Es muss unterschieden werden zwischen den Kosten für die Prüfungsarbeiten und die möglicherweise gleichzeitig stattfindenden Reparaturarbeiten. Die Kosten für die Überprüfung können umgelegt werden, die Kosten z. B. für den Austausch des defekten Brenners hingegen nicht.

Manche Mietervereine raten ihren Mitgliedern, diesen Posten besonders sorgfältig zu prüfen, falls die Wartungskosten mehr als 5 % der Brennstoffkosten ausmachen, weil dann Reparaturkosten enthalten sein könnten.

5. Die Kosten der Reinigung der Anlage und des Betriebsraums

Es ist sehr umstritten, ob die Kosten der Öltankreinigung umlagefähig sind. Dafür: AG Hamburg, WoM 1982, 310; dagegen: AG Bremen, WoM 1976, 255. Wird bei der Öltankreinigung auch Ölschlamm entfernt, dann handelt es sich um Instandhaltung mit der Folge, dass die Kosten insoweit nicht umlegbar sind (AG Wenigsen/Deister, WoM 1991, 358). Ebenso sind Kosten für Korrosionsschutzarbeiten nicht umlegbar (AG Regensburg, WoM 1995, 319). Mietkosten für einen Flüssiggastank sind nicht umlagefähig (LG Bonn, WoM 1989, 398).

6. Die Kosten der Messung nach dem Bundesimmissionsschutzgesetz und die Schornsteinfegerkosten

Der Schornsteinfeger muss in regelmäßigen Abständen die Abgabe der Heizungsanlage messen, um zu prüfen, ob die Luft nicht mehr als unbedingt nötig verschmutzt wird. Jede Messung kostet zur Zeit etwa 65 bis 100 DM. Die Schornsteinfegerkosten können auch über die allgemeine Betriebskostenabrechnung abgerechnet werden. Dann dürfen sie natürlich nicht zusätzlich im Rahmen der Heizungskosten auftauchen.

7. Die Mietkosten für die Verbrauchserfassungsgeräte

Seit einer Änderung der *Heizkostenverordnung* kann der Vermieter die Geräte zur Verbrauchserfassung auch mieten. Bis dahin musste er sie kaufen, um die Anschaffungskosten durch einen Aufschlag auf die Miete wieder reinzuholen (11 % der Gerätekosten können pro Jahr auf die Jahresmiete aufgeschlagen werden). Da die Miete der Geräte jedoch teurer ist, müssen hierzu die Mieter schriftlich gefragt werden. Sind mehr als die Hälfte der Mietparteien eines Hauses gegen ein Mieten, dann müssen die Messgeräte weiterhin gekauft werden. In jedem Fall muss der Vermieter die Grundsätze der Wirtschaftlichkeit beachten. Ein Erfassungssystem, dessen Mietkosten 25 % der Energiekosten ausmacht, ist unverhältnismäßig (AG Hamburg, WoM 1994, 695).

8. Die Kosten des „Wärmedienstes" und die Eichung von Wasserzählern

Die Kosten der Auswechslung der Messröhrchen in den Erfassungsgeräten durch den „Wärmedienst" sowie des Erstellens der Heizkostenabrechnung sind umlagefähig. Ebenso können die Kosten der Eichung von Wasserzählern – Kaltwasserzähler alle sechs Jahre, Warmwasserzähler alle fünf Jahre – auf den Mieter abgewälzt werden (AG Bremerhaven, WoM 1987, 33).

Heizkostenabrechnung für Gemeinschaftsräume

In **Gemeinschaftsräumen** hat der einzelne Mieter keinen Einfluss auf die Menge der verbrauchten Heizenergie. Die *Heizkostenverordung* sieht deshalb vor, dass die Heizkosten in Gemeinschaftsräumen wie z. B. Flure, Treppenhäuser usw. nicht erfasst zu werden brauchen. Sie finden dennoch Berücksichtigung, da sie ja in den Gesamtverbrauch des Hauses einfließen, der anteilig auf alle Mieter aufgeteilt wird. Das bedeutet, dass jemand, der eine große Wohnung hat und deshalb viel heizen muss, auch einen größeren Anteil an den Heizkosten für die Gemeinschaftsräume zahlt.

Die Warmwasserabrechnung

Über die **Warmwasserabrechnung** wird aus unerfindlichen Gründen recht häufig gestritten. Die Abrechnung erfolgt ähnlich wie bei den Heizkosten teilweise verbrauchs*abhängig* und teilweise verbrauchs*unabhängig*.
Folgende Kosten sind umlagefähig:

■ die Kosten der Wassererwärmung;
■ die Kosten der Wasserversorgung;

- die Kosten des Wasserverbrauchs;
- Grundgebühren und Zählermiete;
- die Kosten der Verwendung von Zwischenzählern;
- die Kosten des Betriebs einer hauseigenen Wasserversorgungsanlage und einer Wasseraufbereitungsanlage sowie der erforderlichen Aufbereitungsstoffe;
- die Kosten der Wartung eichfähiger Warmwasserzähler.

Die Kosten werden ebenfalls teilweise verbrauchsunabhängig umgelegt. Der Vermieter hat die Wahl, mindestens 50 % bis maximal 70 % der Kosten nach Verbrauch umzulegen; den Rest muss er nach der Wohnfläche verteilen.

Falls die Heizung im Haus mit der Warmwasserversorgung verbunden ist, müssen die Kosten auf Heizung und Warmwasser aufgeteilt werden. Sofern eine genaue Aufteilung nicht möglich ist, weil die auf die Warmwasserversorgung entfallende Wärmemenge nicht gemessen werden kann, sind als Kosten der Warmwasserversorgungsanlage 18 % der einheitlich entstandenen Kosten der Gesamtanlage anzurechnen.

> **Tipp:**
>
> Das *Bundeswirtschaftsministerium, Referat Öffentlichkeitsarbeit, Pressestelle, Postfach, 53057 Bonn,* gibt eine kostenlose Broschüre mit dem Titel „Verbrauchsabhängige Abrechnung" heraus, die neben einer anschaulichen Darstellung der technischen Möglichkeiten der verbrauchsabhängigen Erfassung auch Abrechnungsbeispiele enthält. Außerdem sind darin der vollständige Gesetzestext sowie die Adressen von Energieberatungsstellen abgedruckt.

Beispiele: Heizkosten- und Warmwasserabrechnung

Da die Berechnungen, die bei einer **Heizkostenabrechnung** vorgenommen werden müssen, anhand konkreter Beispiele besonders verständlich erläutert werden können, finden Sie im Folgenden zwei Abrechnungen eines Wärmedienstes. Die Aufstellung für den Vermieter unterscheidet sich dabei nur geringfügig von derjenigen für die Mieter.

Heizkostenabrechnung, die der Vermieter erhält

Brunhilda Wärmemesser-Gesellschaft mbH & Co.

An (Name und Adresse des Vermieters)

**Liegenschaftsnummer: 1243456/1B, Talstraße 14, 76543 Musterstadt
Abrechnungszeitraum 01.01.1998 bis 31.12.1998
Abrechnung erstellt am 31.3.1999**

Aufstellung der Gesamtkosten

Brennstoffkosten	Liter Öl	Betrag in DM
Anfangsbestand	1 500	742,50
04.08.1997	7 500	3 600,00
16.12.1997	6 000	2 940,00
18.02.1998	4 000	1 980,00
abzüglich Restbestand	2 500	1 237,50
Zwischensumme 1	**16 500**	**8 025,00**

Weitere Heizungsbetriebskosten	Datum	Betrag in DM
Strom für Heizung	30.06.1998	160,00
Wartung	15.01.1998	219,00
Immissionsmessung	12.12.1997	58,50
Verbrauchsabrechnung	29.09.1998	467,65
Zwischensumme 2		**905,15**

Zwischensumme 1	8 025,00
Zwischensumme 2	905,15
Gesamtsumme Brennstoffkosten	**8 930,15**

Ermittlung der Warmwasserkosten
Die Abtrennung der Warmwasserkosten erfolgte nach der Formel der Heizkostenverordnung:

$$\frac{2,5 \times 230,0 \times (60-10)}{10,00} = 2\,875 \text{ Liter Öl} \times 0,54 \text{ DM} = 1\,552,50 \text{ DM}$$

Verteilung der Gesamtkosten

	Betrag in DM	Gesamteinheiten	Betrag je Einheit
Gesamtkosten	8 930,15		
Heizkosten	7 377,65		
davon 50 % Grundkosten	3 688,83 geteilt durch	621,0 qm ergibt	**5,94014**
davon 50 % Verbrauchskosten	3 688,82 geteilt durch	659,0 Striche ergibt	**5,59760**
Warmwasserkosten	1 552,50		
davon 50 % Grundkosten	776,25 geteilt durch	621,0 qm ergibt	**1,25000**
davon 50 % Verbrauchskosten	776,25 geteilt durch	230,0 cbm ergibt	**3,37500**

Heizkostenabrechnung, die der Mieter erhält

Brunhilda Wärmemesser-Gesellschaft mbH & Co.

An (Name und Adresse des Mieters)

Liegenschaftsnummer: 1243456/1B, Talstraße 14, 76543 Musterstadt
Abrechnungszeitraum 01.01.1998 bis 31.12.1998
Abrechnung erstellt am 31.3.1999
Im Auftrag von (Name und Adresse des Vermieters)

Aufstellung der Gesamtkosten

Brennstoffkosten	Liter Öl	Betrag in DM
Anfangsbestand	1 500	742,50
04.08.1997	7 500	3 600,00
16.12.1997	6 000	2 940,00
18.02.1998	4 000	1 980,00
abzüglich Restbestand	2 500	1 237,50
Zwischensumme 1	**16 500**	**8 025,00**

Weitere Heizungsbetriebskosten	Datum	Betrag in DM
Strom für Heizung	30.06.1998	160,00
Wartung	15.01.1998	219,00
Immissionsmessung	12.12.1997	58,50
Verbrauchsabrechnung	29.09.1998	467,65
Zwischensumme 2		**905,15**

Zwischensumme 1	8 025,00
Zwischensumme 2	905,15
Gesamtsumme Brennstoffkosten	**8 930,15**

Ermittlung der Warmwasserkosten
Die Abtrennung der Warmwasserkosten erfolgte nach der Formel der Heizkostenverordnung:

$$\frac{2{,}5 \times 230{,}0 \times (60-10)}{10{,}00} = 2\,875 \text{ Liter Öl} \times 0{,}54 \text{ DM} = 1\,552{,}50 \text{ DM}$$

Verteilung der Gesamtkosten

	Betrag in DM	Gesamteinheiten	Betrag je Einheit
Gesamtkosten	8 930,15		
Heizkosten	7 377,65		
davon 50 % Grundkosten	3 688,83 geteilt durch	621,0 qm ergibt	**5,94014**
davon 50 % Verbrauchskosten	3 688,82 geteilt durch	659,0 Striche ergibt	**5,59760**
Warmwasserkosten	1 552,50		
davon 50 % Grundkosten	776,25 geteilt durch	621,0 qm ergibt	**1,25000**
davon 50 % Verbrauchskosten	776,25 geteilt durch	230,0 cbm ergibt	**3,37500**

Ihre Abrechnung

Heizkosten	Betrag je Einheit	Ihre Einheiten	Ihre Kosten (DM)
davon 50 % Grundkosten	5,94014	85,5 qm	507,88
davon 50 % Verbrauchskosten	5,59760	86,0 Striche	481,39

Ihre Heizkosten:. **989,27**

Warmwasserkosten			
davon 50 % Grundkosten	1,25000	85,5 qm	106,88
davon 50 % Verbrauchskosten	3,37500	28,7 cbm	96,87

Ihre Warmwasserkosten:. **203,75**

Summe Ihrer Heizkosten und Ihrer Warmwasserkosten:. 1 193,02
abzüglich Ihrer Vorauszahlungen: . . . . – 1 500,00

Ihr Guthaben:. 306,98

Erläuterungen zu den Heizkostenabrechnungen von Mieter und Vermieter

- **Abrechnungszeitraum**
  Es sollte darauf geachtet werden, ob der in der Abrechnung zu Grunde gelegte Abrechnungszeitraum auch direkt an den vorherigen Abrechnungszeitraum anschließt. Jeder Mieter muss nur insoweit zahlen, soweit der Abrechnungszeitraum seiner Mietzeit entspricht.
- **Aufstellung der Gesamtkosten/Brennstoffkosten**
  Es wird zunächst ermittelt welche Kosten das Heizen des gesamten Mietshauses verursacht hat. Dazu werden der Resttankinhalt des Vorjahres und die einzelnen Nachkäufe addiert und dann davon der aktuelle Resttankinhalt abgezogen. Häufiger Fehler: Die Abrechnung des letzten Abrechnungszeitraums gibt eine andere Menge bzw. einen anderen Wert für den Resttankinhalt des letzten Jahres an. Die Beträge müssen übereinstimmen.
- **Aufstellung der Gesamtkosten/Weitere Heizungsbetriebskosten**
  Der Betriebsstrom sollte erfahrungsgemäß bei höchstens 5 % der Brennstoffkosten liegen. Wenn der Anteil höher ist, sollte nach den technischen Ursachen geforscht werden. Der Mieter hat einen Anspruch auf Einsicht in die Stromrechnung. Es empfiehlt sich für die Ermittlung des Betriebsstroms einen geeichten Zähler zu verwenden. Sonst ist dieser Wert angreifbar.
  Die Wartung kostet je nach Größe der Anlage zwischen 200 DM (Sechs- bis Acht-Parteien-Haus) und 700 DM (große Wohnanlage). Sie umfasst

eine Neueinstellung des Brenners und eine Reinigung des Heizkessels. Die Wartungskosten beinhalten keine Reparaturkosten!
Die Immissionsmessung muss an dieser Stelle, die Schornsteinfegerkosten könnten an dieser Stelle aufgenommen werden. Falls hier die Schornsteinfegerkosten erscheinen, dürfen sie nicht mehr in die „kalte" Betriebskostenabrechnung kommen.
Die Verbrauchsabrechnung umfasst die Gebühren für den Wärmemessdienst. Achtung: Wenn der Wärmemessdienst zusätzliche Serviceleistungen anbietet wie z. B. einen Vollwartungsvertrag für die Heizkostenverteiler, Inkasso usw., dann sind die insoweit entstehenden Kosten nicht von den Mietern zu tragen.

- **Ermittlung der Warmwasserkosten**
Die Formel lautet:

$$\frac{2{,}5 * V * (tw - 10)}{Hu} = B$$

V, die Warmwassermenge in Kubikmetern, wird ermittelt als Differenz zwischen dem Stand des Kaltwasserzählers im Vorjahr und dem jetzigen Stand des Kaltwasserzählers.
tw = mittlere Warmwassertemperatur; in dem Beispiel wird von 60 Grad Celsius ausgegangen.
Hu = Heizwert des Brennstoffes in Kilowattstunden je Brennstoffeinheit.
Bei Heizöl kann man nach den Regelungen der Heizkostenverordnung von 10 kWh ausgehen. Stadtgas hat 4,5, Erdgas mit niedrigem Brennwert 9, mit hohem Brennwert 10,5 und Brechkoks 8. Als Standardheizwerte für Brennstoffe aus den neuen Bundesländern gilt: Braunkohlenbrikett hat 5,3, Braunkohlenhochtemperaturkoks hat 7,8.
Das Ergebnis der Formel ist der Brennstoffverbrauch (B) für die Erwärmung des Wassers. Hier: 2 875 Liter Öl. Ein Liter Öl kostet 0,54 DM (Gesamtkosten im Beispiel 8 930,15 DM : 16 500 Liter Öl). Dieser Betrag ist von den Gesamtkosten abzuziehen. Es verbleiben 7 377,65 DM.
Das sind die reinen Heizkosten ohne die Kosten für die Warmwasserbereitung.
Falls es nicht möglich ist, einen Wasserzähler zu installieren, können pauschal 18 % des gesamten Brennstoffverbrauchs für die Warmwasserversorgung angesetzt werden.

- **Verteilung der Heizkosten auf die Mieter**
Die Wahl des Verteilungsschlüssels zwischen Heizkosten und Warmwasserkosten ist eine Entscheidung des Vermieters. Im Beispiel hat sich

der Vermieter für die häufigste Verteilung entschieden: 50 % verbrauchsunabhängig (nach Quadratmetern) und 50 % nach Verbrauch.
Die verbrauchsunabhängigen Grundkosten werden auf die Mieter verteilt, indem ausgehend vom hälftigen Verbrauch (3 688,83 DM) und von
der Gesamtwohnfläche (621 Quadratmeter) durch Dividieren ein Betrag
von 5,9014 DM errechnet wird. Dieser Betrag stellt die auf jeden Quadratmeter Wohnfläche entfallenden Anteil an den Grundkosten dar.
Die Wohnung des Beispielmieters ist 85,5 Quadratmeter groß, sodass auf
ihn 507,88 DM „Grundkosten" entfallen.
Die restlichen 50 % werden nach Verbrauch umgelegt. Die Berechnung
erfolgt ähnlich wie bei den Grundkosten. Es werden alle an den Heizkostenverteilern im Haus abgelesenen Einheiten zusammengerechnet.
Hier im Beispiel waren das 659 Skalierungsstriche. Es errechnet sich ein
Betrag von 5,59760 DM im Jahr pro Skalierungsstrich. Deshalb entfallen
auf unseren Beispielmieter mit 86 Strichen Verbrauchskosten in Höhe
von 481,39 DM. Durch Addition von verbrauchsabhängigen und verbrauchsunabhängigen Kosten ergibt sich der Gesamtbetrag von
989,27 DM Heizkosten.

- **Verteilung der Warmwasserkosten auf die Mieter**
Der Betrag von 1 552,60 DM, der insgesamt für Warmwasser angefallen
ist, wird zunächst auf die Wohnungen des Hauses verteilt. Ähnlich wie
bei den Heizungskosten werden auch die Warmwasserkosten zu 50 %
nach Quadratmeter Wohnfläche und zu 50 % nach dem in der Wohnung
des Mieters gemessenen Warmwasserverbrauch verteilt. Die Rechen-
schritte sind die gleichen wie bei den Heizkosten. Der Beispielmieter hat
28,7 Kubikmeter (cbm) verbraucht = 203,75 DM.

- **Abzug der Vorauszahlungen**
Die insgesamt angefallenen Heiz- und Warmwasserkosten in Höhe
von 1 193,02 DM werden den Vorauszahlungen (1 500 DM) gegenüber-
gestellt. Es ergibt sich im Beispiel ein Guthaben von 306,98 DM.

Erhöhung der Betriebskostenvorauszahlung

Wenn die **Betriebskostenvorauszahlung** zu gering ist, muss der Mieter nachzahlen. Damit sich das Gleiche nicht im Folgejahr wiederholt, kann die Vorauszahlung erhöht werden. Es gibt dazu zwei Möglichkeiten.

Einfach: Mieterhöhung für die Zukunft

Falls sich bei der Abrechnung herausstellt, dass der Vorauszahlungsbetrag zu gering ist, dann kann dieser für die Zukunft erhöht werden. Der Mehrbetrag errechnet sich aus der gerundeten Nachforderung für das letzte Jahr geteilt durch zwölf. Der Mieter kann allerdings gegen die von Ihnen vorgenommene Mieterhöhung gegebenenfalls auch gerichtlich vorgehen, falls diese nicht korrekt sein sollte. Deshalb empfehle ich Ihnen sorgfältig zu rechnen.

Im Folgenden ein Muster für eine korrekte Erhöhung der Betriebskosten:

Musterbrief: Mieterhöhung bei Erhöhung der Betriebskosten

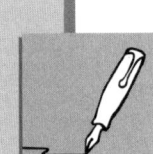

```
(Absender: Name des Vermieters)

(Adresse: Name des Mieters)


                                    (Ort), den (Datum)


Mietverhältnis (Adresse)


Sehr geehrter (Mieter),

wie Sie aus der anliegenden Betriebskostenabrechnung ersehen können,
reichen die monatlichen Vorauszahlungen nicht mehr aus, um die Betriebs-
kosten abzudecken. Ich bitte Sie daher die Betriebskostenvorauszahlung
von der nächsten Mietzahlung an um (...) auf (...) DM anzuheben.

Der monatliche Mehrbetrag errechnet sich aus der gerundeten Nachforde-
rung für das letzte Jahr geteilt durch zwölf.

Ich bedaure diese Kostensteigerung bei den Betriebskosten, bitte Sie
aber zu bedenken, dass ich daran nichts ändern kann. Im Gegenteil muss
ich diesen Betrag über das Jahr gesehen zunächst einmal vorfinanzieren.

Mit freundlichen Grüßen

(Unterschrift des Vermieters)
```

Umständlich: laufende Anpassung

Ein Vermieter, der mit obigem Musterbrief die Mieterhöhung durchsetzt, hat zwar weniger Arbeit, er kann aber die Erhöhungen des Wasserwerks, der Müllabfuhr usw. für das Haus im Verlauf des Jahres nicht erfassen, muss also diese Beträge stets vorfinanzieren. Das Gesetz lässt daher in § 4 MHG eine **laufende Anpassung** ausdrücklich zu. Diese Vorschrift ist aber nicht unkompliziert.

Musterbrief: Mieterhöhung aufgrund einzeln berechneter Kostenerhöhungen einzelner Betriebskostenpositionen

```
(Absender: Name des Vermieters)

(Adresse: Name des Mieters)

                              (Ort), den (Datum)

   Mietverhältnis (Adresse)


   Sehr geehrter (Mieter),

   wie Sie vielleicht schon aus der Presse entnehmen konnten, haben die
   Versorgungsträger für das nächste Jahr Preiserhöhungen angekündigt. So
   wird ab dem 01. Januar nächsten Jahres die Mehrwertsteuer um zwei
   Prozent erhöht, was Auswirkungen auf die der Mehrwertsteuer unterlie-
   genden Betriebskostenpositionen hat.

   Wenn man die Zahlen und den Verbrauch des letzten Jahres zu Grunde legt
   und die angekündigten Preissteigerungen damit hochrechnet, ergibt sich
   - gleichbleibenden Verbrauch unterstellt - folgende für das nächste
   Jahr zu erwartende Mehrbelastung:
   Wasser in diesem Jahr (...) DM
   darauf angekündigte Preissteigerung von (...)%
   = voraussichtlich (...) DM an Mehrkosten für Wasser
   Insgesamt ergibt sich aus der vorstehenden Berechnung für das nächste
   Jahr ein Mehrbetrag von voraussichtlich (...) DM, der durch die
   Betriebskostenvorauszahlungen zusätzlich abgedeckt werden muss.

   Nach dem im Haus geltenden Umlageschlüssel für die Betriebskosten, und
   zwar (...), entfallen auf Ihre Wohnung von diesem Mehrbetrag (...) DM
   pro Jahr bzw. (...) DM pro Monat.

   Ich bitte Sie daher, die Betriebskostenvorauszahlung ab dem 01. Januar
   19.. von (...) DM um (...) DM auf (...) DM anzuheben.

   Ich bedaure diese Kostensteigerung bei den Betriebskosten, bitte Sie
   aber zu bedenken, dass ich daran nichts ändern kann.


   Mit freundlichen Grüßen

   (Unterschrift des Vermieters)
```

Erhöhung der Betriebskostenpauschale

Schwieriger als bei der Erhöhung der Vorauszahlung auf gesondert abgerechnete Betriebskosten ist die Erhöhung einer **Betriebskostenpauschale.** Dies ist grundsätzlich nicht möglich. Wenn die Betriebskosten sinken und tatsächlich niedriger sind, als die vertraglich vereinbarte Pauschale, dann verdient der Vermieter.

Im anders gelagerten Fall, das heißt bei einem Anstieg der tatsächlichen Betriebskosten über die vereinbarte Pauschale hinaus, entsteht ein Verlust für den Vermieter. Deshalb sind Pauschalvereinbarungen in der Regel für beide Mietvertragsparteien nicht ungefährlich.

Eine Erhöhung gegen den Willen des Mieters ist nur dann möglich, wenn im Vertrag die Möglichkeit einer Erhöhung der Pauschale ausdrücklich vorgesehen war. Dann kann die Pauschale im Rahmen der nachgewiesenen Erhöhung der Betriebskosten erhöht werden.

Vermieter-Vorteile bei „Fernwärme"

Wenn sich die Heizung nicht im Mietshaus befindet, sondern ein „gewerblicher Dritter" (also ein Unternehmen) die Wärme liefert, handelt es sich um **Fernwärme.**

Die *Heizkostenverordung* benutzt allerdings nicht mehr diesen Begriff, sondern unterscheidet zwischen Wärme- und Warmwasserlieferungen.

Gewinn bei der Fernwärme ansetzbar

Der Unterschied zur Heizung im Haus zeigt sich vor allem bei den Preisen. Denn in der von einem Unternehmen gelieferten Heizenergie sind auch dessen Betriebsausgaben (z. B. Arbeitslöhne) und dessen Unternehmensgewinne enthalten.

Während ein Vermieter mit der Heizung keinen Gewinn machen und nur die Kosten, die tatsächlich anfallen, auf die Mieter überwälzen darf, ist das also bei „Fernwärme" anders.

Wichtig:

Der Vermieter muss auch bei „Fernwärme" nach der Heizkostenverordnung abrechnen. Er darf zwar den höheren Wärmepreis ansetzen; gleichzeitig aber kann er außer bspw. den Betriebsstromkosten für die Umwälzpumpe keine weiteren Heizungsnebenkosten auf den Mieter umlegen (z. B. Messungen nach dem Bundes-Immissionsschutzgesetz, Bedienung, Überwachung und Pflege der Anlage, Prüfung der Betriebsbereitschaft und -sicherheit einschließlich der Einstellung durch einen Fachmann, Reinigung der Anlage und des Betriebsraums darf er also nicht aufführen.)

Gewinnmöglichkeiten für den Vermieter

Lassen Sie sich die Wärme für Ihr Haus durch einen Dritten liefern, so zahlt sich das aus.

Die *Heizkostenverordnung* erlaubt sogar, dass die Wärme nicht aus größerer Entfernung, sondern aus der unmittelbaren Umgebung oder sogar aus demselben Haus geliefert wird. Es ist also völlig legal, wenn Sie als Vermieter die Heizungsanlage an einen Dritten verpachten und dieser die Wärme dann wieder „zurück" an den Vermieter liefert.

Folge: Sie kassieren einen Pachtzins von dem Unternehmer und der darf im Gegensatz zum Vermieter eine „ordentliche" Gewinnspanne einkalkulieren, weil es sich rechtlich um eine Wärmelieferung im Sinne der *Heizkostenverordnung* handelt.

Tipp:

Bevor Sie allerdings zur Tat schreiten und sich mit einem auf Mietrecht spezialisierten Anwalt und einem Steuerberater an die Umsetzung dieser Idee machen, sollten Sie mit Ihrem Mieter besprechen, ob dieser mit einer Vertragsänderung einverstanden ist. Denn die Überwälzung des höheren Wärmepreises auf den Mieter ist nur dann möglich, wenn das ausdrücklich im Mietvertrag so vereinbart ist (AG Duisburg-Hamborn, WoM 1988, 172).

Die Verantwortung für die Heizung werden Sie als Vermieter allerdings nicht los. Das bedeutet, dass der Mieter weiterhin die Miete mindern kann, wenn es im Winter in seiner Wohnung kalt bleibt.

Wärmeversorgung durch einen Dritten – die Folgen

Wenn Sie als Vermieter die Verantwortung für das Thema Heizung vollständig an einen Dritten abgeben wollen, dann kann dieser Wunsch in Übereinstimmung mit geltendem Recht realisiert werden. Sie sind jedoch darauf angewiesen, dass der Mieter eine entsprechende Vertragsänderung akzeptiert und mit dem Dritten eine Wärmelieferungsvertrag abschließt. Die Folgen einer solchen Konstellation:

- Sie sind als Vermieter für die Heizung nicht mehr verantwortlich. Bei einem Defekt muss sich Ihr Mieter an den Wärmelieferanten halten. Er kann deshalb nicht die Miete mindern.
- Die Modernisierung der Heizung ist nicht mehr Ihre Sache, sondern die des Lieferanten. Die mietrechtlichen Vorschriften hinsichtlich Modernisierung und Umlagefähigkeit der Modernisierungskosten (11 % pro Jahr auf die Miete) gelten nicht. Falls eine Modernisierung erforderlich wird, muss der Lieferant mit dem Mieter in Verhandlung treten. Verweigert der Mieter die Kooperation, kann der Lieferant die Modernisierung nur dann gegen den Willen des Mieters durchsetzen, wenn dies im Lieferungsvertrag ausdrücklich so vereinbart worden ist.
- Die Heizungskosten Ihres Mieters steigen, da nicht nur die reinen Kosten, sondern – je nach Vertragsgestaltung – auch der Unternehmergewinn und z. B. Rücklagen für Instandsetzungen, Modernisierungen usw. abgerechnet werden können.
- Sie sind als Vermieter nicht verpflichtet die Miete zu senken. Wenn der Mieter darauf jedoch besteht, dann besitzt er dafür gute Argumente. Denn bei einem anderen „Heizmodell" müsste der Vermieter ja mit seinen Mieteinnahmen auch z. B. Instandsetzungsarbeiten an der Heizung finanzieren. Diese Kosten fallen zukünftig für den Vermieter weg. Bleibt die Miete gleich, handelt es sich bei wirtschaftlicher Betrachtung faktisch um eine Mieterhöhung.

Besonderheiten bei Sozialwohnungen

Die Vertragsfreiheit ist bei **Sozialwohnungen** auch bei Wärmelieferungen eingeschränkt. Als Vermieter dürfen Sie ja nur die Kostenmiete nehmen. Folge: Wenn Sie z. B. die Heizungsanlage an jemand anderen vermieten, der dann einen Vertrag mit dem Mieter schließt, müssen Sie die Miete senken, da sonst eine versteckte Mieterhöhung vorläge (denn die Kosten der Heizungsanlage – z. B. für Instandhaltung – würden ja doppelt bezahlt werden). Es wird also eine neue Wirtschaftlichkeitsberechnung notwendig (LG Hamburg, WoM 1994, 195).

Die Beendigung des Mietverhältnisses

Verträge sind bindend. Das ist einer der wichtigsten Grundsätze unseres Rechts- und Wirtschaftssystems. Denn wenn jeder nach Lust und Laune aus einem Vertrag, der ihm nicht mehr passt, wieder aussteigen könnte, dann würde kaum noch etwas funktionieren.

Damit der Mieter und Vermieter trotzdem nicht bis ans Ende ihrer Tage aneinander gebunden sind, sieht das Gesetz die **Kündigungsmöglichkeit** vor. Gleichzeitig misst das Gesetz mit zweierlei Maß: Während der Mieter *jederzeit und ohne Kündigungsgrund* den Mietvertrag kündigen darf und dabei nur die Kündigungsfrist beachten und die Schriftform einhalten muss, haben Vermieter nur sehr eingeschränkt Kündigungsmöglichkeiten, da der Mieter einen sehr weitgehenden **Kündigungsschutz** genießt.

> **Wichtig:**
>
> Nur bei der fristgerechten Kündigung des Vermieters stellt sich die Frage nach dem Kündigungsschutz. Es darf also die fristlose Kündigung wegen Mietrückstands (ab Seite 159) oder die Kündigung wegen Verletzung der Vertragspflichten (ab Seite 114) nicht mit der ordentlichen, fristgerechten Kündigung verwechselt werden.

Wie Sie als Vermieter einen Mietvertrag beenden können und welche Spielregeln dabei eingehalten werden müssen, verrät dieses Kapitel. Zunächst jedoch die Beantwortung einer wichtigen Frage:

Lässt sich jeder Mietvertrag kündigen?

Die Antwort lautet – leider – kurz und bündig: Nein! Ein **befristeter Mietvertrag** kann nur in Ausnahmefällen gegen den Willen des Vertragspartners aufgelöst werden. Es besteht nämlich *ein* wesentlicher Unterschied zwischen einem **befristeten** und einem **unbefristeten** Mietverhältnis; der befristete Mietvertrag endet in der Regel durch Zeitablauf und kann somit während der Laufzeit nur unter sehr engen Voraussetzungen gekündigt werden. Prüfen Sie deshalb bitte genau, ob diese Voraussetzungen in Ihrem Fall vorliegen. (Und lesen Sie mehr dazu ab Seite 42)

Einvernehmliche Aufhebung des Mietverhältnisses

Wenn Sie sich mit Ihrem Mieter einig sind, dann interessieren keine Kündigungsfristen. Und auch die Formalien haben kaum eine Bedeutung. Denn Sie können zu jedem Zeitpunkt – auch äußerst kurzfristig und notfalls auch mündlich – mit Ihrem Mieter die Beendigung des Mietverhältnisses vereinbaren. Eine solche Vereinbarung heißt **Aufhebungsvertrag.**

Worauf ist beim Aufhebungsvertrag zu achten?

Da Sie bei einem **Aufhebungsvertrag** an eine Reihe wichtiger Punkte denken sollten, empfiehlt es sich aller Erfahrung nach nicht, es bei einer mündlichen Vereinbarung zu belassen. Zwar ist ein schriftlicher Vertrag eigentlich nur für den Fall nötig, dass es zu einem Streit über den genauen Inhalt der Vereinbarung kommt. Denn wenn man sich einig ist, dann reicht das gesprochene Wort. Falls aber gestritten wird, dann lässt sich der Inhalt der Vereinbarung leichter durch ein Schriftstück beweisen.

Worauf Sie bei einem Mietaufhebungsvertrag achten sollten und wie Sie die kritischen Punkte rechtssicher formulieren können, zeigt der Mustervertrag auf Seite 213.

Tipp:

Wenn Ihr Mieter einen Aufhebungsvertrag schließen möchte, dann ist er auf Ihr Entgegenkommen angewiesen. Sie können ihm also weitgehend Ihre Bedingungen diktieren, unter denen Sie mit einer vorzeitigen Beendigung des Mietverhältnisses einverstanden wären.

Muster: Mietaufhebungsvertrag

Aufhebungsvertrag

Zwischen (Name des Vermieters), im folgenden „Vermieter" genannt, und
(Name des Mieters), im folgenden „Mieter" genannt,

besteht seit dem (Datum des Abschlusses des Mietvertrages) ein Mietvertrag über die Wohnung (genaue Bezeichnung der Wohnung, z. B. drei Zimmer, Küche, Bad, mit Kellerraum, Schwabenstraße 123, 70000 Stuttgart).
Vermieter und Mieter vereinbaren, dass das Mietverhältnis zum (Angabe des Datums; empfehlenswert zur Vereinfachung der Abrechnung: entweder Mitte oder Ende des Monats) ohne Berücksichtigung einer Kündigungsfrist beendet wird. Der Mieter erklärt ausdrücklich, dass er auf die Einräumung einer über den (Datum) hinausgehenden Räumungsfrist verzichtet. § 568 BGB wird abbedungen.

Der Mieter wird die Mieträume mit Nebenräumen und sämtlichen – auch von ihm auf eigene Kosten selbst beschafften – Schlüsseln zum (Datum, Empfehlung: Es sollte auf jeden Fall so früh wie möglich ein Abnahmetermin vereinbart werden) vollständig geräumt und an den Vermieter übergeben.

Die Parteien sind sich darüber einig, dass die Wohnung (...; z. B. „fachgerecht renoviert") zurückgegeben werden muss. (Hier könnte auch eine Abweichung von der mietvertraglichen Regelung festgehalten werden, z. B. dass die Wohnung wegen kurzer Mietdauer nur an bestimmten Stellen, wie z. B. nur in der Küche, renoviert werden muss).

Der Mieter verpflichtet sich, die von ihm in die Mietwohnung eingebrachten Einrichtungen zu entfernen und den früheren Zustand wiederherzustellen. Die von ihm eingebrachten Sachen übernimmt der Vermieter käuflich zum Preis von (...) DM.

Die Miete (Kaltmiete und Betriebskosten) muss bis zum Ende des Mietverhältnisses vollständig bezahlt werden.
Der Mieter ist damit einverstanden, dass die Betriebskostenabrechnung erst zum Ende des Abrechnungszeitraums (Datum) erfolgen kann.
Der Mieter ist damit einverstanden, dass der Vermieter von der Mietsicherheit für eventuelle Nachzahlungen auf die Betriebskostenabrechnung einen Betrag von (Betrag eintragen, dieser Betrag sollte sich zur Vermeidung von Unstimmigkeiten an dem Nachzahlungsbetrag des letzten Abrechnungszeitraums orientieren) einbehalten wird.

Der Vermieter verpflichtet sich die vom Mieter geleistete Kaution in Höhe von (...) DM nebst Zinsen bis spätestens drei Monate nach Vertragsbeendigung des Mieters an den Mieter zurückzuzahlen, soweit er nicht fällige Gegenansprüche aus dem Mietverhältnis hat und damit aufrechnet.

Änderungen und Ergänzungen dieses Vertrages bedürfen der Schriftform.

(Ort), den (Datum)   (Ort), den (Datum)

_____   _____
Unterschrift Vermieter   Unterschrift Mieter

Die Nachmieterfrage

Rund ums Thema **Nachmieter** befinden sich eine ganze Reihe von Missverständnissen im Umlauf. Zwar hört man immer wieder, dass ein Mieter jederzeit ein Recht auf vorzeitige Beendigung des Mietverhältnisses habe, wenn er dem Vermieter nur eine ausreichende Anzahl von akzeptablen Nachmietern präsentieren würde. Ganz so stimmt das allerdings nicht. Deshalb sollten Sie sich mit dieser Frage etwas eingehender beschäftigen.

Wenn Ihr Mieter aus dem Vertrag heraus möchte

Die Frage nach einem Nachmieter stellt sich meistens dann, wenn ein Mieter schneller aus einem Mietverhältnis entlassen werden möchte, als dies nach den Kündigungsfristen oder der vereinbarten Vertragsdauer möglich ist. Vielleicht wird ein Beamter von seinem Dienstherrn versetzt. Oder der Mieter hat ein Schnäppchen machen können und seine Traumwohnung gefunden oder sich sogar selbst ein Haus gekauft. In solchen Fällen erschiene es ungerecht, wenn der Mieter seine alte Wohnung weiter bezahlen müsste, obwohl er sie gar nicht mehr nutzen kann.

Grundsätzlich besteht ein Mietverhältnis völlig unabhängig von der Frage, ob der Mieter das ihm zustehende **Gebrauchsrecht** ausüben kann oder ob er daran gehindert ist. Das heißt, dass der Mieter nach wie vor seine Miete zahlen muss, selbst wenn er die Wohnung gar nicht mehr zu nutzen vermag.

> **§ 552 BGB (Persönliche Verhinderung des Mieters)**
> Der Mieter wird von der Entrichtung des Mietzinses nicht dadurch befreit, dass er durch einen in seiner Person liegenden Grund an der Ausübung des ihm zustehenden Gebrauchsrechts verhindert wird. Der Vermieter muss sich jedoch den Wert der ersparten Aufwendungen sowie derjenigen Vorteile anrechnen lassen, welche er aus einer anderweitigen Verwertung des Gebrauchs erlangt. Solange der Vermieter infolge der Überlassung des Gebrauchs an einen Dritten außer Stande ist, dem Mieter den Gebrauch zu gewähren, ist der Mieter zur Entrichtung des Mietzinses nicht verpflichtet.

Die Mietersuche ist heutzutage für den Vermieter aufgrund sinkender Mieten und zurückgehender Nachfrage eine ausgesprochen lästige Angelegenheit. Da stellt sich für den Vermieter, der mit seinem bisherigen Mieter zufrieden war, natürlich die Frage, ob er sich auf eine solche **vorzeitige Auflösung des Mietverhältnisses** einlassen muss. Dieser Interessenkonflikt scheint wegen des

Grundsatzes, dass Verträge bindend sind, klar zugunsten des Vermieters zu entscheiden zu sein. Die Situation ist jedoch komplizierter.

Zum Verständnis der rechtlichen Lage muss zunächst einmal zwischen **befristeten** und **unbefristeten Mietverhältnissen** unterschieden werden. (Siehe dazu auch Seite 42 bis 49.)

Beim unbefristeten Mietverhältnis müssen sich beide Seiten an die Kündigungsfristen halten, wenn der andere nicht mit einer einvernehmlichen Vertragsaufhebung einverstanden ist. Anders ist die Rechtslage beim befristeten Mietverhältnis. Wenn sich ein Mieter im Vertrag also z. B. auf fünf Jahre gebunden hat und er bereits nach einem Jahr das Mietverhältnis beenden möchte, dann ist die Rechtslage nur dann eindeutig, wenn die Frage der vorzeitigen Beendigung ausdrücklich im Mietvertrag geregelt ist. Eine solche Verabredung kann in Form einer **Ersatzmieterklausel** erfolgen. Komplizierter wird die Sachlage, wenn *keine* Ersatzmieterklausel im Vertrag enthalten ist.

Zeitmietvertrag enthält eine Ersatzmieterklausel

Eine **Ersatzmieterklausel** ist eine Passage im Mietvertrag, in der die Mietvertragsparteien vereinbaren, dass der Vermieter unter bestimmten Umständen mit der Aufhebung des Mietverhältnisses einverstanden sein muss.

Die meisten Klauseln sehen vor, dass der Mieter mindestens drei Nachmieter vorzuschlagen hat. In der Regel wird auch verlangt, dass die Nachmieter ihre Zahlungsfähigkeit durch eine Selbstauskunft bei der *Schufa* nachweisen.

Als Vermieter brauchen Sie nicht jeden vorgeschlagenen Nachmieter zu akzeptieren. Wenn z. B. in der Person oder in den wirtschaftlichen Verhältnissen eines Kandidaten wichtige Ablehnungsgründe liegen (wie eine negative Schufa-Auskunft), dann kann der Mieter die Aufhebung des Mietvertrages *nicht* fordern.

Falls eine Ersatzmieterklausel im Vertrag besteht, nach der der Vermieter einer vorzeitigen Vertragsauflösung z. B. zustimmen muss, wenn ihm vom Mieter eine bestimmte Anzahl zahlungskräftiger Nachmieter angeboten wird, vermag es immer noch zu Komplikationen zu kommen. Denn dann kann trefflich darüber gestritten werden, ob die Personen für den Vermieter akzeptabel sind oder nicht. Vor ein paar Jahren hatte ein deutsches Gericht einen Fall zu entscheiden, bei dem der Vermieter einen vom Mieter vorgeschlagenen Nachmieter ablehnte, weil es sich dabei um einen Ausländer handelte. Diese Ablehnung war nicht zulässig. Das Gericht entschied, der Vermieter müsse im zu entscheidenden Fall den Nachmieter akzeptieren (LG Saarbrücken, Aktenzeichen 13 BS 218/94).

Auf Seite 216 ein Beispiel für eine Ersatzmieterklausel – die natürlich vor allem in einem Zeitmietvertrag Sinn macht:

> Der Vermieter entlässt den Mieter auch vor Ablauf der vereinbarten Mietvertragsdauer, wenn der Mieter ihm mindestens drei akzeptable Nachmieter benennt, die bereit sind, das Mietverhältnis zu denselben Konditionen wie bisher fortzusetzen. Die benannten Nachmieter müssen aktuelle Selbstauskünfte von der *Schufa* nachweisen. Der Vermieter darf benannte Nachmieter ablehnen, wenn in deren Person oder wirtschaftlichen Verhältnissen wichtige Ablehnungsgründe liegen.

Ersatzmieterklauseln können im Streitfall gerichtlich überprüft werden. Dann muss ein Richter entscheiden, ob ein benannter Nachmieter für den Vermieter zumutbar war oder nicht. Dabei sind die Ablehnungsgründe des Vermieters mit den Belangen des Mieters nach den Gesichtspunkten von Treu und Glauben abzuwägen (OLG Hamm, NJW 1983, 1564).

Zeitmietvertrag enthält keine Ersatzmieterklausel

Ersatzmieterklauseln findet man heutzutage noch relativ selten. Falls im Mietvertrag keine solche Klausel steht, dann kann der Mieter unter bestimmten Voraussetzungen trotzdem aus dem Vertrag heraus. Zunächst einmal gibt es für bestimmte Berufsgruppen im *Bürgerlichen Gesetzbuch* sogar eine gesetzliche Regelung:

§ 570 BGB (Versetzung des Mieters)
Militärpersonen, Beamte, Geistliche und Lehrer an öffentlichen Unterrichtsanstalten können im Falle der Versetzung nach einem anderen Orte das Mietverhältnis in Ansehung der Räume, welche sie für sich oder ihre Familie an dem bisherigen Garnison- oder Wohnorte gemietet haben, unter Einhaltung der gesetzlichen Frist kündigen. (…)

Dieser Paragraf berechtigt allerdings nur den sehr engen Personenkreis der Staatsdiener zur ordentlichen Kündigung. Andere Personen können sich nicht auf ihn berufen. Diese müssen nach Ansicht der Rechtsprechung ein **berechtigtes Interesse** an der vorzeitigen Beendigung des Mietverhältnisses vorweisen können. Als berechtigtes Interesse reicht die Traumwohnung, die der Mieter in Aussicht hat, leider nicht aus. Akzeptiert werden von deutschen Gerichten nur Gründe, bei denen „das berechtigte Interesse des Mieters an der Aufhebung des Vertrages dasjenige des Vermieters ganz erheblich überragt". Es wird geprüft, ob „das Festhalten am Vertrag für den Mieter eine unzumutbare Härte darstellt und ob der Vertragsschluss mit dem gestellten Nachmieter annehmbar ist".

Als Beispiele mit Chance auf Erfolg seien hier genannt: schwere Erkrankung des Mieters, beruflich bedingter Ortswechsel, z. B. Veränderung des Arbeitsplatzes, wesentliche Vergrößerung der Familie des Mieters usw. Ersatzmieter müssen allerdings unbedingt gestellt werden.

Empfehlung: Klausel aufnehmen!

Ein Mieter, der dazu gezwungen wird, ein Mietverhältnis fortzusetzen, ist ein Risiko. Er wird mit der Mietsache vielleicht nicht mehr sorgsam umgehen. Oft hängen die Gründe, die ihn die Aufhebung des Mietvertrages wünschen lassen, auch mit einer sich verschlechternden Zahlungsfähigkeit zusammen. Deshalb sollte kein Vermieter seinem Mieter Steine in den Weg legen, wenn es um die Beendigung des Mietverhältnisses geht. Also ist es in jedem Fall sinnvoll – auch im Hinblick auf die rechtliche Klarheit – eine Ersatzmieterklausel in den Zeitmietvertrag aufzunehmen.

Was Sie über die Kündigung wissen müssen

Die Kündigung ist eine **Willenserklärung**. Anders als bei anderen Willenserklärungen muss sie jedoch *schriftlich* erfolgen.

Das Kündigungsschreiben

Ein Muss: die Schriftform

Gemäß § 564a BGB muss die Kündigung eines Wohnraummietvertrags – egal ob vom Mieter oder vom Vermieter erklärt – *schriftlich* erklärt werden. Eine mündlich erfolgte Kündigung ist schlicht unwirksam.

> **Wichtig:**
>
> Beim Mietaufhebungsvertrag verhält es sich anders. So kann jederzeit auch mündlich vereinbart werden, dass das Mietverhältnis zu einem beliebigen Zeitpunkt enden soll.

Es gibt kein Zurück!

Eine Kündigung will wohl überlegt sein. Hat eine Mietvertragspartei nämlich erst einmal eine Kündigung ausgesprochen, dann gibt es ohne Einverständnis des Vertragspartners kein Zurück. Eine einmal ausgesprochene Mietkündigung kann nämlich nicht widerrufen werden. Weder vom Mieter noch vom Vermieter.

Dies gilt auch dann, wenn sich beim Mieter erst nach Kündigung des Mietverhältnisses herausstellen sollte, dass die Beendigung des Mietverhältnisses für ihn eine Härte darstellt, etwa, weil die vorgesehene neue Wohnung plötzlich nicht mehr zur Verfügung steht. (Siehe dazu § 556a Abs. 4 Nr. 1 BGB.)

Sie müssen allen Vertragspartnern kündigen

Wenn zwei Mieter den Vertrag für eine Wohnung unterschrieben haben, dann haben Sie *zwei Vertragspartner.* Das heißt: Sie müssen die Kündigung unbedingt *beiden* Vertragspartnern gegenüber erklären. Falls Sie sich auf einen Mieter beschränken, dann ist sie unwirksam, selbst wenn die Mieter miteinander verheiratet sind.

Der Zugang des Kündigungsschreibens

Eine Willenserklärung erfordert für ihre **Wirksamkeit** grundsätzlich den **Zugang** der Erklärung, in unserem Falle also des Kündigungsschreibens. Das bedeutet, dass das *Abschicken* des Kündigungsschreibens dieses noch nicht wirksam werden lässt.

Ein wirksamer Zugang einer schriftlich gefassten Willenserklärung setzt allerdings auch nicht voraus, dass der Empfänger das Schreiben auch tatsächlich gelesen hat. Sonst könnte der Mieter die Beendigung des Mietverhältnisses z. B. einfach dadurch verhindern, dass er es vermeidet, das Kündigungsschreiben zu lesen. Das Gericht nennt ein derartiges Verhalten **Zugangsvereitelung,** es hat zur Folge, dass derjenige, der den Zugang eines an ihn gerichteten Schreibens vereitelt hat, so behandelt wird, als ob ihm das Schreiben zugegangen wäre (BGH NJW 1977, 104). „Zugang" setzt deshalb lediglich voraus, dass der Empfänger der Willenserklärung die Möglichkeit hatte, den Inhalt des Schreibens kennen zu lernen.

Das bedeutet allerdings nicht, dass jeder zurückgegangene Einschreibebrief mit dem Postvermerk „Lagerfrist abgelaufen, nicht abgeholt" automatisch als „zugegangen" gilt. Denn damit ist noch nicht bewiesen, dass der Empfänger den Benachrichtigungsschein tatsächlich erhalten hat. Wenn man Pech hat und an einen Amtsrichter gerät, der sehr pingelig ist, dann kann der Nachweis des Zugangs an dieser Stelle scheitern.

Tipp:

Verwenden Sie auf keinen Fall Einschreiben/Rückschein um wichtige Schreiben wie eine Kündigung zu verschicken. Besser ist es,

▶ einen Boten zu verwenden (der die Übergabe des Schreibens an den Empfänger oder den Einwurf in den Briefkasten des Empfängers auf dem Schreiben vermerkt) oder

▶ sich den Empfang des Schreibens vom Adressaten quittieren zu lassen oder

▶ das Schreiben durch einen Gerichtsvollzieher zustellen zu lassen (Nachteil: kostet Geld).

Kündigungsschreiben des Vermieters nur mit Begründung

Wenn der Mieter kündigt, braucht er seine Gründe nicht zu nennen. Das Kündigungsschreiben des Vermieters dagegen muss unbedingt eine **Begründung** enthalten, die in gerichtsfester Form abgefasst wurde. Wenn Sie als Kündigungsgrund z. B. Eigenbedarf geltend machen möchten, müssen Sie bereits im Kündigungsschreiben konkret angeben, warum Sie die Wohnung für sich oder einen Angehörigen benötigen. Das Thema Eigenbedarf werde ich im Zusammenhang mit dem Kündigungsschutz erläutern.

Kündigung bestimmter Mietverhältnisse

Der Gesetzgeber hat den **Kündigungsschutz** des Mieters beschränkt auf **Wohnraummiete.** Das bedeutet, dass gewerbliche Mieter *keinen* Kündigungsschutz genießen. Wenn Wohn- und Gewerberaum zusammen vermietet wurden, dann kommt es darauf an, wo der Vertragszweck in erster Linie lag. Bei einem Übergewicht auf den Wohnraummietzweck besteht Gesamtkündigungsschutz (OLG Stuttgart RE, WoM 1986, 10).

Der gesetzliche Kündigungsschutz ist gemäß § 564b BGB komplett unanwendbar bei einer ganzen Reihe von Mietverhältnissen:

§ 564b BGB (Berechtigtes Interesse des Vermieters an der Kündigung)
(…)
(7) Diese Vorschriften gelten nicht für Mietverhältnisse:
   1. über Wohnraum, der zu nur vorübergehendem Gebrauch vermietet ist;
   2. über Wohnraum, der Teil der vom Vermieter selbst genutzten Wohnung ist und den der Vermieter ganz oder überwiegend mit Einrichtungsgegenständen auszustatten hat. Sofern der Wohnraum

aber zum dauernden Gebrauch für eine Familie überlassen worden ist, gilt der Kündigungsschutz auch hier;

3. über Wohnraum, der Teil eines Studenten- oder Jugendwohnheims ist;

4. über Wohnraum in Ferienhäusern und Ferienwohnungen in Ferienhausgebieten, der vor dem 01. Juni 1995 dem Mieter überlassen worden ist, wenn der Vermieter den Mieter bei Vertragsschluss auf die Zweckbestimmung des Wohnraums und die Ausnahme vom Kündigungsschutz hingewiesen hat;

5. über Wohnraum, den eine juristische Person des öffentlichen Rechts im Rahmen der ihr durch Gesetz zugewiesenen Aufgaben angemietet hat, um ihn Personen mit dringendem Wohnungsbedarf oder in Ausbildung befindlichen Personen zu überlassen, wenn sie den Mieter bei Vertragsschluss auf die Zweckbestimmung des Wohnraums und die Ausnahme von den Absätzen 1 bis 6 hingewiesen hat.

Unter Punkt 1 sind z. B. Fälle gemeint, in denen eine Wohnung vorübergehend an jemanden vermietet wird. Der Zeitraum ist auf den Einzelfall abzustellen und kann auch ein Jahr übersteigen. Entscheidend ist jedenfalls, dass der Vertrag von vornherein für eine kürzere absehbare Zeit geschlossen wird. Von der Rechtsprechung wurde Kündigungsschutz abgelehnt, wenn aus folgenden Gründen gemietet wurde:

- für die Zeit einer Reise des Vermieters,
- bis zur Fertigstellung eines Neubaus,
- Studenten, die ihren Wohnsitz an einem anderen Ort haben und in der erkennbaren oder erklärten Absicht nur für die Zeit des Studiums oder eines Teils davon mieten.

Punkt 2 des § 564b BGB ist anwendbar auf möblierte Zimmer, wie sie teilweise zu völlig überhöhten Preisen in Unistädten wie z. B. Freiburg an Studenten vermietet werden. „Familie" im Sinne des Gesetzes meint hier auch ein kinderloses Ehepaar oder nur ein Elternteil mit Kind, nicht jedoch eine nicht eheliche Lebensgemeinschaft.

In Jugend- und Studentenwohnheimen, in Einliegerwohnungen sowie in ausgebauten Zwei- und Dreifamilienhäusern, in denen der Vermieter ebenfalls wohnt, wird der Kündigungsschutz eingeschränkt.

Welche Fristen gelten?

Häufig hört man zum Thema **Kündigungsfrist** folgende Ansicht: „Bei einem Mietvertrag beträgt die Kündigungsfrist drei Monate!" Leider lässt sich diese These so nicht aufrechterhalten. Die gesetzliche Regelung ist etwas komplizierter. Das Gesetz verwendet für die Regelung der Kündigungsfrist eine etwas umständliche Formulierung, die Sie kennen sollten. Sie lautet:

> **§ 565 BGB (Kündigungsfristen)**
> (…)
> (2) Bei einem Mietvertrag über Wohnraum ist die Kündigung spätestens am dritten Werktag eines Kalendermonats für den Ablauf des übernächsten Monats zulässig. Nach fünf, acht und zehn Jahren seit der Überlassung des Wohnraums verlängert sich die Kündigungsfrist um jeweils drei Monate (…)

Wegen der etwas „eigenwillig" formulierten gesetzlichen Konstruktion hier noch einmal die Kündigungsfristen in übersichtlicher Form:
- Bei einer Mietdauer von bis zu fünf Jahren beträgt die Kündigungsfrist ungefähr drei Monate;
- bei einer Mietdauer von mehr als fünf bis acht Jahren etwa sechs Monate;
- bei einer Mietdauer von mehr als acht Jahren zirka neun Monate;
- bei einer Mietdauer von mehr als zehn Jahren ein Jahr;
- bei noch längerer Mietdauer bleibt es bei einem Jahr Kündigungsfrist.

Übrigens: Die Mietdauer wird berechnet auf den Zeitpunkt der Erklärung der Kündigung. Bitte wundern Sie sich in der Übersicht oben nicht über das Wort „ungefähr". Es ist leider erforderlich, weil die Kündigungsfrist auch länger dauern kann. Sie müssen sich nur überlegen, welche Folgen es hat, wenn z. B. Ihr Kündigungsschreiben dem Mieter erst am vierten Werktag eines Monats zugeht. Dann zählt fast der ganze Monat nicht. Das hätte zur Folge, dass sich die Kündigungsfrist um fast einen ganzen Monat verlängert!

Beispiel:
Wenn die Kündigungserklärung bei einer bis zu fünfjährigen Mietdauer dem Vertragspartner am 02.04.1999 zugegangen ist, wird die Kündigung zum Ablauf des 30.06.1999 wirksam. Ist die Kündigungserklärung dagegen erst am 07.04.1999 dem Vertragspartner zugegangen, wird das Mietverhältnis erst zum Ablauf des 31.07.1999 wirksam aufgelöst.

Gleiche Kündigungsfristen für Mieter und Vermieter

Wenn der Mietvertrag keine anders lautende Regelung enthält, dann gelten für Mieter und Vermieter die gleichen Kündigungsfristen. Wenn hingegen im Mietvertrag eine Regelung vorhanden ist, dann muss geprüft werden, ob sie wirksam ist.

Können andere Fristen als die gesetzlich vorgeschriebenen vertraglich vereinbart werden?

Wenn in dem Mietvertrag *kürzere* Fristen vereinbart worden sind, dann gelten diese nur für den Mieter. Der Mieter hat allerdings die Wahl, ob er die kurzen Fristen nutzen oder ob er zu einem späteren Zeitpunkt kündigen will.

Als Vermieter können sie sich gegen den Willen des Mieters nicht auf die Vereinbarung einer kürzeren Kündigungsfrist berufen. Sie bleiben stets an die gesetzlichen Fristen gebunden. Die gesetzlichen Fristen stellen also für Sie als Vermieter eine Untergrenze dar.

Eine *Verlängerung* der gesetzlichen Fristen im Mietvertrag ist in einem angemessenen Rahmen möglich. So wurde eine Verlängerung der Kündigungsfristen auf bis zu sechs Monate als zulässig erklärt (OLG Zweibrücken, ZMR 1990, 106).

Bei darüber hinausgehenden Fristverlängerungen sind Zweifel an der Wirksamkeit durchaus angebracht. Bedauerlicherweise ist die Rechtsprechung jedoch in dieser Frage noch nicht zu einem abschließenden Ergebnis gekommen. Falls Sie eine Fristverlängerung mit Ihrem Mieter vereinbaren möchten, die eine längere Kündigungsfrist als sechs Monate vorsieht, ist eine anwaltliche Beratung empfehlenswert, die Sie über die aktuellen Entwicklungen informiert.

Besondere Kündigungsfristen bei möbliertem Wohnraum!

Für **möblierten Wohnraum** gilt eine eigene Kündigungsfrist:

> **§ 565 BGB (Kündigungsfristen)**
> (…)
> (3) Ist Wohnraum, den der Vermieter ganz oder überwiegend mit Einrichtungsgegenständen auszustatten hat, Teil der vom Vermieter selbst bewohnten Wohnung, jedoch nicht zum dauernden Gebrauch für eine Familie überlassen, so ist die Kündigung zulässig, (…)
> 3. wenn der Mietzins nach Monaten oder längeren Zeitabschnitten bemessen ist, spätestens am Fünfzehnten eines Monats für den Ablauf dieses Monats.

Das heißt: Auch, wenn das Mietvertrag über den möbliert vermieteten Wohnraum schon viele Jahre bestanden hat, gilt eine Kündigungsfrist von weniger als einem Monat.

Tipp:

Die Kündigungsfrist für möblierten Wohnraum kann vertraglich verlängert werden. Eine Klausel, nach der die gesetzlichen Kündigungsfristen für unmöbliert vermieteten Wohnraum gelten sollen, wäre zulässig.

Wichtig: Alle Kündigungsgründe angegeben!

Es ist für den Vermieter immer ratsam im Kündigungsschreiben alle bekannten Kündigungsgründe im Sinne von § 564b BGB (berechtigte Interessen) anzugeben. Andernfalls bleiben die nicht im Kündigungsschreiben erwähnten Kündigungsgründe unberücksichtigt.

Die Eigenbedarfskündigung

Die Vermieterkündigung wird nur dann wirksam sein, wenn ein **berechtigtes Interesse** vorliegt, z. B. der so genannte **Eigenbedarf**. Dieser ist gegeben, wenn der Vermieter die Wohnung für sich oder enge Verwandte benötigt.

Es gelten Wartefristen

Beim Eigenbedarf ist zu beachten, dass der Vermieter eine 3-jährige oder sogar 5-jährige Wartefrist einzuhalten hat, wenn an den vermieteten Wohnräumen nach der Überlassung an den Mieter Wohnungseigentum begründet oder veräußert worden ist. Eine Kündigung wegen Eigenbedarfs vor Ablauf dieser Frist wäre unwirksam. (Siehe dazu § 564b Abs. 2 Nr. 2 BGB.)
Diese Frist kann gebietsweise noch einmal deutlich länger werden, insbesondere, wenn Sie als Vermieter keinen Ersatzwohnraum nachweisen können, der von Ihren Mietern in Anspruch genommen werden könnte. Falls Sie vermuten, dass diese Frist für Ihren Fall eine Rolle spielen könnte, sollten Sie unbedingt eine kompetente Beratung aufsuchen.

Musterbrief: wirksame Eigenbedarfskündigung

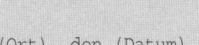

```
(Absender: Name des Vermieters)

(Adresse: Name des Mieters)


                              (Ort), den (Datum)


Mietverhältnis (Adresse)


Sehr geehrter (Mieter),

ich bin leider gezwungen das zwischen uns bestehende Mietverhältnis zum
(Datum) zu kündigen. Als Kündigungsgrund mache ich Eigenbedarf geltend.

Ich benötige die Wohnung für meinen 25-jährigen Sohn, der sein Studium
erfolgreich abgeschlossen hat und die Wohnung zusammen mit seiner Ver-
lobten beziehen will. Mein Sohn bewohnt derzeit nur ein zirka 20 Quad-
ratmeter großes Zimmer im Studentenwohnheim. Er benötigt die Wohnung
um zusammen mit seiner Verlobten einen eigenen Haushalt gründen zu
können.

Die Verlobte unseres Sohnes bewohnt eine etwa 25 Quadratmeter große
Einzimmerwohnung. Diese kleine Wohnung ist für zwei junge Leute nicht
als Wohnung geeignet.

Der guten Ordnung halber weise ich Sie darauf hin, dass Sie gegen diese
Kündigung gemäß § 556a BGB Kündigungswiderspruch einlegen können, wenn
die vertragsgemäße Beendigung des Mietverhältnisses für Sie und Ihre
Familie eine Härte bedeuten würde, die auch unter Würdigung meiner
Interessen nicht zu rechtfertigen wäre. Ein Kündigungswiderspruch
müsste spätestens zwei Monate vor Beendigung des Mietverhältnisses in
schriftlicher Form erklärt werden. Für den Fall der Einlegung des
Widerspruchs verlange ich bereits jetzt, dass Sie mir die Gründe des
Widerspruchs unverzüglich mitteilen. Einer stillschweigenden Verlänge-
rung des Mietverhältnisses gemäß § 568 BGB widerspreche ich bereits
heute.

Mit freundlichen Grüßen

(Unterschrift des Vermieters)
```

Achtung: Der rechtliche Hinweis auf das Widerspruchsrecht ist unbedingt erforderlich. Falls Sie den Mieter nicht darüber informieren, dass ihm ein Widerspruchsrecht zusteht, dann kann der Mieter noch im ersten Verhandlungstermin des Räumungsrechtsstreits den Widerspruch erklären!

Rechtsprechung: Kündigung wegen Eigenbedarfs

Es bedarf für juristische Laien häufig einiger Mühe um die Entscheidung eines Gerichts im Einzelfall nachvollziehen zu können. Dies liegt oft daran, dass Richter bei ihrer Entscheidung Umstände berücksichtigen müssen, die den juristischen Laien oft nebensächlich erscheinen. Leider sind es gerade diese vermeintlich nebensächlichen Umstände, die es so schwierig machen, ein Gerichtsurteil, das man z. B. in der Zeitung gelesen hat oder von dem man im Bekanntenkreis gehört hat, auf den eigenen Fall anzuwenden.

Im Folgenden werden dennoch einige Entscheidungen zum Thema Eigenbedarf vorgestellt – allerdings verbunden mit der Bitte, kritisch an die Entscheidungen heranzugehen und notfalls die vollständigen Gerichtsurteile bei dem jeweiligen Gericht anzufordern.

Gerichtsentscheidungen sind fast immer Einzelfallentscheidungen. Es kann passieren, dass das Gericht in Ihrem Fall trotz vermeintlicher Ähnlichkeit zu einem anderen Ergebnis kommen würde, weil es Umstände, die aus Ihrer Sicht unwichtig sind, zu berücksichtigen hätte. Im Zweifelsfalle sollten Sie sich an „Haus und Grund" oder an eine andere Vermieterberatungsstelle wenden oder gleich eine kompetente Beratung beim Rechtsanwalt Ihres Vertrauens suchen.

In der Regel wird von deutschen Gerichten Eigenbedarf anerkannt, wenn der Vermieter selbst nur eine teurere oder zum Arbeitsplatz wesentlich ungünstiger gelegene Wohnung hat, ganz allgemein eine weniger geeignete. Es genügen auch persönliche Veränderungen, z. B. Heirat, Arbeitsplatzwechsel, Ruhestand oder Getrenntleben wie auch die Absicht, in nicht ehelicher Lebensgemeinschaft zu wohnen.

Eigenbedarf wird nicht dadurch ausgeschlossen, dass eine andere Wohnung des Vermieters frei wird (LG Essen, NJW 1990, 973).

Im Einzelfall kann jedoch das Freiwerden einer anderen Wohnung des Vermieters dem Eigenbedarf entgegenstehen (BVerfG, NJW 1991, 157).

Kein Eigenbedarf liegt vor, wenn ein Vermieter in seinem Zweifamilienhaus im Obergeschoss wohnt und den im Erdgeschoss in einer etwa gleich großen Wohnung lebenden Mietern kündigt, „um Terrasse, Wintergarten und Garten selbst nutzen zu können". Diese Gründe reichen nicht aus – der Mieter braucht weder aus- noch in die obere Wohnung umzuziehen! (BVerfG, Az. 1 BvR 2149/93).

Hat ein Vermieter einem Mieter wegen Eigenbedarfs gekündigt, weil seine Tochter „A" in die Wohnung einziehen sollte, zieht aber statt dessen Tochter „B" ein, für die ebenfalls Eigenbedarfsgründe vorgelegen haben, so kann der Mieter keinen Schadenersatzanspruch geltend machen (LG Münster, Az. 1 S 99/94).

Schreibt ein Vermieter in seinem Kündigungsbrief lediglich, dass sein Sohn in die Wohnung einziehen soll, so genügt dies nicht als Kündigungsgrund wegen Eigenbedarfs, da der Mieter aufgrund dieser allgemeinen Aussage nicht in der Lage ist zu prüfen, ob er gegen die Kündigung angehen kann. Der Vermieter muss im Kündigungsschreiben einen „konkreten Lebenssachverhalt" darlegen, auf den er das Interesse seines Sohnes am Einzug in die Wohnung stützt (LG Saarlouis, 13 B 281/93).

Lebt der volljährige Sohn eines Vermieters in einem etwa 20 Quadratmeter großen Zimmer, so reicht diese Größe aus und berechtigt den Vater nicht, einer Familie wegen Eigenbedarfs die Wohnung zu kündigen – es sei denn, der Sohn beabsichtigt, mit seiner Partnerin zusammenzuziehen (AG Warendorf, Az. 5 C, 33/93).

Vorsicht vor der vorgetäuschten Eigenbedarfskündigung!

Wenn ein Mieter lästig wird oder eine Wohnung teurer vermietet oder unvermietet besser verkauft werden könnte, dann entscheidet sich mancher Vermieter, einen Eigenbedarf vorzutäuschen. Davor sei jedoch ausdrücklich gewarnt! Sie können sich als Vermieter eine Menge Ärger einhandeln, wenn Ihnen Ihr Mieter nach seinem Auszug nachweisen kann, dass der Eigenbedarf in Wirklichkeit nicht bestand.

Wie dargestellt wurde, vermag ein Vermieter dem vertragstreuen Mieter nur dann zu kündigen, wenn er an der Beendigung des Mietverhältnisses ein „berechtigtes Interesse" hat. Die meisten Vermieterkündigungen werden mit Eigenbedarf begründet. Wenn ein Vermieter nach einer Eigenbedarfskündigung weder selbst in die Wohnung einzieht noch eine andere Person, für die er Eigenbedarf geltend gemacht hat, kann ein Fall des so genannten **vorgeschobenen Eigenbedarfs** vorliegen.

Eine Kündigung, bei der der Eigenbedarf nur vorgeschoben wird, ist nicht wirksam. Da sich der Umstand der Vortäuschung eines Kündigungsgrundes meist erst nach der Räumung der Wohnung durch den Mieter herausstellt, bleibt in solchen Fällen dem Mieter nur ein **Schadenersatzanspruch.** Dieser Schadenersatzanspruch kann zu enormen Zahlungsverpflichtungen des Vermieters führen, da grundsätzlich der Zustand wiederhergestellt werden muss, der bestehen würde, wenn die unberechtigte Kündigung nicht erklärt worden wäre. So haben Gerichte verschiedentlich alle umzugsbedingten Kosten als erstattungspflichtig angesehen. Zu den umzugsbedingten Kosten gehören die Rechnung des Umzugsunternehmens und die Renovierungskosten (in der neuen Wohnung und möglicherweise auch in der alten). Auch die Differenz zwischen der früher gezahlten und der jetzigen Miete kann geltend gemacht werden. Allerdings muss dabei ein eventueller höherer Wohnwert berücksichtigt werden. Eine solche Differenz muss für einen Zeitraum von drei bis fünf Jahren erstattet werden (LG Wuppertal, Urteil vom 28.10.1997, 16 S 80/97).

Da der Mieter meistens nur eingeschränkte Möglichkeiten hat, die fehlende Berechtigung einer Vermieterkündigung nachzuweisen, wurden vom Amtsgericht Hamburg sogar die Kosten der Beauftragung eines Detektivs als erstattungsfähig angesehen, der beauftragt wurde, den fehlenden Eigenbedarf nachzuweisen (AG Hamburg, Urteil vom 10.10.1996, 38 C 110/96).

Haben sich Mieter und Vermieter in einem Eigenbedarfsprozess verglichen und vereinbart, dass damit alle wechselseitigen Ansprüche aus dem Mietverhältnis erledigt seien, so kann der inzwischen ausgezogene Mieter dennoch Schadenersatzansprüche geltend machen, wenn sich nachträglich herausstellt, dass der Eigenbedarf nicht bestanden hat (LG Hamburg, 316 S 28/94).

Unabhängig von den zivilrechtlichen Ansprüchen des Mieters macht sich ein Vermieter, der unter Vortäuschung eines Kündigungsgrundes eine Mietwohnung kündigt, sogar des **Betruges** strafbar. Falls es zu einem Strafverfahren käme, muss mit einer empfindlichen Geldstrafe von zwei bis drei Nettomonatsgehältern gerechnet werden.

Weitere Kündigungsgründe

Der Eigenbedarf ist der wichtigste Kündigungsgrund, den ein Vermieter geltend machen kann.

Es gibt jedoch noch einige andere Möglichkeiten, die allerdings in der Praxis kaum Bedeutung haben.

Wegen beharrlicher Verletzung der Mieterpflichten

Es wurde bereits erläutert, dass der **vertragswidrige Gebrauch** der Mietsache im Extremfall zu einer fristlosen Kündigung führen kann. Dabei werden von den Gerichten sehr hohe Anforderungen an die Intensität des Vertragsverstoßes gestellt, bevor eine auf diesen Kündigungsgrund gestützte fristlose Kündigung vom Richter als wirksam anerkannt wird. In der Regel kommt höchstens eine ordentliche Kündigung in Betracht. Nur bei schwersten Vertragsverstößen kann auch ohne vorherige Abmahnung eine fristlose Kündigung begründet sein. (Zur fristlosen Kündigung wegen vertragswidrigen Gebrauchs der Mietsache mehr ab Seite 111 und ab Seite 114.)

Es gibt drei verschiedene Intensitäten, die die Gerichte beim vertragswidrigen Gebrauch der Mietsache unterscheiden:

1. Bei *geringer Intensität* muss der Vermieter abmahnen und im Wiederholungsfall auf Unterlassung klagen (§ 550 BGB). Der Vermieter darf nicht kündigen.
2. Bei *höherer Intensität* muss der Vermieter zunächst eine Abmahnung aussprechen. Im Wiederholungsfall kommt eine ordentliche Kündigung infrage. Denn erst ab einer bestimmten Intensität der Vertragsverletzung und im Wiederholungsfall kann eine ordentliche (das heißt fristgemäße) Kündigung berechtigt sein.
3. Nur ausnahmsweise und bei *außerordentlich krassen Vertragsverstößen* ist sogar eine fristlose Kündigung denkbar.

Entscheidend ist stets, ob dem Vermieter ein **berechtigtes Interesse** zusteht:

§ 564b BGB (Berechtigtes Interesse des Vermieters an der Kündigung)
(1) Ein Mietverhältnis über Wohnraum kann der Vermieter vorbehaltlich der Regelung in Absatz 4 nur kündigen, wenn er ein berechtigtes Interesse an der Beendigung des Mietverhältnisses hat.
(2) Als ein berechtigtes Interesse des Vermieters an der Beendigung des Mietverhältnisses ist es insbesondere anzusehen, **wenn**
1. der Mieter seine vertraglichen Verpflichtungen schuldhaft nicht unerheblich verletzt hat; (…)
(Hervorhebung durch den Verfasser)

Das Gesetz setzt also für eine Kündigung voraus, dass der Mieter seine vertraglichen Verpflichtungen schuldhaft nicht unerheblich verletzt hat. Das bedeutet zunächst, dass ein einzelner kräftiger „Ausrutscher", bei dem keinerlei Wiederholungsgefahr besteht, das Merkmal der Erheblichkeit nicht unbedingt erfüllen muss. Gleichzeitig können aber auch kleinere Vertragsverletzungen, wenn sie gehäuft auftreten, eine Kündigung rechtfertigen.

Beispiel:
Ein vertragswidriger Gebrauch, der im Wiederholungsfall zur Kündigung berechtigen kann, liegt z. B. vor, wenn ein Mieter aus seiner Wohnung einen Privatzoo, eine Werkstatt oder ein „Hotel" mit Zimmervermietung macht. Wenn der Mieter Prostitution in der Wohnung betreibt, wenn er die Wohnung verkommen lässt, wenn er schwer wiegende Verstöße gegen die Hausordnung begeht, indem er die Nachbarn durch dauernden Lärm, Schmutz, Gestank, Beleidigungen oder durch Gewalt gegen andere Mieter belästigt. Eine einmalige Beleidigung, die aus einer besonderen Situation heraus entstanden ist, sodass keine Wiederholungsgefahr gegeben ist, wird jedoch nicht für eine Kündigung ausreichen.

Die Entscheidung, ob im Einzelfall tatsächlich ein berechtigtes Interesse des Vermieters zur Kündigung bestand, ist Sache des Richters, der die Wirksamkeit der Kündigung zu bewerten hat. Denn es hängt vom Einzelfall ab, ob eine Vertragsverletzung so erheblich ist, dass sie tatsächlich eine Kündigung rechtfertigt.

> **Wichtig:**
>
> Wenn mehrere Personen eine Wohnung gemietet haben, stellt bereits die schuldhafte und nicht unerhebliche Verletzung des Mietvertrages durch einen der Mieter einen Kündigungsgrund gegenüber allen Mietern dar.

Wegen Zahlungsverzuges

Der Kündigungsgrund des **Zahlungsverzuges** hat vor allem im Zusammenhang mit der fristlosen Kündigung Bedeutung. (Lesen Sie Näheres dazu ab Seite 159.)

Wenn der Mieter seiner Mietzahlungspflicht nicht pünktlich oder nicht vollständig genügt, dann stellt das gleichzeitig auch eine Verletzung der vertraglichen Pflichten des Mieters dar, die zu einer ordentlichen Kündigung gemäß § 564b Abs. 2 Nr. 1 BGB berechtigt. Interessant wird das in der Praxis allerdings meist erst dann, wenn der Mietrückstand nicht ausreicht für eine fristlose Kündigung gemäß § 554 BGB.

Übrigens: Im Fall ständig unpünktlicher Zahlungsweise entschied vor einigen Jahren ein Gericht, dass nicht stets eine Abmahnung vorausgehen muss, um eine ordentliche Kündigung zu rechtfertigen (OLG Oldenburg, ZMR 1991, 427).

Wegen Schaffung neuen Mietraums

Die folgende Vorschrift liest sich sehr umständlich und erscheint schwer verständlich – dahinter verbirgt sich jedoch ein sehr einfacher Lebenssachverhalt:

> **§ 564b BGB**
>
> (...)
>
> (2) Als ein berechtigtes Interesse des Vermieters an der Beendigung des Mietverhältnisses ist es insbesondere anzusehen, wenn (...)
>
> 4. der Vermieter nicht zum Wohnen bestimmte Nebenräume oder Teile eines Grundstücks dazu verwenden will,

a) Wohnraum zum Zwecke der Vermietung zu schaffen oder

b) den neu zu schaffenden und den vorhandenen Wohnraum mit Nebenräumen und Grundstücksteilen auszustatten, die Kündigung auf diese Räume oder Grundstücksteile beschränkt. Die Kündigung ist spätestens am dritten Werktag eines Kalendermonats für den Ablauf des übernächsten Monats zulässig. Der Mieter kann eine angemessene Senkung des Mietzinses verlangen. Verzögert sich der Beginn der Bauarbeiten, kann der Mieter eine Verlängerung des Mietverhältnisses um einen entsprechenden Zeitraum verlangen.

Hintergrund dieser Vorschrift ist, dass der Gesetzgeber früher dem Mieterschutz einen noch höheren Rang einräumte als heute. Der Schutz ging so weit, dass z. B. der Mieter, dem zusätzlich zu seiner Wohnung auf einem großen Dachboden ein wenige Quadratmeter großer Verschlag als Abstellkammer für Gerümpel mitvermietet war, wegen des Kündigungsschutzes den Ausbau des gesamten Dachbodens zu einer neuen Mietwohnung verhindern konnte. Dadurch ging der Mieterschutz letztlich zu Lasten anderer, wohnungssuchender Mieter.

Des Weiteren kommt insbesondere auch die Kündigung von Kellerräumen in Betracht, sofern sich aus dem Keller durch bauliche Maßnahmen eine Souterrainwohnung machen lässt.

Es ist Vermietern möglich, hinsichtlich einzelner Räumlichkeiten wie z. B. einer angeschlossenen Garage, die nicht zum Wohnen geeignet ist, aber zu Wohnraum umgebaut werden könnte, eine Teilkündigung auszusprechen.

Der Mieter kann eine angemessene Herabsetzung des Mietzinses verlangen, wobei allerdings zu beachten ist, dass solche Nebenräume mit einem niedrigeren Quadratmeterpreis als die Wohnräume anzusetzen sind.

Wegen besserer wirtschaftlicher Verwertung

Das Gesetz sieht den Kündigungsgrund **besserer wirtschaftlicher Verwertung** vor:

§ 564b BGB (Berechtigtes Interesse des Vermieters)

(...)

(1) Als ein berechtigtes Interesse des Vermieters an der Beendigung des Mietverhältnisses ist es insbesondere anzusehen, wenn (...)

3. der Vermieter durch die Fortsetzung des Mietverhältnisses an einer angemessenen wirtschaftlichen Verwertung des Grundstücks gehindert und dadurch erhebliche Nachteile erleiden würde. Die Möglichkeit, im Falle einer anderweitigen Vermietung als Wohnraum eine

höhere Miete zu erzielen, bleibt dabei außer Betracht. Der Vermieter kann sich auch nicht darauf berufen, dass er die Mieträume im Zusammenhang mit einer beabsichtigten oder nach Überlassung an den Mieter erfolgten Begründung von Wohnungseigentum veräußern will. Ist an den vermieteten Wohnräumen nach der Überlassung an den Mieter Wohnungseigentum begründet und das Wohnungseigentum veräußert worden, so kann sich der Erwerber in Gebieten, die die Landesregierung nach Nummer 2 Satz 4 bestimmt hat, nicht vor Ablauf von fünf Jahren seit der Veräußerung an ihn darauf berufen, dass er die Wohnung veräußern will.

Es ist für den Vermieter äußerst schwierig, sich vor Gericht mit der Begründung durchzusetzen, dass eine Kündigung wegen „besserer wirtschaftlicher Verwertung" erforderlich und deshalb auch wirksam gewesen sei. Bereits die Formulierung der Gesetzgeber lässt erahnen, welche hohen Anforderungen die deutschen Gerichte an die Darlegungen der Parteien stellen. Eine solche Kündigung sollte auf gar keinen Fall ohne die Unterstützung durch einen erfahrenen Anwalt in Angriff genommen werden.

Der erste Satz der Ziffer 3 des § 564b Abs. 2 BGB klingt zunächst recht vermieterfreundlich, aber die sofort folgenden Einschränkungen machen diese Kündigungsmöglichkeit in der Praxis leider beinahe bedeutungslos. Gemeint ist z. B. der geplante Verkauf des Mietshauses, insbesondere, wenn der Verkäufer sich damit Geld für seinen eigenen Unterhalt (oder den der Familie) verschaffen will, oder der Abriss eines nicht mehr sanierungsfähigen Altbaus zum Zweck des Neubaus.

Die Gerichte stellen bei dieser Art von Kündigung hohe Anforderungen. Der Eigentümer muss grundsätzlich auf die Belange der Mieter Rücksicht nehmen und darf nicht bei jedem wirtschaftlichen Nachteil eine Räumung der Mietwohnung fordern. Nur wenn die wirtschaftlichen Nachteile einen solchen Umfang annehmen, dass die Nachteile beim Vermieter größer sind als die Nachteile, die dem Mieter dadurch entstehen, dass er die Wohnung verliert, wäre eine Kündigung wirksam.

Jeder Eigentümer ist berechtigt sein Eigentum durch Verkauf zu verwerten. Wenn es sich bei dem Eigentum um vermietete Wohnungen handelt, dann kann dieses elementare Recht eingeschränkt werden. Denn vermietete Wohnungen erzielen auf dem Wohnungsmarkt regelmäßig geringere Veräußerungserlöse als unvermietete Wohnungen. Ein Vermieter vermag in wirtschaftliche Schwierigkeiten zu geraten, wenn der erzielbare Erlös einer vermieteten Wohnung in einem krassen Missverhältnis zu demjenigen einer unvermieteten Wohnung steht. Wenn dieses Missverhältnis so weit wächst, dass ein Verkauf der Wohnung wirtschaftlich sinnlos wird, der Eigentümer also in seinem Eigentumsrecht beschränkt wird, dann können die Voraussetzungen der oben wiedergegebenen Vorschrift gegeben sein.

Bei einer derartigen Prüfung berücksichtigt das Gericht auch die wirtschaftlichen und persönlichen Verhältnisse des Vermieters.

Wichtig:

Ausgeschlossen ist eine Kündigung dann, wenn der Vermieter nur kündigt, um bei einer neuerlichen Vermietung an einen anderen Mieter eine höhere Monatsmiete zu erzielen – dieser Fall rechtfertigt ausdrücklich keine Kündigung. Anders ist das, wenn die Möglichkeit einer teureren gewerblichen oder freiberuflichen Vermietung besteht. Zwar erlegt das öffentliche Recht dem Vermieter Beschränkungen auf, wenn dieser eine Mietwohnung zukünftig einem Gewerbebetrieb vermieten möchte. Falls die Umwandlung von Wohnraum in gewerblich genutzten Raum behördlich genehmigt werden würde, kann also durchaus ein Kündigungsgrund gegeben sein.

Kündigungsschutz:
Wann sich der Mieter wehren darf

Auch eine Kündigung, die keine ausreichende Begründung enthält oder die sich vielleicht auf einen nicht tragfähigen Kündigungsgrund stützt, kann zur Beendigung des Mietverhältnisses führen, wenn der Mieter sich nicht wehrt und der Kündigung nicht rechtzeitig widerspricht.

§ 556a BGB (…)

(1) Der Mieter kann der Kündigung eines Mietverhältnisses über Wohnraum widersprechen und vom Vermieter die Fortsetzung des Mietverhältnisses verlangen, wenn die vertragsmäßige Beendigung des Mietverhältnisses für den Mieter und seine Familie eine Härte bedeuten würde, die auch unter Würdigung der berechtigten Interessen des Vermieters nicht zu rechtfertigen ist. Eine Härte liegt auch vor, wenn angemessener Ersatzwohnraum zu zumutbaren Bedingungen nicht beschafft werden kann. Bei der Würdigung der berechtigten Interessen des Vermieters werden nur die in dem Kündigungsschreiben nach § 564a Abs. 1 Satz 2 angegebenen Gründe berücksichtigt, soweit nicht die Gründe nachträglich entstanden sind.

(2) Im Falle des Absatzes 1 kann der Mieter verlangen, dass das Mietverhältnis so lange fortgesetzt wird, wie dies unter Berücksichtigung aller Umstände angemessen ist. Ist dem Vermieter nicht zuzumuten, das Mietverhältnis nach den bisher geltenden Vertragsbedingungen fortzusetzen, so kann der Mieter nur verlangen, dass es unter einer angemessenen Änderung der Bedingungen fortgesetzt wird.

(3) Kommt keine Einigung zustande, so wird über eine Fortsetzung des Mietverhältnisses und über deren Dauer sowie über die Bedingungen, nach denen es fortgesetzt wird, durch Urteil Bestimmung getroffen. Ist ungewiss, wann voraussichtlich die Umstände wegfallen, aufgrund deren die Beendigung des Mietverhältnisses für den Mieter oder seine Familie eine Härte bedeutet, **so kann bestimmt werden, dass das Mietverhältnis auf unbestimmte Zeit fortgesetzt wird.**

(4) Der Mieter kann eine Fortsetzung des Mietverhältnisses nicht verlangen,

1. wenn er das Mietverhältnis gekündigt hat;
2. wenn ein Grund vorliegt, aus dem der Vermieter zur Kündigung ohne Einhaltung einer Kündigungsfrist berechtigt ist.

(5) Die Erklärung des Mieters, mit der er der Kündigung widerspricht und die Fortsetzung des Mietverhältnisses verlangt, bedarf **der schriftlichen Form.** Auf Verlangen des Vermieters soll der Mieter über die Gründe des Widerspruchs unverzüglich Auskunft erteilen.

(6) Der Vermieter kann die Fortsetzung des Mietverhältnisses ablehnen, wenn der Mieter den Widerspruch **nicht spätestens zwei Monate vor der Beendigung des Mietverhältnisses dem Vermieter gegenüber erklärt hat.** Hat der Vermieter nicht rechtzeitig vor Ablauf der Widerspruchsfrist den in § 564a Abs. 2 bezeichneten Hinweis erteilt, so kann der Mieter den Widerspruch noch im ersten Termin des Räumungsrechtsstreits erklären.

(7) Eine entgegenstehende Vereinbarung ist unwirksam.

(8) Diese Vorschriften gelten nicht für Mietverhältnisse der in § 564b Abs. 7 Nr. 1, 2, 4 und 5 genannten Art.

(Hervorhebungen durch den Verfasser)

Der **Widerspruch** des Mieters muss *schriftlich* erfolgen.

Der Mieter hat sich in seinem Schreiben darauf zu berufen, dass die Beendigung des Mietverhältnisses für ihn eine **Härte** bedeuten würde, die auch unter Würdigung des Interesses des Vermieters eine Kündigung nicht rechtfertigen würde.

Der Widerspruch des Mieters muss *spätestens zwei Monate vor der Beendigung des Mietverhältnisses* erfolgen.

Beispiel:
Wenn Sie als Vermieter z. B. am 03. Mai eine ordentliche Kündigung mit dreimonatiger Kündigungsfrist zum 30. Juli erklären, dann muss der Mieter spätestens am 30. Mai reagieren. Natürlich verändert sich der Zeitpunkt, wenn die Kündigungsfristen wegen einer besonders langen Mietdauer länger als drei Monate dauern.

Bei einem verspäteten Widerspruch kann der Vermieter die Fortsetzung des Mietverhältnisses ablehnen – in diesem Fall wird vor Gericht gar nicht erst geprüft, ob die Beendigung des Mietverhältnisses für den Mieter oder seine Familie eine Härte bedeuten würde.

Wichtig:

Beachten Sie, dass die Frist des § 556 a Abs. 6 BGB nur dann gilt, wenn der Vermieter in seinem Kündigungsschreiben ausdrücklich darauf hingewiesen hat. Fehlt der Hinweis im Kündigungsschreiben, so kann der Mieter den Widerspruch noch im ersten Termin des Räumungsrechtsstreits erklären!

Der schriftliche Widerspruch braucht zuerst einmal nicht begründet zu werden. Dies kann in Situationen, in denen wegen drohender Verfristung wenig Zeit bleibt, für den Mieter wertvoll sein. Gemäß § 556a Abs. V Satz 2 BGB soll der Mieter jedoch „auf Verlangen des Vermieters … über die Gründe des Widerspruchs unverzüglich Auskunft erteilen". Es ist möglich diesem Verlangen bereits im Kündigungsschreiben Ausdruck zu verleihen, z. B. so:

Für den Fall der Einlegung des Widerspruchs verlange ich bereits jetzt, dass Sie uns die Gründe des Widerspruchs unverzüglich mitteilen.

Tipp:

Es ist unbedingt ratsam vom Mieter Auskunft über seine Härtegründe zu verlangen (verwenden Sie dazu die Formulierung oben). Sie haben als Vermieter zwar keinen Anspruch darauf diese zu erfahren. Falls Ihnen der Mieter allerdings die Härtegründe mitteilt, hilft Ihnen das,

Ihre Aussichten im Räumungsrechtsstreit besser zu beurteilen. Außerdem verbessern Sie Ihre Aussichten hinsichtlich der Prozesskosten. So müssten Sie als Vermieter, wenn Sie einen Räumungsrechtsstreit beginnen und diesen verlieren, weil der Mieter Härtegründe geltend machen kann, nach den allgemeinen Grundsätzen eigentlich die Verfahrenskosten tragen. Wegen § 93b Abs. 2 Satz 1 ZPO wird das Gericht aber in einem solchen Fall dem Mieter die Kosten auferlegen, falls er auf Verlangen des Vermieters nicht unverzüglich Auskunft über seine Gründe für den Widerspruch erteilt hat.

Mögliche Härtegründe

Angemessener Ersatzwohnraum fehlt

Der Mieter kann sich bei der Begründung seines Widerspruchs z. B. darauf berufen, dass **angemessener Ersatzwohnraum zu zumutbaren Bedingungen** nicht beschafft werden kann (§ 556a Abs. 1 BGB). Allerdings muss er in seinem Widerspruchsschreiben erläutern, warum dies der Fall ist. So könnte er bspw. auf Wohnungsinserate verweisen, auf die er geantwortet hat, oder auf die Resonanz, die er auf eine selbst geschaltete Annonce erhalten hat. Oder er könnte anführen, dass er sich beim Ordnungsamt für eine Sozialwohnung gemeldet, aber noch keine bekommen habe.

Dabei muss der Mieter in seiner Begründung auch erklären, warum eine Ersatzwohnung für ihn nicht „angemessen" ist. Unter dem ungenauen Begriff einer „angemessenen Ersatzwohnung" verstehen deutsche Richter eine menschenwürdige Unterbringung aller zum Haushalt gehörenden Personen zu wirtschaftlich und persönlich zumutbaren Bedingungen.

Die Prüfung der Angemessenheit ist eine Einzelfallentscheidung. Das bedeutet, dass der Richter sich selbst ein Bild von den Umständen machen wird und es höchstens grobe Richtlinien gibt, an denen er sich orientieren wird. In erster Linie ist beim Prüfen der Angemessenheit auf die Kosten des Ersatzwohnraums zu achten. Dabei wird das Gericht die finanzielle Leistungsfähigkeit des Mieters berücksichtigen und die Höhe der Miete mit dem vorhandenen Einkommen vergleichen. Auch eventuell bestehende Ansprüche auf Wohngeld können die Leistungsfähigkeit des Mieters erhöhen.

Der Mieter kann geltend machen, dass er für eine andere Wohnung bei vergleichbarem Wohnraum erheblich mehr Geld bezahlen müsste. Dieses Argument wird jedoch dann keine Bedeutung haben, wenn der Mietzins der vorhandenen Wohnung deutlich unter dem Niveau der ortsüblichen Miete liegt, da ihm eine Wohnung bis zur ortsüblichen Miete grundsätzlich zumutbar ist.

Wenn ein Mieter eine relativ große Wohnung zu einem vergleichsweise günstigen Preis bewohnt, dann muss er sich nicht in jedem Fall darauf verweisen lassen, dass er ja eine kleinere Wohnung mieten könnte.

Der Wohnraumbedarf der Familie des Mieters hängt nicht nur von der Größe der Familie ab. Auch der Beruf und der eventuelle Bedarf an einem Arbeitszimmer können dazu führen, dass eine Härte bejaht wird.

Der Mieter muss sich nicht darauf verweisen lassen, dass Kinder ja notfalls auch im Zimmer der Eltern schlafen könnten. Sie haben Anspruch auf ein eigenes Zimmer. Kinder desselben Geschlechts müssen sich nach diesen Grundsätzen bis zum 18. Lebensjahr jeweils zu zweit ein Zimmer teilen. Bei unterschiedlichem Geschlecht kann jedes Kind ab dem 8. Lebensjahr ein eigenes Schlafzimmer beanspruchen.

Wenn der Mieter für den gleichen Mietzins nur eine Wohnung finden könnte, bei der ein Wohnzimmer fehlt, dann besteht weitgehend Einigkeit darüber, dass eine solche Wohnung nicht zumutbar wäre.

Ein wichtiges Kriterium, das bei der Einschätzung der Zumutbarkeit beachtet werden muss, sind die Chancen des Mieters auf dem Wohnungsmarkt. So wird ein älteres kinderloses und doppelt verdienendes Ehepaar erheblich bessere Aussichten haben als ein junges Paar mit mehreren Kindern, ungesicherten Einkommensverhältnissen und vielleicht einigen Haustieren. Als Beispiel kann eine Gerichtsentscheidung aus Mannheim dienen, die einem ausländischen Gastarbeiter mit relativ geringem Einkommen und mehreren Kindern beschied, dass er schlechte Chancen auf dem Wohnungsmarkt habe (AG Darmstadt, WoM 1983, 151).

Ein Mieter, der eine Härte damit begründet, dass angemessener Ersatzwohnraum nicht zu finden sei, darf nach dem Widerspruch keinesfalls die Hände in den Schoß legen. Er muss sich vielmehr schon ab Kündigung um angemessenen Ersatzwohnraum bemühen und diese Bemühungen erforderlichenfalls auch beweisen können.

Renovierung oder Verbesserung durch den Mieter

Es kann für den Mieter eine Härte bedeuten, wenn er nachweisen kann, dass er erst kurze Zeit vor der berechtigten Kündigung des Vermieters Geld ausgegeben hat, um die Wohnung aufwändig zu renovieren oder zu verbessern.

> **Tipp:**
>
> In einem solchen Fall könnten Sie dem Mieter eine Entschädigung oder Ersatz für die Aufwendungen anbieten um die Härte für den Mieter auszugleichen. Dann kann sich der Mieter nicht mehr darauf berufen.

Ein Doppelumzug droht

Der Mieter kann die Härte auch damit begründen, dass er eine gewisse Zeit nach dem vom Vermieter begehrten Auszugstermin eine neue Wohnung in Aussicht habe und ihn somit durch die Kündigung ein Doppelumzug in kurzer Folge treffen würde.

So entscheidet das Gericht

Wenn das Gericht der Argumentation des Mieters folgt und auf eine Härte erkennt, die in der Person des Mieters bestehen soll, dann wird das Mietverhältnis allerdings nicht einfach fortgesetzt und die Kündigung schlicht und einfach unwirksam. Bei einer solchen Regelung würden die berechtigten Vermieterinteressen zu sehr benachteiligt. Vielmehr wird das Mietverhältnis für einen bestimmten Zeitraum verlängert.

> **§ 556a BGB (Widerspruch des Mieters gegen Kündigung)**
> (2) (…) kann der Mieter verlangen, dass das Mietverhältnis so lange fortgesetzt wird, wie dies unter Berücksichtigung aller Umstände angemessen ist.
> (3) Kommt keine Einigung zu Stande, so wird über eine Fortsetzung des Mietverhältnisses und über deren Dauer sowie über die Bedingungen, nach denen es fortgesetzt wird, durch Urteil Bestimmung getroffen. Ist ungewiss, wann voraussichtlich die Umstände wegfallen, aufgrund deren die Beendigung des Mietverhältnisses für den Mieter oder seine Familie eine Härte bedeutet, so kann bestimmt werden, dass das Mietverhältnis auf unbestimmte Zeit fortgesetzt wird.

Tod des Mieters: Wie geht es weiter?

Der **Tod des Mieters** beendet das Mietverhältnis keineswegs. An seine Stelle treten vielmehr die **Erben.**

Da die Erben die Wohnung vielleicht nicht nutzen möchten und der Vermieter nicht gezwungen sein soll, gegen seinen Willen das Mietverhältnis mit den Erben fortzusetzen, hat das Gesetz ein besonderes Kündigungsrecht für Mieter und Vermieter vorgesehen, das aber für Wohnraummietverhältnisse relativ wenig Bedeutung hat.

§ 569 BGB (Kündigung bei Tod des Mieters)
Stirbt der Mieter, so ist sowohl der Erbe als auch der Vermieter berechtigt das Mietverhältnis unter Einhaltung der gesetzlichen Frist zu kündigen. Die Kündigung kann nur für den ersten Termin erfolgen, für den sie zulässig ist.

Der letzte Satz bedeutet, dass der Termin konkret berechnet werden muss. Es kommt unter Umständen auch auf die Kenntnis vom Datum des Todes und auf die Erbfolge an.

Für **Familienangehörige** gilt bei Wohnraummietverhältnissen eine besondere Vorschrift, da der Gesetzgeber verhindern will, dass nahe Angehörige nach dem Tod des Mieters plötzlich auf der Straße stehen.

§ 569a BGB (Eintritt von Familienangehörigen in das Mietverhältnis)
(1) In ein Mietverhältnis über Wohnraum, in dem der Mieter mit seinem Ehegatten den gemeinsamen Hausstand führt, tritt mit dem Tod des Mieters der Ehegatte ein. Erklärt der Ehegatte binnen eines Monats, nachdem er von dem Tod des Mieters Kenntnis erlangt hat, dem Vermieter gegenüber, dass er das Mietverhältnis nicht fortsetzen will, so gilt sein Eintritt in das Mietverhältnis als nicht erfolgt; (…).
(2) Wird in dem Wohnraum ein gemeinsamer Hausstand mit einem oder mehreren anderen Familienangehörigen geführt, so treten diese mit dem Tod des Mieters in das Mietverhältnis ein. Das Gleiche gilt, wenn der Mieter einen gemeinsamen Hausstand mit seinem Ehegatten und einem oder mehreren anderen Familienangehörigen geführt hat und der Ehegatte in das Mietverhältnis nicht eintritt. Absatz 1 Satz 2 gilt entsprechend; bei mehreren Familienangehörigen kann jeder die Erklärung für sich abgeben. Sind mehrere Familienangehörige in das Mietverhältnis eingetreten, so können sie die Rechte aus dem Mietverhältnis nur gemeinsam ausüben. Für die Verpflichtungen aus dem Mietverhältnis haften sie als Gesamtschuldner.
(3) Der Ehegatte oder die Familienangehörigen haften, wenn sie in das Mietverhältnis eingetreten sind, neben dem Erben für die bis zum Tod des Mieters entstandenen Verbindlichkeiten als Gesamtschuldner; im Verhältnis zu dem Ehegatten oder den Familienangehörigen haftet der Erbe allein. (…)
(5) Der Vermieter kann das Mietverhältnis unter Einhaltung der gesetzlichen Frist kündigen, wenn in der Person des Ehegatten oder Familienangehörigen der in das Mietverhältnis eingetreten ist, ein wichtiger Grund vorliegt; die Kündigung kann nur für den ersten Termin erfolgen, für den sie zulässig ist. § 556a ist entsprechend anzuwenden.

(6) Treten in ein Mietverhältnis über Wohnraum der Ehegatte oder andere Familienangehörige nicht ein, so wird es mit dem Erben fortgesetzt. Sowohl der Erbe als der Vermieter sind berechtigt das Mietverhältnis unter Einhaltung der gesetzlichen Frist zu kündigen; die Kündigung kann nur für den ersten Termin erfolgen, für den sie zulässig ist. (…)

Wenn der Ehegatte oder andere Familienangehörige als Erben in das Mietverhältnis eintreten wollen, dann besteht wegen § 569a BGB kein Kündigungsrecht gemäß § 569 BGB.

Wichtig:

Der Bundesgerichtshof hat entschieden, dass auch der überlebende Partner einer eheähnlichen Gemeinschaft in den Mietvertrag des verstorbenen Mieters eintritt. Voraussetzung ist, dass der oder die in den Mietvertrag Eintretenden vorher bereits in der Mietwohnung mit dem Mieter einen gemeinsamen Hausstand geführt haben und das Mietverhältnis auch tatsächlich fortsetzen wollen.

Für verwitwete Ehepartner oder für die überlebenden Partner einer eheähnlichen Gemeinschaft gilt: Wollen sie nicht in das Mietverhältnis eintreten, so müssen sie dies binnen eines Monats nach dem Tod des Mieters (bzw. nach Kenntnis von dessen Tod) gegenüber dem Vermieter erklären. Das gilt auch wenn nur ein einzelner von mehreren Familienangehörigen das Mietverhältnis nicht fortsetzen will. Dann muss er allein diese Erklärung abgeben und ist „raus". Diejenigen, mit denen das Mietverhältnis fortgesetzt wird, haften für die Verpflichtungen aus dem Mietverhältnis als Gesamtschuldner.

Der Kündigungsschutz des Mieters hat seine Grenzen. Der Vermieter kann das Mietverhältnis unter Einhaltung der gesetzlichen Frist kündigen, wenn in der Person des Ehegatten oder Familienangehörigen, der in das Mietverhältnis eingetreten ist, ein wichtiger Grund liegt. Das bedeutet, dass der Vermieter sich nicht jeden Mieter gefallen lassen muss. Bevor Sie jedoch einen Widerspruch planen, sollten Sie sich anwaltlich beraten lassen. Die Frage, wann ein Grund in der Person des Eintretenden zur Kündigung rechtfertigt, lässt sich nur schwer pauschal beantworten. Der „wichtige Grund" des § 569a BGB entspricht dem wichtigen Grund in § 549 Abs. 1 Satz 2 BGB. In dieser Vorschrift wird geregelt, wann der Vermieter einen Untermieter ablehnen darf, ohne dass die Ablehnung zu einem Sonderkündigungsrecht des Mieters führt. (Mehr zum Thema wichtiger Grund bei der Untermiete ab Seite 105.)

Musterbrief: Kündigung gegenüber einem Mieter, der gemäß § 569a BGB in das Mietverhältnis eingetreten ist, wegen Eigenbedarfs

```
(Absender: Name des Vermieters)

(Adresse: Name des Mieters)


                                      (Ort), den (Datum)


Mietverhältnis (Adresse)


Sehr geehrter (Mieter),

hiermit kündige ich das Mietverhältnis über die Wohnung (...) zum
(Datum).

Der ursprüngliche Mieter war Herr/Frau (...). Sie sind Erbe des ver-
storbenen Mieters. Gemäß § 569 Abs. 1 BGB steht mir als Vermieter das
Recht zur außerordentlichen Kündigung des Mietvertrages zu. Von diesem
Recht mache ich hiermit Gebrauch.

Gemäß § 564b BGB kann ich als Vermieter ein Mietverhältnis über Wohn-
raum kündigen, wenn ich ein berechtigtes Interesse an der Beendigung
des Mietverhältnisses geltend machen kann. Als ein berechtigtes Inte-
resse in diesem Sinne ist es insbesondere anzusehen, wenn der Vermieter
die Räume als Wohnung für sich oder die zu seinem Hausstand gehörenden
Personen oder seine Familienangehörigen benötigt. Der Eigenbedarf
ergibt sich im vorliegenden Fall aus folgendem Sachverhalt:
(Begründung: ...)

Entsprechend einer gesetzlichen Verpflichtung weise ich Sie darauf hin,
dass Sie der Kündigung nach dem Gesetz widersprechen und Fortsetzung
des Mietverhältnisses verlangen können, wenn Sie meinen, dass die ver-
tragsgemäße Beendigung des Mietverhältnisses für Sie/Ihre Familie eine
Härte bedeuten würde, die auch unter Würdigung meiner berechtigten Ver-
mieterinteressen nicht zu rechtfertigen wäre. Der Widerspruch müsste
schriftlich erfolgen und bis spätestens zwei Monate vor Beendigung des
Mietverhältnisses bei mir eingehen. Ich fordere Sie dazu auf den Wider-
spruch gegebenenfalls zu begründen.


Mit freundlichen Grüßen

(Unterschrift des Vermieters)
```

Übrigens: Der **Tod des Vermieters** hat ebenfalls keinen Einfluss auf den Bestand des Mietverhältnisses. Nur die Person, an die die Miete gezahlt wird, ändert sich. Des Weiteren entsteht kein besonderes Kündigungsrecht. (Mehr zu diesem Thema auf Seite 49.)

Bei Auszug ratsam:
ein Wohnungsabnahmeprotokoll

Als Gegenstück zum Wohnungseinzugsprotokoll ist es unbedingt empfehlenswert – auch bei ordentlichen Mietern – ein **Auszugsprotokoll** anzufertigen. Denn mithilfe einer solchen Niederschrift kann der Zustand der Wohnung sehr zuverlässig nachgewiesen werden.

Wohnungsabnahmeprotokoll
(bei Beendigung des Mietverhältnisses auszufüllen)

1. Wohnung, Kellerräume, Dachboden, Mülltonne/Mülleimer geräumt?

_____

_____

2. Schlüsselrückgabe

Wohnungsschlüssel _____

Haustürschlüssel _____

Briefkastenschlüssel _____

Kellerschlüssel _____

Dachbodenschlüssel _____

Garagenschlüssel _____

Sonstige Schlüssel _____

3. Schäden/Reparaturen

Wände/Tapeten/Schimmelflecken

_____

_____

Fensterrahmen/Fensterglas

_____

_____

Einbauküche

_____

_____

Türrahmen, Türblatt, Türschloss

_____

_____

Fußbodenbelag/Teppich/Parkett

_____

_____

Sanitäre Einrichtungen

_____

_____

Heizkörper

_____

_____

Möbel und Einrichtungsgegenstände des Vermieters

_____

_____

Sonstige Schäden

_____

_____

_____

_____

4. Zählerstände

Kaltwasser

Warmwasser

Gas

Öl

Strom

5. Renovierung

Folgende Räume sind bei Auszug renoviert worden:

Mit unserer Unterschrift bestätigen wir, dass die Wohnung bis auf die oben ausdrücklich aufgeführten Mängel mangelfrei ist.

_____, den _____

(Ort)   (Datum)

_____   _____

(Unterschrift Mieter)   (Unterschrift Vermieter)

Selten gerechtfertigt: die fristlose Mieterkündigung

Die *fristlose* Beendigung eines Mietverhältnisses ist eine sehr harte Maßnahme, die das Gesetz nur unter engen Voraussetzungen zulässt. Während Sie als Vermieter immerhin die Möglichkeit haben, im Fall des Zahlungsverzugs des Mieters fristlos zu kündigen, kann der Mieter sich nur auf eine sehr allgemeine Formulierung im Gesetz stützen, um seine Kündigung zu begründen:

> **§ 554a BGB (Fristlose Kündigung bei unzumutbarem Mietverhältnis)**
> Ein Mietverhältnis über Räume kann ohne Einhaltung einer Kündigungsfrist gekündigt werden, wenn ein Vertragsteil schuldhaft in solchem Maße seine Verpflichtungen verletzt, insbesondere den Hausfrieden so nachhaltig stört, dass dem anderen Teil die Fortsetzung des Mietverhältnisses nicht zugemutet werden kann. Eine entgegenstehende Vereinbarung ist unwirksam.

Diese Vorschrift gilt für Mieter und Vermieter in gleichem Maße und gibt beiden Vertragsparteien das Recht, bei sehr schwer wiegenden Verstößen, die eine Fortsetzung nicht zumutbar erscheinen lassen, das Mietverhältnis ohne vorherige Abmahnung zu beenden.

> **Beispiel:**
> Der Vermieter verprügelt den Mieter. Oder: Der Mieter setzt betrunken einen Teil des Hauses in Brand.

In jedem Fall wird ein Richter, etwa im Rahmen einer Räumungsklage, eine Einzelfallprüfung vornehmen, bevor er eine fristlose Kündigung für wirksam erklärt.

Klarheit in Sachen Schönheitsreparaturen

In der früheren DDR war die Angelegenheit einfach: Der Mieter musste nach den DDR-Gesetzen die laufenden Renovierungsarbeiten auch dann übernehmen, wenn dies vertraglich nicht ausdrücklich geregelt war. Im BGB, das seit der Wiedervereinigung am 03.10.1990 für ganz Deutschland gilt, ist die Frage genau umgekehrt geregelt: Der Vermieter muss für die **Schönheitsreparaturen** aufkommen. Um dieses Thema gibt es viel Streit. Es ist mit Sicherheit eine der problematischeren Fragen im Mietrecht.

Ein leidiges Thema

Das Problem Schönheitsreparaturen stellt sich in zwei verschiedenen Situationen: während des andauernden Mietverhältnisses und bei dessen Beendigung. Leider ist es nicht möglich, dem Mieter alle Renovierungspflichten aufzuhalsen, ihn also bei Einzug, bei Auszug und während der Dauer des Mietverhältnisses alle paar Jahre renovieren zu lassen. Grundsätzlich gilt:

Die goldene Regel

Der Mieter soll nicht mehr Schönheitsreparaturen durchführen oder bezahlen, als er selbst abgewohnt hat (so der Grundsatz der Rechtsprechung). Weitergehende Verpflichtungen des Mieters sind unwirksam. Das kann dazu führen, dass der Mieter überhaupt keine Schönheitsreparaturen mehr schuldet.

Bei Einzug

Nach Ansicht des Autors ist die empfehlenswerteste Lösung des Problems: die (freiwilligen) Schönheitsreparaturen bei Einzug. Dabei kann der Mieter bei Einzug renovieren – er kann es aber auch lassen. Beim Auszug muss er nicht renovieren.

Der Nachmieter hat dann auch wieder die Entscheidung zu treffen, ob er renoviert oder nicht. Bei diesem Verfahren ist die Wohnung, die man als Vermieter eventuellen Nachmietern zeigt, zwar meist schon etwas unansehnlich und abgewohnt. Das kann dazu führen, dass der erzielbare Mietpreis ein wenig geringer ausfällt als bei frisch renovierten Wohnungen. Dieser Nachteil wird allerdings erfahrungsgemäß bei weitem ausgeglichen durch die weitgehend ausbleibenden Konflikte bezüglich der Qualität der Renovierungsarbeiten. Es gibt eben keinen Streit über die Renovierung, weil sie Angelegenheit der Mieter ist.

In den Formularverträgen findet sich häufig die Formulierung, dass der Mieter die Wohnung bei Auszug besenrein zu verlassen habe. Das bedeutet nicht, dass er die Wohnung schmutz- und keimfrei hinterlassen muss, sondern lediglich gefegt („besenrein").

Die Gerichte haben übrigens entschieden, dass eine Mietvertragsklausel, die dem Mieter schon bei Einzug die Renovierung auferlegt, unwirksam ist. Denn der Mieter werde sonst verpflichtet, die Abnutzungen des Vormieters zu beseitigen (OLG Hamburg, RE WoM 91, 523; LG Bremen WoM 89, 367).

Während des Mietverhältnisses

Wenn der Mietvertrag eine Klausel enthält, nach der der Mieter in bestimmten zeitlichen Abständen renovieren muss, dann dürfen folgende Fristen nicht unterschritten werden:

- Küche, Bad und Duschräume alle drei Jahre;
- Wohn- und Schlafräume, Flur, Diele, Toilette alle fünf Jahre;
- andere Nebenräume alle sieben Jahre.

Sind die Fristen kürzer, ist die gesamte Renovierungsklausel möglicherweise unwirksam. Der Mieter schuldet in einem solchen Fall keine Renovierung während der Dauer des Mietverhältnisses. Er muss dann auch bei Auszug fällige Renovierungen nicht nachholen.

Bei Auszug

Das Thema Schönheitsreparaturen bei Auszug kann nicht dargestellt werden, ohne schon zu Beginn darauf hinzuweisen, dass Vermieter und Mieter sich über kaum ein anderes Thema so häufig streiten.

Mancher Mieter glaubt nämlich, dass er nicht zu renovieren brauche, weil er in eine unrenovierte Wohnung eingezogen sei. Es kann jedoch sehr wohl eine Renovierungspflicht bestehen.

Zur Beantwortung der Frage, ob eine Renovierungspflicht besteht, muss zunächst festgestellt werden, ob im Mietvertrag eine wirksame Regelung enthalten ist, die den Mieter zum Renovieren bei Auszug verpflichtet.

Nachholen versäumter laufender Schönheitsreparaturen

Ist die Klausel „Renovierung während der Dauer des Mietverhältnisses" wirksam, dann muss der Mieter bei Auszug Renovierungen für die Räume nachholen, für die die Fristen abgelaufen sind.
Eine Renovierungsklausel mit Fristenplan für die Zeit während des Mietverhältnisses hat auch dann beim Auszug Bedeutung, wenn eine Renovierungsklausel „bei Auszug" enthalten ist – wie im Folgenden erörtert werden soll.

Vereinbarte Renovierungspflicht bei Auszug

Eine Auszugsrenovierung kann im Mietvertrag wirksam vereinbart werden. Meistens wird heutzutage in eine solche Klausel aufgenommen, dass die Renovierung nicht vom Mieter selbst durchgeführt werden muss, sondern nach bestimmten Quoten ein Geldausgleich für noch nicht fällige Renovierungen erfolgen kann. Die Bemessung der Geldzahlung erfolgt meist nach dem Kostenvoranschlag eines Handwerkers.

> **Tipp:**
>
> Handwerker können nach Quadratmetern Wohnfläche oder nach Arbeitszeit abrechnen. Meistens ist die Abrechnung nach Arbeitszeit erheblich günstiger. Fragen Sie erforderlichenfalls nach!

Meistens steht im Mietvertrag sowohl etwas über die Renovierung während der Dauer des Mietverhältnisses als auch bei dessen Beendigung.
Die Klausel „Renovierungspflicht bei Auszug" ist unwirksam, wenn die zuletzt nach dem Fristenplan vorgenommenen Renovierungen nicht berücksichtigt werden. Folge: Der Mieter schuldet keine Renovierung bei Auszug (OLG Hamm RE, WoM 81, 77; OLG Frankfurt RE, WoM 81, 272).
Die Klausel ist auch dann unwirksam, wenn darin der Mieter zur Totalrenovierung verpflichtet wird, selbst wenn er nach kurzer Mietzins auszieht. Denn dann gilt wieder der Grundsatz als verletzt, dass der Mieter nicht mehr Schönheitsreparaturen durchführen oder bezahlen muss, als er selbst abgewohnt hat (LG Hamburg, WoM 91, 681).
Wirksam ist jedoch folgende Klausel (Seite 248):

Der Mieter beteiligt sich quotenmäßig an bei Mietende noch nicht fälligen Schönheitsreparaturen. Die Quote wird auf der Grundlage eines Kostenvoranschlags eines Fachbetriebs nach Maßgabe der Abnutzung seit Mietbeginn oder seit den letzten Schönheitsreparaturen während der Mietzeit berechnet.

- Soweit die letzten Schönheitsreparaturen während der Mietzeit länger als 1 Jahr zurückliegen, zahlt der Mieter 20 %;
- soweit die letzten Schönheitsreparaturen während der Mietzeit länger als 2 Jahre zurückliegen, zahlt der Mieter 40 %;
- soweit die letzten Schönheitsreparaturen während der Mietzeit länger als 3 Jahre zurückliegen, zahlt der Mieter 60 %;
- soweit die letzten Schönheitsreparaturen während der Mietzeit länger als 4 Jahre zurückliegen, zahlt der Mieter 80 %

der aufgrund des Kostenvoranschlages nachgewiesenen Kosten.

Der Mieter kann seiner anteiligen Zahlungspflicht dadurch zuvorkommen, dass er vor Mietende Schönheitsreparaturen durchführt. Die Schönheitsreparaturen sind fachgerecht durchzuführen. Nicht fachgerechte Schönheitsreparaturen kann der Vermieter zurückweisen.

Keine Vereinbarung oder Regelung unwirksam

Wenn im Mietvertrag nichts über Schönheitsreparaturen steht oder die Regelung unwirksam ist, hat die Rechtsprechung wie folgt entschieden:
Der Mieter muss eine Wohnung grundsätzlich „besenrein" hinterlassen. Das bedeutet, dass die Wohnung in einem sauberen Zustand zu sein hat (AG Köln, WoM 80, 185).
Der Mieter muss bei Auszug den ursprünglichen Zustand wiederherstellen. Bauliche Veränderungen hat er rückgängig zu machen. Renovierungen müssen nicht durchgeführt werden.
In älteren Mietverträgen findet sich teilweise die Klausel, nach der die Mieträume bei Auszug „in bezugsfertigem Zustand" zu hinterlassen sind. Diese Klausel ist zwar wirksam, verpflichtet den Mieter jedoch nicht zu einer Renovierung. Der Mieter muss die Räume allerdings so hinterlassen, dass der Nachmieter die Wohnung jederzeit beziehen könnte (OLG Düsseldorf, WoM 94, 323).
Auch die Klausel, nach der er die Mietsache in einem Zustand „wie übernommen" zurückzugeben habe, verpflichtet den Mieter selbst dann nicht dazu, Schönheitsreparaturen durchzuführen, wenn die Wohnung frisch renoviert war (OLG München, WoM 85, 62).

Wenn der Mietvertrag mehrere Klauseln enthält

Die meisten Mietverträge enthalten an verschiedenen Stellen Regelungen zu den Schönheitsreparaturen bzw. zur Renovierung. Auch wenn jede Kausel für sich genommen wirksam ist, kann die Gesamtbetrachtung eine Unwirksamkeit ergeben, wenn sich herausstellt, dass dem Mieter zu viel auferlegt wurde. Der Bundesgerichtshof geht z. B. von der Unwirksamkeit aller Regelungen zu den Schönheitsreparaturen aus, wenn der Mieter im Vertrag zur (ohnehin unwirksamen) Anfangsrenovierung und gleichzeitig zur (grundsätzlich eigentlich wirksamen) laufenden Renovierung verpflichtet wird. Folge: Der Mieter schuldet noch nicht einmal die laufende Renovierung (BGH WoM 93, 175).

Diese radikale Betrachtung wird von manchen Oberlandesgerichten etwas eingeschränkt. So prüft das Oberlandesgericht Hamburg z. B., ob sich die Regelungen in einen zulässigen und in einen unzulässigen Teil trennen lassen. Denn dann solle die Unwirksamkeit nur die unzulässige Regelung erfassen. Das könnte bspw. bedeuten, dass die Klausel zur Anfangsrenovierung wirksam und die Verpflichtung zu laufenden Schönheitsreparaturen unwirksam ist (OLG Hamburg RE, WoM 91, 523).

Aufgrund dieser schwierigen Sachlage ist es dringend ratsam, insbesondere bei handschriftlichen Ergänzungen im Mietvertrag vorsichtig zu sein und sich erforderlichenfalls anwaltlich beraten zu lassen.

Reparaturen bei Auszug „vergessen": Ihre Rechte und Pflichten

Wenn ein Mieter auszieht und die von ihm vertraglich geschuldeten Schönheitsreparaturen „vergisst" oder sich schlicht und einfach weigert, sie zu erfüllen, dann steht Ihnen ein **Schadenersatzanspruch** gegen den Mieter zu.

Schadenersatzanspruch bei unterlassenen Reparaturen

Hat Ihr Mieter die beim Auszug aus der Wohnung anstehenden Schönheitsreparaturen nicht geleistet, so können Sie als Vermieter von ihm **Schadenersatz** in Höhe des für die Arbeiten eingeholten Kostenvoranschlags verlangen – auch wenn Sie selbst zum Pinsel greifen wollen (so entschied das Landgericht Wiesbaden, Aktenzeichen 1 S 44/94).

Voraussetzung ist allerdings, dass der Vermieter die Schönheitsreparaturen nach Fälligkeit – das heißt nach Rückgabe der Mietsache – noch einmal unter Fristsetzung angemahnt hat (LG Karlsruhe, nachzulesen in NJW 1982, 2829). Ohne eine solche **Mahnung** kann kein Schadenersatz verlangt werden. Nur wenn der Mieter sang- und klanglos ausgezogen ist oder wenn er auf andere Weise klargemacht hat, dass er die Schönheitsreparaturen auf keinen Fall durchführen will, ist keine Mahnung erforderlich (BGH RE, WoM 1985, OLG Oldenburg, WoM 1992, 229).

Musterbrief: vergessene Schönheitsreparaturen
Das nachfolgende Schreiben verfolgt das Ziel, eine **Abmahnung** unterlassener Schönheitsreparaturen auszusprechen und den Mieter so **in Verzug** zu setzen.

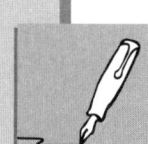

```
(Absender: Name des Vermieters)

(Adresse: Name des Mieters)



                                    (Ort), den (Datum)


    Mietverhältnis (Adresse)


    Sehr geehrter (Mieter),

    nach dem Inhalt des von Ihnen geschlossenen Mietvertrages haben Sie
    sich zur Durchführung von Schönheitsreparaturen verpflichtet.
    Ich musste feststellen, dass Sie diese Verpflichtung nicht erfüllten.
    Es bestehen nämlich folgende Mängel: (Aufzählung der Mängel; Beispiele:

    Im Wohnzimmer ist der Anstrich der Decke und Wände deutlich ver-
    schmutzt, an vielen Stellen zeichnen sich dunkel verfärbte Ränder ab.
    Der Lackanstrich der Tür ist an einigen Stellen abgeplatzt.

    Im Bad ist der Lackanstrich des Heizkörpers deutlich sichtbar ver-
    schmutzt und weist darüber hinaus zahlreiche Abplatzungen auf.)

    Ich habe Sie aufzufordern, vorbezeichnete Mängel auf Ihre Kosten fach-
    gerecht bis zum (Datum, z.B. Zweiwochenfrist) zu beseitigen und das
    Mietobjekt anschließend einwandfrei zu reinigen. Nach Ablauf der
    gesetzten Frist werde ich eine Mängelbeseitigung durch Sie ablehnen und
    Schadenersatz beanspruchen. Ich möchte Sie ausdrücklich darauf hinwei-
    sen, dass Sie in diesem Falle auch den Mietausfall für die Zeit auszu-
    gleichen haben, die zur Durchführung der notwendigen Malerarbeiten
    erforderlich sein wird.


    (Unterschrift des Vermieters)
```

Ersatzvornahme durch den Vermieter

Wenn der Mieter die gesetzte Nachfrist verstreichen lässt, dann haben Sie das Recht, entweder einen Handwerker mit den Renovierungsarbeiten zu beauftragen oder diese selbst vorzunehmen.

Bei diesem Vorgang handelt es sich um eine so genannte **Ersatzvornahme.** Der säumige Mieter schuldet Ihnen die Kosten des Handwerkers selbst dann, wenn Sie die Renovierung selbst erledigen oder überhaupt keine Renovierung durchführen.

Tipp:

Falls beim Auszug des Mieters anstehende Schönheitsreparaturen nicht geleistet wurden, besteht der Schadenersatzanspruch auch dann, wenn gar nicht renoviert werden soll, etwa weil die Wohnung zukünftig unrenoviert an die Mieter abgegeben werden soll.

Schadenersatzanspruch bei Beschädigungen

Sobald die Veränderungen oder Verschlechterungen der Mietsache über den Umfang der üblichen Abnutzung hinausgehen, können dem Vermieter gegen den Mieter Schadenersatzansprüche zustehen.

Problematisch ist dabei die Abgrenzung zwischen **Abnutzung** und **Beschädigung.** Bei Parkett in der Wohnung z. B. oder bei Türen mit Holzfurnier wird häufig darüber gestritten, ob nun eine „normale" Abnutzung vorliege oder ob der Mieter das Parkett oder die Türen beschädigt habe. Meistens wird der Richter bei der Entscheidung dieser Frage darauf schauen, wie lange das letzte Abschleifen des Parketts zurückliegt oder wie alt die Türen sind. Nach ungefähr zehn Jahren muss ein Parkett nach Ansicht der meisten Richter ohnehin abgeschliffen werden. Türen müssen alle paar Jahre gestrichen werden. Bei Furniertüren wird wohl angenommen werden können, dass nach spätestens 15 bis 20 Jahren ein neues Furnier aufgebracht werden muss.

Zustand der Wohnung zu Beginn der Mietzeit

Meist gehen die Meinungen darüber auseinander, in welchem Zustand sich die Mietwohnung vor dem Einzug des Mieters befand. Wenn vor Gericht über Schadenersatzansprüche gestritten wird, muss der Vermieter den Zustand der Wohnung vor dem Einzug der Mieter nachweisen. Ein solcher **Nachweis** kann z. B. durch **Zeugenaussagen** erfolgen.

Wichtig:

Vor Gericht können Parteien nicht als Zeugen auftreten! Das bedeutet, dass z. B. bei einem Räumungs- oder Schadenersatzprozess sowohl Kläger (wie Vermieter) als auch Beklagter (Mieter) als Zeugen ausscheiden. Zeugen dürfen nur Menschen sein, die nicht auf dem Mietvertrag unterschrieben haben. Das Gesetz erkennt, dass die Parteien naturgemäß nicht objektiv sein können. Die Gefahr von Falschaussagen ist zu groß. Der Hintergrund für diese Regelung sind die harten Strafen, die das Gesetz für Falschaussagen vor Gericht vorsieht. Sie müssen also bei wichtigen Vorgängen, wie z. B. Wohnungsübergabe, Wohnungsabnahme und mündlichen Vereinbarungen, für einen Zeugen sorgen. Entgegen einer weit verbreiteten Vorstellung können der Ehepartner, ein Kind oder andere Familienmitglieder vollwertige Zeugen sein. Allerdings kann der Richter die Glaubwürdigkeit eines Zeugen wegen der familiären Nähe oder wegen seines geringen Alters für eingeschränkt halten.

Bei der Ermittlung der Höhe des Schadenersatzanspruchs muss ein Abzug „neu für alt" berücksichtigt werden. Das bedeutet: Wenn eine gebrauchte Sache durch eine neue ersetzt oder durch den Einbau von Neuteilen repariert wird, dann kann dies zu einer Werterhöhung führen. Der Schadenersatzanspruch des Vermieters umfasst diese Werterhöhungen nicht. Der Vermieter soll nicht besser gestellt werden als vorher. Das heißt, dass der Schadenersatzanspruch ermittelt wird, indem der Wert der Neuanschaffung um den Wert der beschädigten Sache gemindert wird.

Beispiel:
Falls der Mieter eine Tür demoliert hat, die bei Einzug des Mieters bereits zehn Jahre alt war, und man von einer durchschnittlichen Lebensdauer von 40 Jahren, also einer Restlebensdauer von 30 Jahren, ausgehen kann, dann wird folgende Rechnung vorgenommen:

$$\frac{\text{Kaufpreis der neuen Tür zuzüglich Einbau} \times 30}{40} = \text{Schadenersatzanspruch}$$

Wann Ihre Ansprüche verjähren

Das Gesetz sieht eine äußerst kurze **Verjährungsfrist** für Ihre Schadenersatzansprüche im Hinblick auf unterlassene Schönheitsreparaturen vor:

§ 558 BGB (Verjährung)
(1) Die Ersatzansprüche des Vermieters wegen Veränderungen oder Verschlechterungen der vermieteten Sache sowie die Ansprüche des Mieters auf Ersatz von Verwendungen oder auf Gestaltung der Wegnahme einer Einrichtung verjähren in sechs Monaten.
(2) Die Verjährung der Ersatzansprüche des Vermieters beginnt mit dem Zeitpunkt, in welchem er die Sache zurückerhält, die Verjährung der Ansprüche des Mieters beginnt mit der Beendigung des Mietverhältnisses. (…)

Nach herrschender Ansicht in der juristischen Literatur und in der Rechtsprechung fällt der Schadenersatzanspruch wegen unterlassener Schönheitsreparaturen in den Anwendungsbereich dieser Vorschrift.
Die kurze Frist von sechs Monaten für Verschlechterungen der Mietsache setzt Sie unter erheblichen Zeitdruck.
Lassen Sie sich also unbedingt rechtzeitig anwaltlich beraten, damit der Eintritt der Verjährung verhindert werden kann.

Tipp:
Nur durch gerichtliche Geltendmachung verhindern Sie die Verjährung. Das bedeutet, dass Sie sich nicht mit einem monatelangen Schriftwechsel aufhalten dürfen, ohne die Verjährungsfrist genauestens zu überwachen. Mancher Mieter versucht, z.B. durch eine – allerdings völlig überflüssige – Korrespondenz mit seiner Haftpflichtversicherung Zeit zu gewinnen und die Angelegenheit in die Verjährung zu schleppen. Nicht jeder Haftpflichtversicherungsvertrag umfasst übrigens Schäden, die der Versicherungsnehmer an gemieteten Gegenständen angerichtet hat.

Schäden an der Mietsache: Abrechnung über die Kaution

Wie bereits weiter oben erläutert, ist es eine Vermieterpflicht über die **Kaution** abzurechnen. Häufig treten Probleme auf, wenn dem Kautionsrückzahlungsanspruch des Mieters Gegenansprüche z. B. wegen rückständigen Mietzinses oder wegen Schadenersatzes entgegenstehen.

Sie haben das Recht, die Kaution teilweise oder vollständig einzubehalten, wenn Ihnen Gegenansprüche zustehen, mit denen Sie aufrechnen können.

Schäden bei Rückgabe der Mietsache

Wenn der Mieter seine Obhutspflichten nicht beachtet und die Wohnung in einem mehr oder weniger beschädigten Zustand hinterlassen hat, dann stellt sich die Frage, wie Sie als Vermieter zu Ihrem Recht kommen können. In erster Linie dient in solchen Fällen die hinterlegte Kaution des Mieters als „Ausgleich".

Sind Schadenersatzansprüche gerechtfertigt?

Zunächst muss geprüft werden auf welcher Grundlage Sie Ansprüche gegen Ihren Mieter geltend machen. Falls Sie **Schadenersatzansprüche** geltend machen wollen, dann muss ausgeschlossen sein, dass lediglich Schönheitsreparaturen erforderlich währen, um den Schäden abzuhelfen. Denn solche Reparaturen werden vom Mieter nur dann geschuldet, wenn es dazu eine vertragliche Vereinbarung gibt. Ein Schadenersatzanspruch steht Ihnen insoweit nur dann zu, wenn Ihr Mieter trotz einer Vertragspflicht ausgezogen ist, ohne die von ihm geschuldeten Schönheitsreparaturen vorzunehmen. (Mehr zum Thema Schönheitsreparaturen ab Seite 245.)

Schadenersatzansprüche können Ihnen z. B. entstehen, wenn der Mieter seinen Obhutspflichten nicht genügt und Ihnen einen Wassereinbruch nach einem Defekt im Dach nicht sofort mitgeteilt hat. Des Weiteren wenn der Mieter die Wohnung stärker abgenutzt hat, als dies üblich ist.

(Zu den Obhutspflichten und der Frage der üblichen Abnutzung lesen Sie Näheres ab Seite 94.)

Wie Sie vorgehen sollten

Falls Schadenersatzansprüche bestehen, ist der erste Schritt naheliegenderweise die **Feststellung des Schadens.** Dafür genügt bereits ein **Kostenvoranschlag** um die Höhe Ihres Schadenersatzanspruchs zu beziffern. Sie müssen übrigens die entstandenen Schäden nicht reparieren. Es reicht, wenn Sie die Höhe der Kosten angeben können.

Wenn der Schaden der Höhe nach feststeht, dann müssen Sie prüfen, ob die **Kaution** zur Deckung des Schadens ausreicht. Ist dies der Fall, sollten Sie Ihrem Mieter ein Abrechnungsschreiben nach dem Muster auf Seite 256 zuschicken.

In besonders krassen Fällen, in denen der Schaden den Wert der Kaution bei weitem übersteigt, sollten Sie zunächst die Abrechnung über die Kaution zurückstellen und erst einmal mit der Schadenersatzforderung an den Mieter herantreten.

Sie sind nicht von sich aus verpflichtet, die Kaution zu berücksichtigen, bevor sie fällig ist. Die Fälligkeit des Kautionsrückzahlungsanspruchs wird im Allgemeinen nach drei Monaten angenommen. In Einzelfällen kann die Fälligkeit aber noch später liegen.

Wenn der Mieter auf ein Schreiben laut Muster Seite 257 nicht reagiert, sollten Sie ihm höchstens einen weiteren Brief mit einer **Mahnung** und einer **Fristsetzung** von einer Woche zuschicken. Danach sollten Sie fachkundigen Rat bei einem Anwalt einholen.

> **Tipp:**
>
> Vergessen Sie nicht, dass es für Sie vorteilhaft ist, wenn Sie den Zugang Ihrer Schreiben beweisen können. Es bietet sich an, entweder den Empfang des Schreibens vom Mieter quittieren zu lassen oder einen Boten mit der Zustellung zu beauftragen.

Musterbrief: Abrechnung über die Mietkaution bei Gegenansprüchen

(Absender: Name des Vermieters)

(Adresse: Name des Mieters)

(Ort), den (Datum)

Mietverhältnis (Adresse)

Sehr geehrter (Mieter),

nach Beendigung des Mietverhältnisses rechne ich über die von Ihnen geleistete Kaution wie folgt ab. Ich habe am (Datum) einen Betrag in Höhe von (...) DM erhalten. Der Kautionsbetrag beläuft sich mittlerweile inklusive Zinsen gemäß anliegender Zinsberechnung für die Zeit von (Datum) bis (Datum) auf einen Gesamtbetrag von (...) DM. Der Gesamtbetrag kann (alternativ: nur teilweise/nicht) zurückgezahlt werden, da mir aus dem Mietverhältnis noch nicht erfüllte Forderungen zustehen, mit denen ich die Aufrechnung gegen die Mietsicherheit erkläre. Es ergeben sich noch folgende Ansprüche zu meinen Gunsten (genaue Begründung der Abzüge; Beispiel:):

Sie haben am 20.08.1999 „zum 31.08.1999" gekündigt. Sie müssen selbstverständlich die Miete bis zum Ablauf der Kündigungsfrist bezahlen. Diese dauert bis zum 31.10.1999. Also:
Miete für September und Oktober 1999:   (...) DM
Saldo aus der Betriebskostenabrechnung vom 10.10.1998 für den
Abrechnungszeitraum 01.01.1999 bis 31.10.1999:   (...) DM
Kosten für die Beschaffung von Briefkastenschlüsseln, da Sie
die Ihnen überlassenen Schlüssel trotz Aufforderung nicht
zurückgaben, gemäß in Kopie beigefügter Rechnung: (...) DM
Kosten für Malerarbeiten gemäß der in Kopie beigefügten Rech-
nung, da Sie trotz Abmahnung mit Ablehnungsandrohung die
bezeichneten dekorativen Mängel nicht beseitigten: (...) DM
Summe: (...) DM

Die noch ausstehende Betriebskostenabrechnung für das Jahr 1996 ergibt voraussichtlich einen Saldo zu Ihren Lasten in Höhe von 200 DM. Insoweit behalte ich von der Kaution einen entsprechenden Betrag ein.

Die Summe meiner Ansprüche übersteigt den Gesamtbetrag aus der Kaution um (...) DM. Ich habe Sie daher aufzufordern den von Ihnen noch geschuldeten Differenzbetrag bis zum (Datum) an mich zu zahlen.
(Alternativ zum letzten Absatz:)
Nach Abzug der Summe meiner Ansprüche ergibt sich ein auszukehrender Restbetrag aus der Kaution in Höhe von (...) DM. Diesen Betrag habe ich auf Ihr Konto mit Konto-Nr. (...) bei (Bankinstitut) zur BLZ (...) überwiesen. (Oder:) ... über den Differenzbetrag füge ich einen Verrechnungsscheck bei.

Mit freundlichen Grüßen

(Unterschrift des Vermieters)

Musterbrief: Schreiben an den Mieter wegen Schäden an der Mietsache

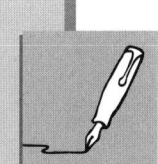

```
(Absender: Name des Vermieters)

(Adresse: Name des Mieters)


                              (Ort), den (Datum)


Mietverhältnis (Adresse)


Sehr geehrter (Mieter),

bei der Abnahme der Wohnung musste ich feststellen, dass die Wohnung
verschiedene Schäden aufwies, auf die Sie mich vorher nicht hingewiesen
haben. So war in der Wohnung offensichtlich durch einen Defekt im Dach
ein Wasserschaden aufgetreten. Das Wasser hat das Parkett stark beschä-
digt. Wie Sie der beiliegenden Stellungnahme der Firma XY entnehmen
können, muss das Parkett in einer Fläche von 15 Quadratmetern ausge-
tauscht und das gesamte Parkett in einer Fläche von 89 Quadratmetern
neu abgeschliffen und lackiert werden.
Außerdem ist im Badezimmer die Armatur durch unsachgemäße Reparatur-
versuche beschädigt worden.

Die entstandenen Schäden belaufen sich gemäß dem in Kopie beiliegenden
Kostenvoranschlag der Firma XY sowie verschiedener Rechnungen auf
6536 DM.

Ich habe Sie aufzufordern, diesen Betrag bis spätestens (zwei Wochen
Frist) auf mein Konto (Bankverbindung) zu bezahlen.
Jedenfalls behalte ich mir die Möglichkeit vor mit dem Schadenersatz-
anspruch gegen Ihren Kautionsrückforderungsanspruch aufzurechnen.
Nach Ablauf dieser Frist werde ich den Fall meinem Rechtsanwalt überge-
ben. Die Kosten des Anwalts und eventuelle Gerichts- sowie Gutachter-
kosten müssten von Ihnen als Schadensverursacher bezahlt werden.

Mit freundlichen Grüßen

(Unterschrift des Vermieters)
```

Massive Schäden

Mieter haften nicht nur bei Bagatellschäden, sondern auch, wenn massive Schäden entstanden sind. Als Beispiele seien Schäden durch Haushaltsgeräte und Ungeziefer genannt.

Wann der Mieter bei Wasserschäden haftet

Spülmaschinen und Waschmaschinen können einen erheblichen Schaden anrichten, wenn sie wegen eines Defekts auslaufen und diese Störung nicht sofort bemerkt wird. Nach deutschem Recht haftet jemand grundsätzlich nur dann auf Schadenersatz, wenn ihm ein **Verschulden** vorgeworfen werden kann. „Verschulden" ist in seiner schwächeren Form z. B. auch bei **Fahrlässigkeit** gegeben. Fahrlässigkeit bedeutet nach Vorstellung der Juristen die Außerachtlassung der im Verkehr erforderlichen Sorgfalt. Dabei sind die Gerichte nicht damit einverstanden, wenn sich jemand genau so verhalten hat, „wie es alle tun", da „eingerissene Unsitten und Nachlässigkeiten" nicht als Maßstab zu akzeptieren sind (BGHZ 5, 319). Erforderlich ist vielmehr das Maß an Umsicht und Sorgfalt, das nach dem Urteil besonnener und gewissenhafter Angehöriger des in Betracht kommenden Verkehrskreises zu beachten ist (BGH, NJW 1971, 151). Das bedeutet auf Spülmaschinen und Waschmaschinen angewandt: Man darf diese Geräte wegen ihres großen Gefährdungsprotenzials niemals unbeaufsichtigt laufen lassen. Das heißt weiterhin, dass jeder Wasserschaden vom Mieter zu ersetzen ist, denn unter Beaufsichtigung wäre das Wasser ja sofort abgestellt worden und somit kein Schaden entstanden.

In seltenen Ausnahmefällen mag ein Mieter an einem Wasserschaden völlig unschuldig sein. In einem vom Landgericht Landau zu entscheidenden Fall war wegen eines Risses im Abwasserschlauch einer Spülmaschine Wasser ausgetreten. Die Mieter waren allerdings beim Betrieb des Gerätes zugegen, konnten aber wegen der Eigenart des Defekts den Wasseraustritt nicht sofort bemerken. Denn das Wasser sammelte sich unter der in einer Einbauküche integrierten Maschine, lief aufgrund einer Bodenneigung zur Wand hin und trat dort in den Estrich ein. Zur Raummitte hin bildete die Einbauküche einen Abschluss, sodass die Mieter das austretende Wasser erst bemerkten, als der unter ihnen wohnende Nachbar sie darauf aufmerksam machte. In diesem Fall bestand kein Schadenersatzanspruch, da die Mieter nicht fahrlässig gehandelt hatten (LG Landau/Pfalz, WoM 1996, 29).

Falls der Mieter Ihnen nicht auf Schadenersatz haftet, dann können Sie selbstverständlich auch nicht gegen den Kautionsanspruch aufrechnen.

Wann der Mieter bei Ungeziefer haftet

Das Einschleppen von **Ungeziefer** in eine Mietwohnung stellt eine Verletzung vertraglicher Nebenpflichten dar und führt zu einem **Schadenersatzanspruch** aus einer positiven Forderungsverletzung.

Das AG Köln hat in einem Fall entschieden, dass ein Mieter, der in ein Mietshaus Katzenflöhe eingeschleppt hatte, die Kosten für die Beseitigung der Flöhe durch einen Kammerjäger zu bezahlen hatte (AG Köln, WoM 1997, 40).

Mit einem derartigen Schadenersatzanspruch können Sie unproblematisch gegen den Kautionsrückforderungsanspruch aufrechnen.

Der Ungezieferbefall vermag allerdings auch extreme Formen anzunehmen. So kann – z. B. durch die besonders gesundheitsschädlichen Taubenzecken – ein Ungezieferbefall so stark sein, dass er praktisch nur durch einen Abriss des Hauses saniert werden kann. In einem solchen Fall bestünde wohl vor allem das Problem den Ungezieferbefall einem konkreten Mieter auch tatsächlich zuzuordnen.

Die Verjährung Ihrer Schadenersatzforderungen

Wie bereits im Zusammenhang mit den unterlassenen Schönheitsreparaturen erläutert, besteht für die Ersatzansprüche des Vermieters wegen Veränderungen oder Verschlechterungen der vermieteten Sache eine außerordentlich kurze **Verjährungsfrist** von lediglich *sechs Monaten*. (Mehr dazu auf Seite 253.) Lassen Sie sich also unbedingt rechtzeitig anwaltlich beraten, damit der Eintritt der Verjährung verhindert werden kann.

Verjährung der Mieteransprüche auf Rückzahlung der Kaution

Beim Anspruch des Mieters auf Rückzahlung der Kaution einschließlich Zinsen wird entweder eine **Verjährungsfrist** gemäß § 197 BGB von *4 Jahren* oder gemäß § 195 BGB von *30 Jahren* angenommen. Doch welche Frist gilt nun? Über diesen Punkt befinden sich die Juristen nach wie vor im Streit. Doch diese Frage ist für Sie auch nur von akademischem Interesse, weil Sie nämlich keine Nachteile befürchten müssen. Der Mieter kann sich nach Ablauf der sechs Monate gegenüber Ihren Schadenersatzansprüchen nicht einfach auf Verjährung berufen und seine Kaution zurückfordern, wenn er erhebliche Schäden in Ihrer Wohnung angerichtet hat – obwohl Ihre Ansprüche verjährt sind. Der Grund dafür ist in § 390 Satz 2 BGB zu suchen, dessen Wortlaut Ihnen jedoch an dieser Stelle erspart bleibt. Sie können sich merken, dass Sie auch nach Ablauf der sechsmonatigen Verjährungsfrist mit Ihrer verjährten Schadenersatzforderung gegen den Rückforderungsanspruch des Mieters aufrechnen dürfen. Falls Ihre Schadenersatzansprüche allerdings den Betrag der Kaution überschreiten, sollten Sie sich beeilen und für eine rechtzeitige Unterbrechung der Verjährung durch Klageerhebung sorgen. Sie müssten sich sonst mit der Kautionssumme begnügen.

Extra: Lohnt sich die Rechtsschutzversicherung für Vermieter?

Wenn Sie eine **Rechtsschutzversicherung** abgeschlossen haben, dann umfasst diese nicht automatisch auch die Kosten, die bei Rechtsstreitigkeiten rund um das Vermieten anfallen. Sie müssen entweder bei Abschluss des Vertrages oder im Nachhinein mit Ihrer Rechtsschutzversicherung ausdrücklich vereinbaren, welche Ihrer Mietwohnungen vom Versicherungsschutz umfasst sein sollen. Sonst gilt an dieser Stelle wieder einmal der Grundsatz, dass eine Rechtsschutzversicherung quasi jemandem ähnelt, der Ihnen bei Sonnenschein einen Regenschirm anbietet und Ihnen den Schirm beim ersten Regentropfen wieder wegnimmt!

Wenn man sich die *ARB (Allgemeinen Versicherungsbedingungen für Rechtsschutzversicherungen)* ansieht, die eine Vielzahl von Lebenssachverhalten schlicht und einfach vom Versicherungsschutz ausschließen, muss man den Eindruck gewinnen, dass dieses leicht abgewandelte Zitat von *Mark Twain* (das ursprünglich auf Banken gemünzt war) auch bei Rechtsschutzversicherungen seine Berechtigung hat.

Welche Kosten übernommen werden

Welche **Kosten** von der Rechtsschutzversicherung getragen werden, steht in § 5 der ARB 1994. Falls Sie eine ältere Rechtsschutzversicherung haben, für die möglicherweise noch die ARB 1975 gilt, dann existiert eine vergleichbare Regelung.

Zusammenfassend ist festzuhalten, dass die Rechtsschutzversicherung folgende Kosten übernimmt:

- Ihre Anwaltskosten (falls das zuständige Gericht mehr als 100 Kilometer entfernt liegt, werden auch die Kosten eines zusätzlichen Korrespondenzanwalts übernommen);
- die Gerichtskosten;
- die Kosten für die vom Gericht beauftragten Sachverständigen und die in der mündlichen Verhandlung vernommenen Zeugen;
- die Kosten der Übersetzung von Schriftstücken;
- die Kosten eines Schieds- oder Schlichtungsverfahrens, soweit ein solches Verfahren gesetzlich vorgeschrieben ist;

- alle Kosten des Gegners, soweit Sie als Versicherter verpflichtet sind, diese zu ersetzen.

> **Wichtig:**
>
> Bei einem Versicherungsfall im Ausland werden die Kosten Ihrer Rechtsvertretung nur einmal übernommen: entweder im Ausland oder im Inland. Falls Sie im Ausland ins Gefängnis geraten sein sollten und nur gegen Zahlung einer Kaution freigelassen würden, gewährt Ihnen die Rechtsschutzversicherung einen Kredit in Höhe von bis zu 50 000 DM.

Wann die Rechtsschutzversicherung nicht haftet

Jede Rechtsschutzversicherung wird erst dann bezahlen, wenn der so genannte **Versicherungsfall** nach Ablauf einer **Wartefrist** von *drei Monaten* eintritt. Die Wartefrist beginnt mit Abschluss des Vertrages.

Im Versicherungsvertrag ist auch geregelt, wann ein Versicherungsfall vorliegt und wie viel der Versicherungsnehmer für den Versicherungsschutz bezahlen muss. Bei einer Rechtsschutzversicherung wird als „Versicherungsfall" der erste Rechtspflichtenverstoß der Gegenseite angesehen. Bei einem Mietvertrag also z. B. der erste Verstoß gegen die Hausordnung, mit dem die Kündigung begründet werden soll, oder der Zeitpunkt, zu dem der Mieter zum ersten Mal keine Miete bezahlt hat.

> **Wichtig:**
>
> Nach einem Versicherungsfall darf die Versicherung kündigen. Dies ist in § 158 des Versicherungsvertragsgesetzes (VVG) geregelt und bei größeren Schäden und kurzem Bestand des Versicherungsvertrages sogar die Regel.

Besondere „Wohnformen" und Verkauf des Wohneigentums

Bei einigen „Wohnformen" sind Besonderheiten zu beachten: im sozialen Wohnungsbau, bei möblierten Zimmern und bei Wohngemeinschaften z. B. Worauf es dabei ankommt, erfahren Sie ein diesem Kapitel. Und es informiert Sie über das Vorkaufsrecht des Mieters, wenn Sie Ihr vermietetes Wohneigentum verkaufen.

Besonderheiten beim sozialen Wohnungsbau

Würde man rein marktwirtschaftlich denken, könnte man den **sozialen Wohnungsbau** als eine „üble Erfindung der Sozis" ansehen. Tatsache ist und bleibt es jedoch, dass viele Millionen Menschen ihr bezahlbares Dach über dem Kopf einzig und allein den Wohnungsbauprogrammen des Staates verdanken. Zwar wurde der Wohnungsmarkt durch die Wohnungsbauprogramme stark durcheinander gebracht – denn durch die billigen Wohnungen sanken die Mietpreise (weil die Nachfrage abnahm) und in der Folge auch die Rendite für alle, die nicht öffentlich gefördert bauten. Aber gleichzeitig wurde durch diese Programme auch die Spekulationsbereitschaft auf dem Wohnungsmarkt eingeschränkt. Heute mag man sich darüber streiten, ob die Wohnungsnot und die Mieten geringer wären, wenn es öffentlich geförderten Wohnungsbau nie gegeben hätte. Letztendlich wird man diesen Streit nicht entscheiden können, weil – entgegen aller Beteuerungen der Volkswirte – die Reaktionen von Investoren nicht in Modellrechnungen und Statistiken eingefangen werden können. Festzuhalten bleibt, dass der Bürger zuverlässig vor den Härten des Marktes geschützt werden muss, sobald es um etwas so Existenzielles wie das Dach über dem Kopf geht. Und deswegen ist der soziale Wohnungsbau nach Ansicht des Verfassers als soziale Errungenschaft anzusehen!

Geringere Miete und billige Kredite

Was genau sind nun die Besonderheiten des öffentlich geförderten Wohnungsbaus? Was bedeuten sie für die Parteien eines Mietvertrages? Kurz gefasst handelt es sich um zwei wichtige Punkte:

1. Die **Kredite** für den Wohnungsbau sind für den Bauherren und späteren Vermieter weniger kostspielig, weil beim sozialen Wohnungsbau verbilligte öffentliche Finanzmittel verwendet werden können.
2. Gleichzeitig wird die Miete nur selten höher sein als am freien Markt, weil der Vermieter nur die so genannte **Kostenmiete** nehmen darf.

Übrigens: Es lässt sich nicht verallgemeinern, welche staatliche Stelle zuständig ist. Die öffentlichen Mittel zur Finanzierung des sozialen Wohnungsbaus kommen vom Bund, von den Ländern und teilweise auch von den jeweiligen Gemeinden.

Kostenmiete und Mietpreisbindung

Der Vermieter einer Sozialwohnung darf die Miete nicht in beliebiger Höhe festsetzen, sondern er muss sich an die **Kostenmiete** halten. Dahinter steckt die Absicht, dass die Miete einer öffentlich geförderten Wohnung nicht höher sein darf als der Betrag, der zur Deckung der Kosten benötigt wird. Wegen der engen Bindung der Miete an die Wirtschaftlichkeitsberechnung bzw. die Kostenmiete spricht man auch von „preisgebundenem Wohnraum" bzw. von „Mietpreisbindung".

Grundlage der Kostenmiete ist eine **Wirtschaftlichkeitsberechnung.** Bei einer derartigen Berechnung werden eine Reihe von Faktoren berücksichtigt: Grundstücks- und Gebäudebeschreibung, Berechnung der Gesamtkosten, Finanzierungsplan, laufende Aufwendungen und Erträge. Die Einzelheiten der Wirtschaftlichkeitsberechnung können hier nicht dargestellt werden, da sie den Rahmen dieses Buches sprengen würden.

Wichtig ist jedoch, dass der Vermieter sich auch bei Veränderungen der wirtschaftlichen Gegebenheiten an der Kostenmiete zu orientieren hat. Das bedeutet, dass die Miete vom Vermieter erhöht werden kann, wenn sich die Kostenmiete durch z. B. Veränderungen auf dem Kapitalmarkt oder im Bereich der Bewirtschaftungskosten verändert.

Zur Erhöhung der Miete muss der Vermieter dem Mieter eine schriftliche Mitteilung machen. Er hat dem Mieter einen bestimmten Geldbetrag zu nennen um den sich die Miete erhöhen wird. Und er muss den Grund für die Erhöhung angeben und im Detail nachvollziehbar erläutern. Des Weiteren ist der Vermieter verpflichtet, dem Erhöhungsschreiben entsprechende Belege beizufügen, anhand derer sich die Wirtschaftlichkeitsberechnung nachvollziehen lässt.

Der Vermieter besitzt eine Alternative, wenn er sich nicht in die Karten schauen lassen möchte: Es reicht aus, eine Abschrift des Bescheides beizufügen, aus dem die Genehmigung der höheren Miete durch die Behörde hervorgeht.

Wenn ein Erhöhungsschreiben in diesen Punkten mangelhaft ist, bleibt das Mieterhöhungsverlangen unwirksam und braucht vom Mieter nicht beachtet zu werden.

Tipp:

Der Mietvertrag darf auch eine so genannte Gleitklausel enthalten. Sie als Vermieter können danach von dem Tage an eine erhöhte Kostenmiete verlangen, an dem die Mieterhöhung wirksam war. Der Mieter muss dann die erhöhte Miete von dem Tage an rückwirkend vom Tage ihrer erstmals zulässigen Geltendmachung bezahlen.

Was bedeutet „Sozialbindung"?

Der öffentlich geförderte Wohnungsbau soll vor allem finanzschwachen Mietern zugute kommen, die ohne eine derartige Unterstützung große Schwierigkeiten hätten, das Geld für eine Wohnung aufzubringen.
Daher darf eine Sozialwohnung nur an Personen vermietet werden, deren Einkommen eine bestimmte gesetzlich festgelegte Grenze nicht überschreitet. (Siehe dazu § 25 Abs. 2 Wohnungsbau- und Familiengesetz (WobauG).) Die **Einkommensgrenzen** liegen zur Zeit bei 23 000 DM Jahreseinkommen bei einem Einpersonenhaushalt, 33 400 DM bei einem Zweipersonenhaushalt, zuzüglich 8 000 DM für jeden weiteren zur Familie rechnenden Angehörigen.

Beispiel:
Eine Familie mit zwei Kindern darf derzeit höchstens über ein Jahreseinkommen von 49 400 DM verfügen.

Für junge Ehepaare, Schwerbehinderte sowie Aussiedler und Zuwanderer erhöhen sich die Grenzen noch einmal.
Der Mieter muss dem Vermieter vor Abschluss des Mietvertrages seine **Berechtigung** durch Vorlage einer Bescheinigung des Wohnungsamts nachweisen.
Der Vermieter ist allerdings darin frei sich unter mehreren Berechtigten seinen Mieter auszusuchen. Ausnahmen von diesem Grundsatz gelten nur in Gebieten mit stark erhöhtem Wohnbedarf: Hier kann durch Rechtsverordnung der Länder vorgeschrieben werden, dass die Wohnung an einen vom Wohnungsamt benannten Wohnungssuchenden vermietet werden muss, wobei die Behörde allerdings auch in diesem Fall mindestens drei Personen zur Auswahl des Vermieters zu benennen hat.

Ab wann sich der soziale Wohnungsbau rechnet

Der öffentlich geförderte Wohnungsbau bringt dem Bauherren wegen der Kostenmiete keinen Gewinn – während des Zeitraums, in dem die Wohnung als „öffentlich gefördert" gilt. Dieser Zeitraum ist allerdings eingeschränkt. Nach der gesetzlichen Regelung hängt er eng mit der Zeitdauer zusammen, in der der Vermieter einen öffentlichen Kredit in Anspruch nimmt. Ein Beispiel der sehr vielseitigen und flexiblen gesetzlichen Regelungen:

> § 15 WoBindG
> (…)
> (2) Eine Wohnung, für die die öffentlichen Mittel lediglich als Zuschüsse zur Deckung der laufenden Aufwendungen oder als Zinszuschüsse bewilligt worden sind, gilt als öffentlich gefördert bis zum Ablauf des dritten Kalenderjahres nach dem Ende des Förderungszeitrahmens.

Das bedeutet, dass der Mieter nach Ablauf des Förderungszeitraumes noch eine Gnadenfrist von drei Jahren hat. Und für den Vermieter heißt das: Erst nach etlichen Jahren verdient er an der Vermietung.

Fehlbelegungsabgabe des Mieters

Was geschieht, wenn der Wohnungsberechtigte nach einigen Jahren die Voraussetzungen nicht mehr erfüllt, weil er inzwischen über ein zu hohes Einkommen verfügt? Die Wohnberechtigung erlischt dadurch nicht, obwohl eine so genannte **Fehlbelegung** vorliegt. Auch können Sie als Vermieter das Mietverhältnis deshalb nicht einfach kündigen. In einigen Bundesländern wurden vom Gesetzgeber Regelungen eingeführt, wonach Mieter, die die Voraussetzungen fürs Mieten einer Sozialwohnung verloren haben, eine **Fehlbelegungsabgabe** zu zahlen haben. Diese „Strafzahlung" richtet sich also nicht gegen den Vermieter. Nicht jede Fehlbelegung zieht allerdings gleich eine Fehlbelegungsabgabe nach sich. Meistens wird vorausgesetzt, dass das Einkommen des Mieters mehr als 20 % über der Einkommensgrenze für preisgebundenen Wohnraum liegt. Bis zu einer Überschreitung der Einkommensgrenze von 50 % sind monatlich nur etwa 50 Pfennig pro Quadratmeter als Aufschlag zu bezahlen. Darüber werden bis zu 2 DM fällig. Da es teilweise zu unbilligen Ergebnissen kommt, weil der Mieter plötzlich mit der Fehlbelegungsabgabe eine höhere Miete als die ortsübliche Vergleichsmiete bezahlt, begrenzt der Gesetzgeber diese Abgabe der Höhe nach auf die ortsübliche Vergleichsmiete.
Da die Bundesländer selbst bestimmen können, in welcher Höhe sie eine Fehlbelegungsabgabe erheben, sind verbindliche Angaben hier nicht möglich.

Keinen Ärger mit der Zweckentfremdung!

In einigen Gemeinden Deutschlands besteht ein so genanntes **Zweckentfremdungsverbot.** Dies bedeutet, dass die Landesregierungen für Gemeinden, in denen die Versorgung der Bevölkerung mit ausreichendem Wohnraum gefährdet und die Wohnungsnot besonders groß ist, durch Rechtsverordnung bestimmen können, dass Wohnraum zu anderen als Wohnzwecken nur mit obrigkeitlicher Genehmigung verwendet werden darf. Damit soll vermieden werden, dass Wohnraum z. B. für gewerbliche Zwecke benutzt und die Wohnungsnot so vergrößert wird.

Unter dem Begriff „Zweckentfremdung" versteht man Folgendes: wenn Wohnraum als Geschäftsraum oder zu einer dauernden Fremdenbeherbergung, insbesondere zur gewerblichen Zimmervermietung oder der Einrichtung von Schlafstellen (z. B. für ausländische Arbeitnehmer) oder zu einem anderen als dem Wohnen dienenden Zweck (z. B. Büroräume, Ladengeschäft, Bordell) verwendet werden soll.

Verstößt ein Vermieter gegen die Genehmigungspflicht, dann begeht er eine **Ordnungswidrigkeit,** die mit einer Geldbuße von bis zu 20 000 DM geahndet werden kann.

Ein Zweckentfremdungsverbot kann es in Gemeinden folgender Bundesländer geben: Baden-Württemberg, Bayern, Berlin, Hamburg, Hessen, Niedersachsen und Nordrhein-Westfalen. Sie sollten als Vermieter also beim Ordnungsamt nachfragen, ob eine Genehmigung erforderlich ist.

Möblierte Räume

Als Vermieter von **möblierten Räumen** haben Sie unter bestimmten Umständen eine sehr komfortable Situation. So können Sie von *stark verkürzten Kündigungsfristen* ausgehen. Gemäß § 565 Abs. 3 BGB ist die Kündigung bei Mietverhältnissen über Wohnraum, den der Vermieter ganz oder überwiegend mit Einrichtungsgegenständen ausgestattet hat, spätestens am Fünfzehnten eines Monats für den Ablauf des Monats möglich. Dazu muss allerdings der möblierte Wohnraum Teil der vom Vermieter selbst bewohnten Wohnung sein.

Eine Wohnung gilt als möbliert, wenn sie ganz oder überwiegend mit Einrichtungsgegenständen ausgestattet ist. Dies sind Bett, Regal, Schrank, Lampen usw. Außerdem ist in § 564b Abs. 7 Nr. 2 BGB bestimmt, dass für derartigen möblierten Wohnraum *kein Kündigungsschutz* gilt.

> **Wichtig:**
>
> Es gelten weder die Verkürzung der Kündigungsfrist noch der Wegfall des Kündigungsschutzes, wenn Ihre Mieter ein Ehepaar sind (auch kinderlos); hier bestehen die normalen Kündigungsfristen. Bei einer nicht ehelichen Lebensgemeinschaft hingegen sieht dies anders aus: Es gilt die kurze Kündigungsfrist und es besteht kein Kündigungsschutz.

Werkwohnungen

Eine **Werkwohnung** liegt vor, wenn die Wohnung mit Rücksicht auf das Bestehen oder im Rahmen eines Dienstverhältnisses vermietet wurde. Der Gesetzgeber hat erkannt, dass bei derartigen Wohnungen eine besondere Interessenlage besteht und deshalb vor allem *kürzere Kündigungsvorschriften* vorgesehen.

Das Gesetz unterscheidet

- Werkmietwohnungen,
- funktionsgebundene Wohnungen und
- Werkdienstwohnungen.

Werkmietwohnungen

Bei **Werkmietwohnungen** bestehen *zwei* Verträge: zum einen ein Arbeitsvertrag, zum anderen ein Mietvertrag über die Werkmietwohnung.

Auf das Mietverhältnis finden die normalen mietrechtlichen Vorschriften Anwendung, die allerdings hinsichtlich der Kündigungsfristen ergänzt werden. So gelten *kürzere Fristen*. Bei einem *unbefristeten* Mietverhältnis ist die Kündigung möglich

- für den Ablauf des übernächsten Monats, wenn der Wohnraum für einen anderen Arbeitnehmer des Vermieters benötigt wird;
- für den Ablauf des nächsten Monats, wenn das Mietverhältnis vor dem 1. September 1993 eingegangen worden ist und der Wohnraum vom Vermieter für einen anderen Arbeitnehmer benötigt wird.

Wenn der Wohnraum länger als zehn Jahre an den Arbeitnehmer vermietet wurde, dann gelten die verkürzten Kündigungsfristen nicht. Das bedeutet, dass vom Arbeitgeber bzw. Vermieter eine Kündigungsfrist von zwölf Monaten abzuwarten ist.

Auch bei Werkmietwohnungen gilt das Prinzip des Kündigungsschutzes. Der Mieter kann also widersprechen, wenn die Kündigung für ihn oder seine Familie eine **unzumutbare Härte** bedeuten würde. Allerdings muss der Mieter eine Werkmietwohnung innerhalb einer um einen Monat verkürzten Frist von einem Monat **Widerspruch** gegen die Kündigung erheben. Wie bei anderen Mietverhältnissen auch, muss der Vermieter auf die Möglichkeit des Widerspruchs und die Frist hinweisen, da sonst noch in der ersten mündlichen Verhandlung des Räumungsrechtsstreits Widerspruch erhoben werden kann.

> **Wichtig:**
>
> Der Kündigungsschutz gilt dann nicht, wenn es sich um funktionsgebundene Wohnungen handelt oder wenn der Arbeitnehmer das Arbeitsverhältnis gelöst hat, ohne dass ihm vom Arbeitgeber ein begründeter Anlass dazu gegeben wurde, oder wenn der Mieter dem Arbeitgeber einen begründeten Anlass für die Auflösung des Arbeitsverhältnisses gegeben hat.

Funktionsgebundene Wohnungen

Um eine **funktionsgebundene Wohnung** handelt es sich z. B. bei der Dienstwohnung des Hausmeisters. Voraussetzung ist eine enge Beziehung zum Arbeitsplatz. Diese kann bereits dann gegeben sein, wenn eine besonders geringe Entfernung zum Arbeitsplatz besteht und diese Nähe für die Erfüllung der Verpflichtungen aus dem Dienstvertrag auch erforderlich ist.
Bei derartigen Wohnungen ist gemäß § 565c Abs. 2 BGB die Kündigung „spätestens am dritten Werktag eines Kalendermonats für den Ablauf dieses Monats, wenn das Dienstverhältnis seiner Art nach die Überlassung des Wohnraums, der in unmittelbarer Beziehung oder Nähe zur Stätte der Dienstleistung steht, erfordert hat und der Wohnraum aus dem gleichen Grunde für einen anderen zur Dienstleistung Verpflichteten benötigt wird.“

Werkdienstwohnungen

Bei **Werkdienstwohnungen** besteht kein eigener Mietvertrag. Ein Werkdienstvertrag wird dem Arbeitnehmer vom Arbeitgeber im Rahmen eines Dienstverhältnisses überlassen und bildet gleichzeitig einen Teil der Vergütung. Die Wohnung kann nicht getrennt vom Arbeitsverhältnis gekündigt werden. Die Beendigung des Arbeitsverhältnisses lässt allerdings auch die Befugnis des Arbeitnehmers zur Benutzung der Wohnung erlöschen.

Sonderprobleme bei Wohngemeinschaften

Bei **Wohngemeinschaften** besteht aufseiten der Mieter das Interesse jederzeit nach ihrem Wunsche einen der Mieter gegen einen anderen auswechseln zu können. Es steht Ihnen als Vermieter frei, ob Sie sich grundsätzlich mit diesem Interesse der Mieter einverstanden erklären. Denn Sie können durchaus mit Ihren Mietern vereinbaren, dass Sie weiterhin ein Mitspracherecht haben wollen und z. B. nur Mieter in Ihre Wohnung aufnehmen möchten, die Ihnen eine *Schufa*-Selbstauskunft vorlegen können.

Falls Sie bspw. an eine Studentenwohngemeinschaft vermieten, dann wird von einigen Juristen (z. B. Sternel, Mietrecht, I 98; LG Köln, NJW-RR 1991, 1414) angenommen, dass Sie sich dann – mangels einer anderslautenden Vereinbarung – automatisch auch mit dem Wechsel Ihrer Mieter einverstanden erklärt hätten. Diese Ansicht wird allerdings nur von einigen Gerichten geteilt. Das LG Trier stellte sich zuletzt auf den Standpunkt, dass eine derartige Handhabung dem Grundsatz der Privatautonomie zuwider laufen würde. Es sei wohl eine ausdrückliche Vereinbarung im Mietvertrag vorauszusetzen (LG Trier, WoM 1997, 548).

Anders ist dies zu werten, wenn der Vermieter einer Wohngemeinschaft dem Wechsel von Mitgliedern der Wohngemeinschaft ausdrücklich zugestimmt oder den Wechsel stillschweigend geduldet hat. Dann kann der Vermieter nicht plötzlich die Zustimmung verweigern.

> **Tipp:**
>
> Damit Sie nicht ohne Not auf mögliche Schuldner verzichten, empfehle ich Ihnen, in den Mietvertrag die Klausel aufzunehmen, dass jeder Mieterwechsel ausdrücklich und schriftlich vom Vermieter genehmigt werden muss und dass bei einem Auszug eines einzelnen Mitglieds der Wohngemeinschaft dieses nicht automatisch aus der Wohngemeinschaft ausscheidet.

Das Vorkaufsrecht des Mieters beim Wohnungsverkauf

Der Mieter einer Mietwohnung besitzt unter den in § 570b BGB genannten Voraussetzungen ein **Vorkaufsrecht** an der Wohnung.

§ 570b BGB (Vorkaufsrecht des Mieters)

(1) Werden vermietete Wohnräume, an denen nach der Überlassung an den Mieter Wohnungseigentum begründet worden ist oder begründet werden soll, an einen Dritten verkauft, so ist der Mieter zum Vorkauf berechtigt. Dies gilt nicht, wenn der Vermieter die Wohnräume an eine zu seinem Hausstand gehörende Person oder an einen Familienangehörigen verkauft.

(2) Die Mitteilung des Verkäufers oder des Dritten über den Inhalt des Kaufvertrages ist mit einer Unterrichtung des Mieters über sein Vorkaufsrecht zu verbinden.

(3) Stirbt der Mieter, so geht das Vorkaufsrecht auf denjenigen über, der das Mietverhältnis nach § 569a Abs. 1 oder 2 fortsetzt.

(4) Eine zum Nachteil des Mieters abweichende Vereinbarung ist unwirksam.

> **Wichtig:**
>
> „Vorkaufsrecht" bedeutet, dass der Vorkaufsberechtigte die Wahl hat, für den Fall des Verkaufs einer Wohnung in den abgeschlossenen Kaufvertrag durch eine einzige Willenserklärung anstelle des Wohnungskäufers einzutreten.

Das Vorkaufsrecht kann für den Eigentümer bedeuten, dass plötzlich sein eigener Mieter sein Vertragspartner wird, auch wenn er die Mietwohnung an eine völlig andere Partei verkauft hat. Denn mit der Ausübung des Vorkaufsrechts tritt der Vorkaufsberechtigte an Stelle des Käufers.

Die Regelung des § 570b Abs. 4 BGB besagt weiterhin, dass auch der Tod des Mieters das Vorkaufsrecht nicht erlöschen lässt. Es geht vielmehr auf denjenigen über, der das Mietverhältnis fortsetzt.

Extra: Besonderheiten in den neuen Bundesländern

Nach der Wiedervereinigung vom 03.10.1990 trat das *Zivilgesetzbuch der DDR (ZGB)* außer Kraft. Seitdem gilt auf dem Gebiet der ehemaligen DDR nur noch das *BGB*. Doch ist es wirklich für alle Verträge relevant? Existieren Ausnahmen?

Die häufigsten Fragen

- Wenn heutzutage Mietverträge in den neuen Ländern abgeschlossen werden, dann gilt das *BGB*. Interessanter wird es bei den so genannten **Altverträgen,** die *vor* der Wiedervereinigung geschlossen wurden. Denn bei diesen Verträgen gelten die alten DDR-Regelungen oft weiter. Die Grenze bildet nur ein offensichtlicher Verstoß gegen tragende Rechtsprinzipien.
- Die Altverträge sind grundsätzlich weiterhin wirksam. Selbst wenn später ein neuer schriftlicher Vertrag geschlossen wurde, bleibt der Altvertrag weiterhin relevant.
- Da nach DDR-Recht der Ehepartner automatisch Vertragspartner wurde, hat man sich dazu entschlossen, die Ehepartner auch weiterhin als Vertragspartner zu behandeln. Das wirkt sich für den Vermieter positiv aus, da er einen weiteren Schuldner bekommt.

> **Wichtig:**
>
> Eine Kündigung muss der Vermieter stets gegenüber beiden Mietern erklären. Bei Ehepartnern aus einem Altvertrag also unbedingt gegenüber beiden, selbst wenn nur einer unterschrieben hat.

- Seit 1998 gilt das *MHG (Gesetz zur Regelung der Miethöhe)* für die Mieterhöhung uneingeschränkt auch in den neuen Ländern.
- Die Kündigungsfristen konnten nach DDR-Recht stark verkürzt werden. Falls eine solche Verkürzung auf z. B. zwei Wochen im Vertrag enthalten ist, gilt die verkürzte Frist nach Ansicht einiger Gerichte für den Mieter weiterhin. Der Vermieter muss sich an die Kündigungsfrist aus dem BGB halten.
- Das Thema Schönheitsreparaturen ist für den Vermieter mit einem Altmietvertrag ein besonders unerfreuliches.

Die Regelungen des Mietenüberleitungsgesetzes (MÜG)

Die wichtigste Funktion des *MÜG* war die Änderung des *MHG*. Die Möglichkeit zur Mieterhöhung wurde stark eingeschränkt. Seit 1998 gilt das MHG in uneingeschränkter Form auch in den neuen Ländern.

Betriebskosten

Sehr wichtig war bei Altverträgen auch die Möglichkeit des Vermieters die **Betriebskosten** unter bestimmten Voraussetzungen *zusätzlich* zur Kaltmiete zu verlangen. Dieses Vorgehen war allerdings gesetzlich bis zum 31.12.1997 befristet. Hintergrund dieser Regelung: In der DDR war es unüblich zwischen Kaltmiete und Betriebskosten zu unterscheiden. Das konnte dazu führen, dass der Vermieter bei stark steigenden Betriebskosten nicht mehr auf seine Kosten kam.

Kündigung

Die Sonderregelungen des MÜG sind weggefallen. Insbesondere darf der Vermieter seit dem 31.12.1995 die **Kündigung** auch auf Eigenbedarf stützen.

Steuerrecht: Der Vermieter und das Finanzamt

Einnahmen aus Vermietung und Verpachtung unterliegen der **Einkommensteuer** (§ 2 Abs. 1 Nr. 6 EStG [Einkommensteuergesetz]). Sie als Vermieter interessiert steuerlich natürlich vor allen Dingen, ob Sie Ihr Einkommen aus Vermietung und Verpachtung z.B. durch **Werbungskosten** mindern können, um es nicht in voller Höhe versteuern zu müssen.

Welche Werbungskosten Sie steuerlich geltend machen können

Neben der Möglichkeit, die **tatsächlich angefallenen Werbungskosten** geltend zu machen, können Sie auch die einfachere **Pauschalregelung** (siehe hierzu Seite 280) wählen. Doch zunächst zum etwas mühseligeren Verfahren: Hinsichtlich der Einnahmen, die Sie aus Vermietung und Verpachtung haben, können Sie Werbungskosten geltend machen und diese in Abzug bringen. Die steuerliche Rechnung sieht folgendermaßen aus:

Miet- und Verpachtungseinnahmen
abzüglich Werbungskosten
= **Einkünfte aus Vermietung und Verpachtung**

Falls Ihre Werbungskosten (inklusive Abschreibungen) so hoch sind, dass sie die Höhe der Einnahmen übersteigen, dann haben Sie ein so genanntes **negatives Einkommen.** Dieses negative Einkommen können Sie nutzen um andere Einkommen zu mindern. Bei diesem horizontalen Verlustausgleich hat der Vermieter letztendlich ein geringeres Einkommen und muss entsprechend weniger Steuern bezahlen.

Als Eigentümer können Sie folgende Werbungskosten geltend machen:

- Geldbeschaffungskosten wie
  - Damnum (Abgeld) und Gebühren,
  - Grundschuldbestellungskosten,
  - Zinsen;

▪ Bewirtschaftungskosten, soweit die nicht vom Mieter bereits bezahlt worden sind. Zum Beispiel:
  – Hausmeister,
  – Grundsteuer,
  – Hausversicherungen,
  – kommunale Abgaben (z. B. Straßenreinigung);

Wichtig:

Sie dürfen auf keinen Fall Werbungskosten geltend machen, die vom Mieter bereits getragen werden. Nur wenn der Mieter bspw. nach dem Mietvertrag nicht verpflichtet ist, die Grundsteuer anteilig zu bezahlen, kann die Grundsteuer als Werbungskosten abgezogen werden.

▪ Erhaltungsaufwand;
▪ alle Reparaturen;
▪ größere Erhaltungsaufwendungen können nach § 82b der Einkommensteuer-Durchführungsverordnung auch auf zwei bis fünf Jahre gleichmäßig verteilt werden;
▪ Abschreibung der Gebäudekosten, insbesondere für Abnutzung, eventuelle Sonderabschreibungen siehe nachfolgende Tabelle.

Keine Werbungskosten sind hingegen z. B. die Tilgungsraten, die Sie für den Bankkredit bezahlen.

Abschreibungsmöglichkeiten bei fremdgenutzten Immobilien

Gesetzliche Grundlage	Geltungsbereich und Abschreibungshöhe				
	Zeitliche Voraussetzungen	Abschreibung (Jahre und Prozentsatz)	Bemessungsgrundlage für die Abschreibung (ohne Grundstück)	Berechtigter Personenkreis	Abschreibung im Jahr der Anschaffung oder Fertigstellung
Linear nach § 7 Abs. 4 EStG für Mietwohnungen	Fertigstellung nach dem 31.12.1924 Fertigstellung nach dem 01.01.1925	40 Jahre zu 2 % 40 Jahre zu 2,5 %	Herstellungskosten/Anschaffungskosten	Bauherr oder Erwerber	zeitanteilig
Degressiv nach § 7 Abs. 5 Nr. 3 EStG für Mietwohnungen (ohne Sozialbindung)	Bauantragstellung oder Abschluss des Kaufvertrages nach dem 28.02.1989	4 Jahre je 7 % 6 Jahre je 5 % 6 Jahre 2 % 24 Jahre je 1,25 %	Herstellungskosten/Anschaffungskosten	Bauherr oder Erwerber bis zum Ende des Jahres der Fertigstellung	voll
Erhöhte Absetzungen nach § 7c EStG zur Schaffung neuer Mietwohnungen in bestehenden Gebäuden ("Dachgeschosswohnungen")	Bauantrag oder Baubeginn nach dem 01.01.1996; Fertigstellung bis 31.12.1995	5 Jahre je 20 % für maximal 60 000 DM je Wohnung; übersteigende Kosten mit 2 % p. a. im Begünstigungszeitraum, Restwert danach einheitlich mit dem Gebäude	Herstellungskosten	Bauherr	Sonderabschreibung voll; übersteigender Betrag zeitanteilig

Erhöhte Absetzungen nach § 7k EStG für Mietwohnungen mit Sozialbindung (Mietpreis und Belegungsbindung)	Bauantrag oder Kaufvertrag nach dem 28.02.1989; Fertigstellung bis 31.12.1995. Bei Bauantrag oder Kaufvertrag nach dem 31.12.1992 nur noch bei Vermietung an Mitarbeiter des Eigentümers ("Werkswohnungsbau")	5 Jahre je 10 % 5 Jahre je 7 % danach 3$\frac{1}{3}$% vom Restwert	Herstellungskosten/ Anschaffungskosten	Bauherr oder Erwerber bis zum Ende des Jahres der Fertigstellung, soweit Vermietungen an Mitarbeiter	voll
Erhöhte Absetzungen nach § 7h EStG für Gebäude in Sanierungsgebieten und städtebaulichen Entwicklungsbereichen	Baumaßnahmen im Sinne des § 177 des Baugesetzbuches, die nach dem 31.12.1990 abgeschlossen wurden	10 Jahre je 10 %, ein Restwert erhöht die übrige AfA-Bemessungsgrundlage des Gebäudes	Herstellungskosten/ Anschaffungskosten nur für Baumaßnahmen, die nach dem Kaufvertragsschluss durchgeführt wurden	Bauherr oder Erwerber mit obiger Einschränkung	Erhöhte Absetzungen: voll, Restwert: zeitanteilig
Erhöhte Absetzung nach § 7i EStG für Baudenkmäler	Bestimmte Baumaßnahmen an Baudenkmälern, die nach dem 31.12.1990 abgeschlossen wurden	10 Jahre je 10 %; ein Restwert erhöht die übrige AfA-Bemessungsgrundlage des Gebäudes	Herstellungskosten/ Anschaffungskosten nur für Baumaßnahmen, die nach dem Kaufvertragsabschluss durchgeführt werden	Bauherr oder Erwerber mit der links stehenden Einschränkung	Erhöhte Absetzungen: voll, Restwert: zeitanteilig

Stichwort: Nutzungswertbesteuerung für selbst genutzten Wohnraum

Die **Nutzungswertbesteuerung für selbst genutzten Wohnraum** existiert seit dem 01.01.1999 nicht mehr. Der gemäß § 52 Abs. 1 Ziff. 1 EStG letztmals für den VZ 1998 anwendbare § 21 Abs. 2 Satz 1 EStG sah in bestimmten Fällen eine besondere Art der Besteuerung für ein vom Vermieter mit genutztes Zwei- oder Mehrfamilienhaus vor. Das bedeutete, stark vereinfacht, dass ein Hauseigentümer, der eine Immobilie selbst mitnutzte, sich denjenigen Teil des so genannten **Nutzungswertes** der von ihm selbst genutzten Wohneinheit als Einkommen anrechnen lassen musste, der die Werbungskosten überstieg. Dabei diente als Mietwert entweder der Ansatz der ortsüblichen mittleren Miete für Wohnungen vergleichbarer Art, Lage und Ausstattung oder, falls diese nicht ermittelt werden konnte, eine Schätzung in Anlehnung an die Kostenmiete.

Als Werbungskosten konnten gegenüber dem Nutzungswert allerdings auch sämtliche Werbungskosten geltend gemacht werden, die ein Vermieter im Rahmen der Einkünfte aus Vermietung und Verpachtung ansetzen kann. Günstig war diese Regelung dann, wenn die Werbungskosten die Höhe des für die Nutzung der eigenen Wohnung anzusetzenden Mietwertes überstiegen. Bedingt durch Sonderabschreibungen und eventuell hohe Schuldzinsen bzw. im Modernisierungsfall hohe Erhaltungsaufwendungen erzielten viele selbst nutzende Eigentümer sogar einen negativen Nutzungswert. Durch dieses „negative Einkommen" konnte über einen **Verlustausgleich** das negative Einkommen mit positiven Einkünften aus Vermietung und Verpachtung oder positiven Einkünften aus anderen Einkunftsarten (z. B. aus nicht selbstständiger Arbeit) verrechnet und so eine **Steuerminderung** erreicht werden.

Diese Möglichkeit ist jetzt ersatzlos weggefallen. Aufwendungen können nur noch als Werbungskosten geltend gemacht werden, soweit sie nicht den selbst genutzten Wohnraum betreffen.

Während früher sämtliche Aufwendungen steuerlich geltend gemacht werden konnten, muss seit dem 01.01.1999 sorgfältig je nach Art der Aufwendung differenziert werden. Es ergibt sich folgende Unterscheidung:

Art der Aufwendung	Absetzbarer Anteil
Aufwendungen, die fremdvermietete Wohnungen betreffen	100 %
Aufwendungen, die die eigengenutzte und die fremdvermieteten Wohnungen betreffen	im Verhältnis steuerpflichtig vermieteter Fläche zur Gesamtwohnfläche
Aufwendungen, die ausschließlich die eigengenutzte Wohnung betreffen	0 %

Beispiel:
Ein Mehrfamilienhaus besteht aus vier Eigentumswohnungen zu jeweils 100 Quadratmetern Wohnfläche, von denen der Vermieter eine selbst nutzt. Es fallen Reparaturkosten in Höhe von 10 000 DM für die Reparatur des hauseigenen Fahrstuhls an, an denen die Mieter grundsätzlich nicht beteiligt werden können. Vor dem 01.01.1999 hätte der Vermieter die Reparaturkosten anteilig auch als Werbungskosten dem Nutzwert gegenüber ansetzen können. Ab dem Jahre 1999 kann er hinsichtlich der eigenen Wohnung keine Werbungskosten mehr geltend machen. Im Verhältnis von selbst genutztem Wohnraum zu Gesamtwohnfläche, also ¼ zu ⁴⁄₄, darf er allerdings weiterhin die entstandenen Kosten als Werbungskosten gegenüber den Einnahmen aus Vermietung geltend machen, also in unserem Beispiel immerhin einen Betrag von 7 500 DM.

Dass die frühere Regelung weggefallen ist, wird für Sie zum Glück nur dann spürbar, wenn Sie für die nächsten Jahre besonders hohe Investitionen planen oder eine hohe Zinslast haben; denn in diesen Fällen wird es sich auswirken, dass Sie kein negatives Einkommen mehr bilden können. In allen anderen wird der Effekt hingegen eher gering sein.

Pauschbeträge für Werbungskosten

Als Hauseigentümer und Steuerzahler haben Sie – wie schon weiter vorn gesagt – die Wahl: Sie können sich die Mühe machen und die tatsächlich angefallenen Werbungskosten nachweisen. Sie verfügen aber nach § 9a EStG auch über die Möglichkeit eine **Pauschalregelung** zu wählen.

§ 9a EStG (Pauschbeträge für Werbungskosten)
Für Werbungskosten sind bei der Ermittlung der Einkünfte folgende Pauschbeträge abzuziehen, (…)
2. wenn der Steuerpflichtige bei Gebäuden, soweit sie Wohnzwecken dienen, die Werbungskosten pauschal ermittelt:
von den Einnahmen aus Vermietung und Verpachtung:
ein Pauschbetrag von 42 Deutsche Mark pro Quadratmeter Wohnfläche. Neben dem Pauschbetrag können die nach § 9 Abs. 1 Satz 3 Nr. 1 abziehbaren Schuldzinsen, die Absetzungen für Abnutzung und für Substanzverringerung, erhöhte Absetzungen und Sonderabschreibungen abgezogen werden. Der Steuerpflichtige kann für den folgenden Veranlagungszeitraum die tatsächlichen Werbungskosten abziehen. In diesem Fall ist eine erneute Anwendung des Werbungskosten-Pauschbetrags erst nach Ablauf der vier folgenden Veranlagungszeiträume zulässig. Für Zeiträume, in denen das Gebäude nicht Wohnzwecken oder der Erzielung von Einkünften aus Vermietung und Verpachtung dient, ist der Pauschbetrag nicht abzuziehen. Sind mehrere Steuerpflichtige Eigentümer des Gebäudes und sind sie an den Einkünften aus Vermietung und Verpachtung beteiligt, können sie das Wahlrecht nur einheitlich ausüben. Die vorstehenden Sätze sind auf Gebäudeteile, die selbstständige unbewegliche Wirtschaftsgüter sind, sowie auf Eigentumswohnungen entsprechend anzuwenden. (…)

Die Entscheidung, welche Regelung Sie wählen, ist bindend. Wenn Sie sich gegen die pauschalierte Ermittlung der Werbungskosten entscheiden, können Sie die Pauschallösung erst wieder „nach Ablauf der vier folgenden Veranlagungszeiträume" wählen. Die Entscheidung gegen die Pauschallösung empfiehlt sich dann, wenn die tatsächlich angefallenen Werbungskosten höher sind als der Pauschalsatz. *Achtung:* Diese Regelung gilt nur für Gebäude, die zu Wohnzwecken dienen. Für andere Gebäudearten müssen Sie die Werbungskosten einzeln nachweisen.

Steuern sparen durch Vermietung an Familienangehörige

Wenn Sie eine Mietwohnung an einen Familienangehörigen vermieten, dann müssen Sie diese Einnahmen natürlich versteuern. Gleichzeitig haben Sie die Möglichkeit Werbungskosten abzusetzen. Falls in Ihrem Fall die Werbungskosten höher ausfallen als die Mieteinnahmen, dann erzielen Sie durchs Vermieten ein **negatives Einkommen**, machen also Verluste. Den „Werbungskostenüberschuss" können Sie dazu nutzen andere Einkommen zu mindern und so Steuern zu sparen.

Damit das Finanzamt keine Einwände gegen Ihre Planungen hat, sollten Sie folgende Umstände berücksichtigen:

- Sie müssen die Absicht haben einen Einnahmeüberschuss zu erzielen. Falls das offensichtlich nicht der Fall ist, werden die Verluste nicht anerkannt.
- Das Entgelt für die Überlassung der Wohnung sollte auf keinen Fall geringer als 50 % der ortsüblichen Vergleichsmiete ausfallen.
- Der Mietvertrag sollte einem so genannten **Drittvergleich** standhalten können. Das bedeutet, dass er genauso geschlossen und geführt werden muss, wie mit einem beliebigen Dritten. Probleme mag es geben, wenn Unterhaltsberechtigte Ihre Mieter werden. Das Finanzamt könnte darin die Gefahr eines Missbrauchs zu Ungunsten des Fiskus sehen.

Beispiel:
Falls Sie aus der Vermietung an einen Familienangehörigen im Jahr einen Betrag von 6 000 DM einnehmen und gleichzeitig ein Betrag von 12 000 DM an Werbungskosten aufläuft, dann haben Sie ein negatives Einkommen von 6 000 DM, das Sie – sofern die drei oben genannten Punkte berücksichtigt wurden – in vollem Umfang zur Steuerminderung ansetzen können.

Der Vermieter und die Mehrwertsteuer

Die **Mieteinnahmen des privaten Vermieters** sind gemäß § 4 Nr. 12 a UStG *(Umsatzsteuergesetz)* **umsatzsteuerfrei.** Das bedeutet, dass Ihr Mieter die Mehrwertsteuer (MWSt) nicht „berappen" muss und Sie als Vermieter somit keine MWSt abführen müssen. *Nicht befreit* sind die Vermietung von Herbergszimmern, von Parkplätzen, von Campingplätzen sowie die Vermietung und die Verpachtung von Maschinen und sonstigen Vorrichtungen aller Art, die zu einer Betriebsanlage gehören, auch wenn sie wesentliche Bestandteile eines Grundstücks sind.

Allerdings ist in bestimmten Fällen ein Verzicht auf die Steuerbefreiung gemäß § 9 UStG möglich. Eine Verzichtsausübung wäre immer dann ratsam, wenn Sie einen möglichst hohen Vorsteuerabzug erstreben. Also wenn Sie hohe Betriebsausgaben haben und somit hohe Vorsteuern anfallen („Vorsteuern" sind die Steuern, die Sie mitbezahlen, wenn Sie z. B. eine Ware oder Dienstleistung kaufen), die Sie von der in den Brutto-Betriebseinnahmen enthaltenen MWSt – die als durchlaufender Posten ansonsten komplett ans Finanzamt abzuführen wäre – abziehen möchten.

Register